[英国] 罗伯特 · J.C.扬 著　容新芳 译

后殖民主义与世界格局

牛津通识读本 ·

Postcolonialism

A Very Short Introduction

译林出版社

图书在版编目（CIP）数据
后殖民主义与世界格局／（英）扬（Young, R. J. C.）著；容新芳译．—南京：译林出版社，2013.5（2021.11重印）
（牛津通识读本）
书名原文：Postcolonialism: A Very Short Introduction
ISBN 978-7-5447-3283-3

I.①后… II.①扬… ②容… III.①殖民主义－研究
IV.①B089

中国版本图书馆 CIP 数据核字（2012）第 219862 号

著作权合同登记号　图字：10-2014-197 号

后殖民主义与世界格局［英国］罗伯特·J.C.扬／著　容新芳／译

责任编辑　於　梅
责任印制　董　虎

原文出版　Oxford University Press, 2003
出版发行　译林出版社
地　　址　南京市湖南路 1 号 A 楼
邮　　箱　yilin@yilin.com
网　　址　www.yilin.com
市场热线　025-86633278
排　　版　南京展望文化发展有限公司
印　　刷　江苏凤凰通达印刷有限公司
开　　本　635 毫米 × 889 毫米　1/16
印　　张　22
插　　页　4
版　　次　2013 年 5 月第 1 版
印　　次　2021 年 11 月第 8 次印刷
书　　号　ISBN 978-7-5447-3283-3
审 图 号　GS（2007）1768号
定　　价　39.00 元

序言

王宁

本书原名为《后殖民主义：十分简单的介绍》(*Postcolonialism: A Very Short Introduction*),2003 年由牛津大学出版社出版，主要面对具有一般人文知识的读者。但是和收入这套系列丛书的不少短小精悍的著作一样，本书作者罗伯特·扬 (Robert J.C. Young, 1950—) 却是当今国际后殖民主义研究的一位大家。他自幼在英国受教育，早年毕业于牛津大学爱克斯特学院，曾在南汉普顿大学任教，后被母校牛津大学聘为英文和批评理论教授，同时兼任沃德姆学院研究员。2005 年，他应聘到美国纽约大学任教，担任朱利叶斯·西尔弗英文和比较文学讲座教授。他的主要著作包括：《白色的神话：书写历史和西方》(*White Mythologies: Writing History and the West*, 1990),《殖民的欲望：文化、理论和种族的混杂》(*Colonial Desire: Hybridity in Culture, Theory and Race*, 1995) 和《后殖民主义：历史的导引》(*Postcolonialism: An Historical Introduction*, 2001)，本书的写作就是沿着最后这部鸿篇巨制的思路进一步普及和阐发的结果。他最近出版的著作是《英国族裔的概念》(*The Idea of English Ethnicity*, 2008)。

本书的写法和大多数高深的理论学术专著的写法大不相

同，具有浅显和通俗易懂的特色。众所周知，在西方后现代主义之后的主要文化理论思潮中，后殖民主义是时间持续较长、涉及学科范围广泛且内涵十分复杂的一种全球性的理论思潮，因此要对它作介绍自然也很难。我们今天所说的后殖民主义实际上包括了这样两个概念：后殖民理论思潮和后殖民地文化。对于前者本书并没有太多的涉及，而对于后者作者则描述了很多。它主要指处于后殖民状况的（原先的）殖民地反抗殖民主义文化的历史，它与前殖民地有着千丝万缕的联系，但在摆脱了殖民主义统治后仍带有（新）殖民主义的残余，同时又明显地带有对宗主国的殖民文化的抵制和抗争色彩。作者避开了那些晦涩难懂的理论术语，改用一种讲故事的散文笔法讲述了一部非西方的第三世界后殖民历史，涉及的人物有甘地、格瓦拉、法农以及毛泽东等；从有关属下阶层的知识到来自下层和上层的历史和权利，从非洲的空间和土地到种族和文化的混杂，从后殖民女权主义到从后殖民视角来解读全球化，最后还专有一章阐述了霍米·巴巴的文化翻译（或转化）理论的含义。要在这样短的篇幅中对一系列后殖民主义理论思潮的概念作出详细的介绍，显然是不可能的，而且对于非专业读者来说也是没有必要的。但是考虑到本书有可能会吸引一些文化理论专业的学者和学生，因此我觉得有必要在这篇短序中对后殖民主义理论思潮及这一思潮在理论上的创始者和主要代表人物作一简略的介绍。

后殖民主义理论思潮曾在20世纪80年代后期至90年代初取代后现代主义理论思潮，一度雄踞西方文化理论界，它的主要理论基石是福柯和德里达的后结构主义的解构和“非中心化”思维模式，曾在文化研究崛起时有所式微，但进入全球化时代以来，由于萨义德和斯皮瓦克的著述被重新认识以及霍米·巴巴的异军突起，后殖民理论和批评又得到了新的发展。早先的一些相关理论课题，如种族、族裔、历史、权力、殖民、霸权、边缘、中心、帝国等，被从事全球化研究的学者发掘出新的价值进而得到进一步的深化。可以说，后殖民主义理论思潮的再度兴起与全球化/本土化、民族/文化身份以及流散写作/批评等问题的讨论密切相关。

在三位主要的后殖民理论家中，萨义德（Edward Said, 1935—2003）的知名度最高，这与他的多产和在美国学术界的较早崛起不无关系。他生前任美国哥伦比亚大学校级教授，并被选为美国艺术与科学院院士。如果说，斯皮瓦克的后殖民主义理论带有明显的女权主义和解构色彩，霍米·巴巴的理论具有较强的“第三世界”文化批判和“少数族群”研究之特色的话，那么萨义德早期的理论则有着强烈的意识形态和政治批判色彩，其批判的锋芒直指西方的文化霸权主义和强权政治，其批判的理论基石就是“东方主义”。出版于20世纪70年代后期的专著《东方主义》（*Orientalism*, 1978）为我们的跨学科文化学术研究开辟了一个崭新的理论视野，即将研究的触角直接指向历来被西方主流学术界所忽视并且故意边缘化了的一个领地：东方或第三世界，它在地理环境上与西方世界分别处于地球的两个部分，但这个“东方”并非仅指涉其地理位置，同时它本身还有着深刻的政治和文化内涵。他于1993年出版的鸿篇巨制《文化和帝国主义》（*Culture and Imperialism*）全面审视了西方文化，从18世纪的作家简·奥斯汀一直论到当今仍有争议的萨尔曼·拉什迪，从现代主义诗人叶芝一直论到具有后现代特征的海湾战争中新闻媒体的作用，其间还透过后殖民主义的理论视角分析了显然具有后殖民性的英国作家吉卜林和康拉德的小说，以一个比较文学学者的身份对这一学科的局限进行反拨，直到在一个更为广阔的世界背景下全面描述帝国主义的文化侵略和殖民地的反抗的历史，大大地突破了传统的学科界限。当然，这一时期的学术界也发生了巨大的变化：关于后现代主义的讨论越来越趋向全球化，并与第三世界的反殖民和反霸权斗争相关联；而比较文学的兴趣东移则更是导致了一种以东西方文学的对话与交流为特色的新的国际比较文学研究格局的出现；后现代主义之后的后殖民主义大潮不断向中心运动，文化研究在一个全球范围内的转型方兴未艾……这一切都使得文学研究者必须正视文化和文化本质问题。可以说，萨义德在沉默了一段时间后的深入思考在很大程度上是接着上述两本著作中涉及的问题而深入研究的。而对这些问题的反思和深入探讨则集中体现在他逝世前出版的论文集《流亡的反思及其他论文》(*Reflections on Exile and Other Essays*, 2000) 中所收的各篇论文中。今天，研究全球化时代的流散写作的学者已将其当作研究流散现象的重要理论资源。

佳亚特里·C. 斯皮瓦克(Gayatri C. Spivak，1942—) 通常被当作名声仅次于萨义德的当代最有影响同时也最有争议的一位后殖民地或第三世界知识分子，或后殖民批评家，现任美国哥伦比亚大学阿维龙基金会人文科学讲座教授。作为一位个人经历异常复杂而且理论方向也十分驳杂的后殖民理论批评家，斯皮瓦克走过的是一条发展轨迹清晰可寻的学术道路：她早年曾作为德里达的解构主义理论在北美最重要的翻译阐释者而一举成名，其后又以一个颇有挑战性的女权主义批评家的身份而活跃在女性文学界和批评界。之后当这一切均为她的异军突起铺平道路后，她才独辟蹊径，逐步发展成为有着自己独特批评个性和理论风格的后殖民理论批评家之一。斯皮瓦克的著作包括三部论文集以及出版于上世纪末的一部专著：《在他者的世界里：文化政治论集》(*In Other Worlds: Essays in Cultural Politics*, 1987)、《外在于教学机器之内》(*Outside in the Teaching Machine*, 1993)和《斯皮瓦克读本》(*The Spivak Reader*, 1996[ed. Donna Landry and Gerald MacLean]),以及《后殖民理性批判：走向行将消失的当下的历史》(*A Critique of Postcolonial Reason: Toward a History of the Vanishing Present*,1999)。此外她还出版访谈录，编译多部理论著作和文集，并在欧美各主要刊物发表了大量的批评论文。斯皮瓦克对中国文学很感兴趣，并坚持学习中文长达六年。

霍米·巴巴 (Homi K. Bhabha, 1949—) 和斯皮瓦克一样，也出生在印度，后到西方著名学府求学，然后在英国任教，后转入美国哈佛大学。巴巴的主要著作就是《文化的定位》(*The Location of Culture*, 1994)，并编有《民族与叙述》(*Nation and Narration*, 1990)。作为当代西方文化学术界最具有批判锋芒的后殖民理论家之一，霍米·巴巴在理论上的建树主要体现在这几个方面：(1) 他创造性地将马克思主义和后结构主义理论揉为一体，并且颇为有效地将其运用于自己的批评实践，从而发展了一种颇具挑战性和解构性的后殖民文化研究和文化批判风格；(2)他的混杂理论影响了当今全球性后殖民语境下的民族和文化身份研究，提出了第三世界批评家进入学术主流并发出自己声音的具体策略；(3) 他的模拟概念以及对一些殖民地题材的作品的细读则对第三世界批评家的反对西方文化霸权的努力有着巨大的启迪作用，对文学经典的重构也有着推进作用；(4)

他所发展出的一种文化翻译理论强有力地冲击了翻译研究领域内长期占统治地位的以语言转换为主的文字翻译，从文化的层面消解了以语言为中心的逻各斯中心主义，为翻译研究领域内出现的文化转向起到了推波助澜的作用。

总之，原先的那种对殖民地的大规模武装侵略早已成为历史，但一些帝国主义霸权集团仍不忘对这些前殖民地进行文化渗透。如果说老殖民主义对第三世界的压迫主要表现在对之的压迫和掠夺的话，新殖民主义对第三世界则施行的是一种文化上的渗透和侵略，对此我们应该有着清醒的认识。通过阅读本书，我们进一步认识到，反对殖民主义的斗争将在文化的各个领域内长期地持续下去。

2008 年 4 月于北京清华园

献给亚斯明

目 录

导言
蒙太奇式的简述

你是否有过这样的经历，在大群人或大型的集会中唯有你的肤色或种族是与众不同的？据说世界上存在两种白人：一种人周围的大部分人仍然是白人，另一种人是其所在某一地点的唯一一个白种人。或许只有在那时，他们才第一次发现在他们所处的社会中其他人——西方之外的人的真实情况究竟是怎样的：他们是少数人，他们是永远生活在边缘的人，他们是不符合正常标准的人，他们是失去了话语权的人。

这种情况对于个人和对于民族来说都是一样的。你是否有时会感到你的民族和国家总是莫名其妙地被排斥在主流之外？你是否曾经感觉到当你说出“我”这个词时，“我”指的是别人，而不是你？你是否隐约觉得你并不是你说出的句子的主语？你是否曾经感到每当你发言时，你在某种意义上已经充当了别人的代言人？或者当你听到别人讲话时，你总是他们谈论的对象？你是否意识到这些发言者从未考虑过你的感受如何？你来自何方？你是否意识到你生活在别人的世界中，一个**为**别人而存在的世界中？

我们怎样才能找到一种谈论这种现象的方式呢？这就是后殖民主义试图要回答的首要问题。自20世纪80年代早期以来，一批关于后殖民主义的著作出版问世了，这些著作试图转变我们看待某些关系的主要方式，这些关系存在于西方民族和非西方民族之间以及二者所在的世界之间。这意味着什么呢？这意味着将世界颠倒过来观察，意味着从照片的反面对其进行观察，体验事物之不同，而且要领悟其中的原因（当你生活在巴格达或贝宁而非柏林或波士顿时）。这还意味着，你要认识到，当西方人观察非西方世界时，他们所观测到的与其说是那里的现实情况或非西方民族的真实感受或真实看法，倒不如说是他们自身的镜像，是他们自己的假设。如果你不把自己认同为西方人或由于某种原因，你并不完全是个西方人——即使你生活在一个西方国家，或者你虽然从属于西方文化，但你会被来自内外的占统治地位的言论所排斥，那么在这里后殖民主义可以给你提供一种不同的观察方法，一种以你的兴趣为主的话语和政治活动。

后殖民主义主张世界上所有的民族都同样享有良好的物质和文化权利。然而现实情况却是，当今世界是一个不平等的世界，众多的差异使西方和非西方民族之间产生了一条巨大的鸿沟。在19世纪，随着欧洲帝国的扩张，这条鸿沟就已经完全形成。扩张的结果是，世界十分之九的陆地都被欧洲或源于欧洲的势力所控制。人类学理论不断地把殖民地的民族描绘成低等的、幼稚的和软弱的民族，没有能力进行自我管理（尽管数千年以来他们在此方面已经做得很好），需要西方父亲般的为维护其利益对其加以管理(现在认为他们需要的是“发展”)。这些人类学理论使得殖民和帝国统治变得合法化。这些人类学理论的基础就是种族观念。简而言之，西方与非西方的关系被认为是白种人对抗非白种人的关系。白种人的文化过去被认为是（并且现在仍然被认为是)合法政府、法律、经济、科学、语言、音乐、艺术、文学这些观念的基础。总之,白种人的文化就意味着文明。

在整个殖民统治期间,殖民地人民通过种种形式的积极和消极抵抗来与这种统治进行抗争。然而直到19世纪末,这样的抵抗才发展成为整体性的政治运动。对于世界上大多数地区的民族而言,20世纪的大多数时间里他们经历了长期的反殖民统治的斗争,并最终获得了胜利,可这种胜利常常是以生命和资源的大量付出为代价的。在亚洲、非洲和拉丁美洲,人们与欧洲帝国主义列强中那些当权的政客和行政官员或者定居在这些地区的殖民主义者进行了斗争。

当国家最终获得了主权,它就摆脱了殖民统治进入了自治和后殖民时期。独立!然而,独立在很多方面代表的仅仅是一个开端,仅仅是从直接统治到间接统治的相对微小的一步,是一种从殖民统治和管辖到非完全独立的转变。尽管进入了非殖民地化时期,但是在20世纪,世界上主要强国的地位却并没有发生实质性的变化,这是显而易见的。(前)帝国主义国家在很大程度上仍然统治着原来的殖民地国家。哪个国家胆敢挑战以前的殖民统治者,就会处于危险之中,阿富汗、古巴、伊朗和伊拉克的例子都清楚地证明了这一点。所有这些想要在政治上反抗西方控制的政府都受到了西方国家的军事干涉。

但是情形并不是完全消极的。从殖民统治下赢得独立仍是一个巨大的成功。虽然得到的权力有限,但权力的平衡正在缓慢地实现。首先,随着从正式帝国到非正式帝国的转变,西方国家需要更多的国内劳动力,这需要通过移民来实现。因为移民,西方和其他地区之间明显的种族界线至少不再像过去那样绝对了。但这绝不是说美国总统是位非裔美籍妇女,或英国选了一位亚裔的伊斯兰教徒当首相。西方的国家权力仍被谨慎地控制着。你能想到有多少位当权者——那些出现在报道世界政要日常政治活动的报纸头版上的当权者是有色人种?然而,文化也在发生变化:由白种清教徒塑造的美国正在被拉美化,拉丁裔和非裔的美国人已经成为许多富有活力的西方文化的推动力量,这些文化超越了传统的工业文化。今天,对许多欧洲青年来说,古巴文化居主导地位,在桑舞和萨尔萨舞[①]富有节奏的舞动中,古巴文化充满生机和活力。就广泛的共识而言,在殖民时期,西方和非西方民族之间的鸿沟主要表现在西方文化的统治上,而这种统治今天已经被溶解到一个更为宏大的文化体系之中,这种体系对差异采取尊重和宽容的态度。这一方面的局限性将在本书后面的章节中加以探讨。

现在,重要的是,后殖民主义首先涉及的是这样一个观点:西方之外的三个大洲(非洲、亚洲、拉丁美洲)在很大程度上处于从属于欧洲和北美洲的地位,并在经济上处于不平等的地位。后殖民主义涉及反对不平等的激进主义的政治和哲学,并且以一种新的方式继续进行过去的那种反殖民斗争。后殖民主义不仅断言非洲、亚洲和拉丁美洲的民族应该享有资源和物质福祉,而且断言它们的文化——正在介入和改变西方社会的文化有巨大的活力。

后殖民文化分析涉及对理论建构的详尽阐述,这种理论建

① 起源于古巴的拉丁舞。拉丁舞具有热情、浪漫的旋律及丰富的节奏变化,它的感染力特别强。——本书注释均由译者添加,以下不再一一说明。

构挑战了先前占主导地位的西方思维方式。可以用女权主义进行一个简单的类比,女权主义也涉及一种类似的情况:曾经有一段时期你读到的任何书、听到的任何言论、看到的任何电影,都是从男性的视角出发的。可女性就撂在那里没人管,她总是一个客体,而不是一个主体。从你所读的书或所看的电影中你会发现,女性常常是那种被观赏的角色。她从来不是观察者。几个世纪以来,人们认为女性不如男性聪慧,她们不应受到男性所受到的教育。她们不能参加政治性的竞选。出于同样的原因,由女性创建的各类知识都被认为是不严肃的、琐碎的、道听途说的,或者不科学的,比如盲目的崇拜或传统的分娩方式或康复练习。所有这些态度只是女性被统治、被剥削和身体上被男性虐待的多种方式中的一部分。从18世纪末开始,女权主义者慢慢地、逐步地开始反抗。她们反抗得越激烈,就越清楚地表明,这些态度已经渗透到了整个文化之中,包括社会关系、政治、法律、医疗、艺术、时尚乃至学术知识。

作为一种政治运动和实践,女权主义并没有一个单一的思想体系,没有一个单一的创造者,不像马克思主义或心理分析那样,它汇集了不同领域的女性的共同努力。它的目标是要铲除所有的不平等现象,包括从家庭暴力到法律和语言再到哲学等诸多方面。女权主义者也必须同女性间的不平等作斗争。在某种程度上,这种不平等就像男女之间的不平等一样。然而与此同时,从更广泛的意义上讲,女权主义已经发展成为一种集体运动:来自社会各个层面的女性向着共同的目标而努力。这些共同目标包括:解放女性和争取女性权力,获得自主选择权,在改变多种制度的进程中获得法律、教育、医疗、就业方面的平等权利,这样她们将不再继续只代表男性的利益和视角。

与女权主义类似,“后殖民理论”涉及西方之外的一些知识和需求,需要对这些知识和需求进行概念性的重新定位。它涉及一些有可能发展成为一种政治实践的推动思想,这种政治实践在道德上的要求是要改变当今很多地方的人仍然在过着的受人剥削的和贫困不堪的生活。一些这样的理论工作已经因其晦涩难懂和涉及常人无法理解的复杂观点而出名。当面对学术理论权威时,人们常会认定自己理解上的困难是由自身的缺陷所造成的。这是很不幸的,因为许多这样的思想最初并不是由学术界提出来的,一旦理解了它们所描述的实际情况,理解就变得相对容易得多。因此,本书致力于以一种从未尝试过的方式来介绍后殖民主义:不是从头到尾的解释,不是先提出抽象的术语然后举一些例子来详细阐述这种理论,而是致力于追寻后殖民主义(本质上提倡民主原则)广泛的政治踪迹,肯定普通人和他们的文化的价值。本书将详细阐述后殖民主义,但不是按照从上到下,而是按照从下到上的顺序,也就是从具体的环境开始,然后从特定的视角提炼出一些观点。全书没有晦涩难懂的理论,以一种从下到上的方式解释后殖民主义,这种方式是最恰当的,因为它有助于详细阐述“属下阶层”的政治,即从属阶级和民众的政治。

所谓的后殖民理论,实际上并非科学意义上的理论,而是依条理详细阐述的一系列原则,这些原则可以预测一些现象的结果。它包括一整套相互关联的、并置的且偶尔存在冲突或矛盾的视角。从最广的意义上讲,它涉及其他学科和活动所专注的问题,特别是关于女性地位、发展、生态、社会公正性、社会主义等方面的问题。总之,后殖民主义把自己选择研究的问题和知识融入到了西方和非西方对于权力结构的研究之中。它致力于改变人们的思考方式和行为方式，以在不同种族之间创造出一种更加公正和公平的关系。

出于这种考虑，这里将不再以单一的一套观点或一种实践来阐述后殖民主义。在某一层次上，没有一个叫作“后殖民理论”的单一的实体存在。作为一个术语，后殖民主义描述的是各种各样的思想和实践，就像女权主义或社会主义包含各种思想和实践一样。本书没有遵循学术著作的标准模式，没有以一系列的章节来展开主题或论点，而是运用了蒙太奇的剪辑技巧，采用并置角度和时代的方式，创造性地探究它们之间生成的一系列关系，因为许多后殖民理论对思想和实践的处理都是动态的。这里所说的思想和实践之间的关系包括和谐关系、冲突关系、不同民族及其文化之间的生成关系。后殖民主义研究的是一个变化的世界——一个已经被斗争所改变的世界和一个实践者想要进一步改变的世界。

很多人不喜欢“后殖民”这个词，现在你可能开始意识到了这是为什么。它扰乱了世界的秩序。它使特权和权势受到了威胁。它拒绝承认西方文化的优越性。它那激进的日程表在为全球的人们呼唤着平等和幸福。

你将会在后殖民主义的土地上跋涉。下面的章节将会带你去旅行，带你穿过它的城市和荒芜的郊区，看到它乡村野郊的贫困。虽然人们承认这些景象是存在的，但其中的许多景象人们是视而不见的，对当地居民的生活和日常经历人们更是不屑一顾。本书的章节由不同的“场景”（在世界各地拍摄的快像）组成，且各张快像并排放在一起。因此本书就是一本影集，其中的照片并非那种静止和虚幻的图像，而是一种活生生的存在，喃喃低语讲述着照片背后的故事。当你阅读本书时，你会听到那正注视着你的人陈述的证词。蒙太奇刻意把不相容的胶片并置起来，这种粗糙的切换手法已被人们所遗忘。在这里，这一系列的短片镜头在迅速抓拍瞬间飞逝的图像，把当今社会出现的矛盾场景搬上了舞台。这些断续的瞬间镜头见证了历史的更迭，也见证了从权力被夺走到通过抗争重新把权力夺取回来的历史过程。

当我们开始讲授“边缘”这个词时，我们会从原始素材入手，这些原始素材是当代对后殖民主义及其影响的文化政治方面的研究，某中包括那些“阿拉伯世界”的伟大著作，这些著作大多都出自马提尼克信奉基督教的精神病医生弗朗兹·法农之笔……在大的背景中，我们也可以在自己所从事的学科中找到一些原始素材，比如爱德华·萨义德的《东方主义》……萨义德的著作并不是对边缘的研究，甚至不是对边缘化的研究。《东方主义》是对于目标构建的研究，其目的是为了调查和调控。萨义德等人的著作已经直接涉及了对殖民话语的研究，而且这种研究就像一个大花园，已经开满了似锦的繁花。在这个“花园”里处于边缘的群体可以发言、可以被别人谈论，甚至可以让别人代表自己发言。

佳亚特里·查克拉瓦蒂·斯皮瓦克，

《外在于教学机器之内》(1993)

第一章

属下阶层的知识

你发觉自己是一个难民

一天早上，当你从噩梦中惊醒，你发现你所处的世界已经发生了巨变。在夜幕的笼罩下，你已经被放逐到别的地方。睁开双眼，你首先注意到的是风吹过平坦荒芜的土地时留下的声音。

你和家人正朝着阿富汗与巴基斯坦边境的一块“活墓地”走去，走向白沙瓦——一座布满鲜花和间谍的城市，一座边境城市，从喀布尔过来的旅客的第一个落脚点。这些旅客穿过雕刻着图案的托克汉城门，沿着开伯尔山口由灰色岩石建成的弯曲小路走向远处的平原，最后到达通往加尔各答的主干公路。

在老城区的达沃什清真寺周围，是开伯尔集贸市场，这里的货摊鳞次栉比。这里有一条狭窄的街道，这条街道的房屋依势而建，高得直冲云霄。各家经过装饰的阳台错落有致，悬挂在空中。这便是著名的吉沙·哈乌尼市场一条街，这条街因说故事的人而闻名。几个世纪以来，那些曲折、离奇的故事一直被悠闲地喝着热气腾腾的琥珀色希沙斯茶的人们绘声绘色地讲述着——那些人正努力地想要超越专业的故事讲述者，或是在那些在货摊上用大茶杯喝着蜜汁茶的人之间口耳相传。可是那里传来传去的故事却并不是为你而讲述的。

你继续西行，走过往日的殖民地兵营，走过郊区大片的临建房屋（可是住在临建房屋中的人已经在这里居住很久了），在山前的一块平地上停住了脚步。家人中还有两个孩子也走散了。你身边只有一袋衣物、一个睡觉和祈祷用的垫子、一个盛水用的大塑料容器和几个铝制的罐子。这时路上有一些士兵走上前来阻止你继续前行。白沙瓦附近的贾洛扎难民营已经关闭。从阿富汗到这里来的普什图人被指引着走向杰曼。杰曼没有难民营，它只是一个"等待区"。在这里，你从帐篷顶上放眼望去，大地平坦无奇，进入视野的唯有远处喜马拉雅山映在地平线上的黑影。

因为这里不是官方难民营，所以你缓慢的前行不会引起任何人的注意，也不会有人为你登记注册。此时，你的孩子又累又饿，坐在光秃秃的棕色沙地上，他们鼓鼓的肚皮上留着因感染而形成的深红色印痕。你四处寻找水和食物，还希望找到三根木头和一张大塑料布来搭建一个栖身之所。这个将要搭建的就是你的帐篷，就是你和家人的居所。你们将要在少粮缺水，痢疾和霍乱流行的困境中寻求生存。

幸运的话，你可能在数月内离开这里。但是如果不幸运的话，你或许就会像肯尼亚的索马里难民，加沙、约旦、黎巴嫩、叙利亚、约旦河西岸的巴勒斯坦难民，或是像20世纪70年代出现在斯里兰卡或者南非的"国内流离失所者"那样，在这里滞留十年甚至几十年。这里将可能成为你和你的子孙们唯一的家。

我们是多么无常和多么善变。我们很容易改变或被改变。我们的居所是多么不稳定，只因为我们失去了生存的基

图 1 新贾洛扎难民营，白沙瓦，巴基斯坦，2001年11月：一个来自阿富汗北部的乌兹别克人家庭在这个难民营的新家。

> 础，我们失去了发源地，我们失去了我们的国土，我们断开了与过去的联系。这里没有巴勒斯坦人。谁是巴勒斯坦人？是“朱迪亚和撒马利亚地区的居住者”？是非犹太人、恐怖分子、制造事端的人、流离失所者还是难民？是卡片上的人名还是清单上的数字？人们在讲话中赞扬着巴勒斯坦人和他们的事业，但他们的存在仅仅是一个个片段而已。
>
> 爱德华·W. 萨义德，《最后一片天空之后》（1986）

难民，你居无定所，无处落根。你已经被转移了，是谁转移了你？是谁让你离开了自己的国土？你或是被迫，或是为了躲避战争或饥荒而离开。你顺着逃亡的路线颠沛流离，艰难跋涉。但是一切都静止了。你已疲惫的生命戛然而止，你的生活断裂了，你的家庭支离破碎。你所熟悉的单调却可爱而稳定的生活和熟悉的社会也将随之一去不返。你在压缩的时间里，经历了资本主义的强烈介入，经历了平常安乐生活的终结，你已成为了那些跨越不同时代并经历过冷漠的现代性的人们的象征。你面对的是一个新世界，一种新文化，面对这种新文化，你不得不调整自己来适应它。你还要努力保留自己的可识别的身份。把这两者放在一起是一种痛苦的体验。也许有一天，你或者你的孩子会将它看作一种解放的方式，但不是现在。生活已过于脆弱，过于不确定。你什么都不能依靠。在世界的眼中，你只是一个客体。谁会在意你的经历、你的想法以及你的感受?各国的政客们争先恐后地立法，为的是阻止你进入他们的国家。他们对寻求避难者的答复是:禁入。

你是闯入者，你是错位的，你是不合时宜的。“难民”一词将你与你的国家隔离开来，你拖着疲惫的身躯，带着自己的信仰、语言、愿望、习惯及情感一脚踏进未被认同的、精神上深感陌生

图 2 新贾洛扎难民营，白沙瓦，巴基斯坦，2001年11月：一个阿富汗小男孩正在放风筝。

的世界里。所有的一切都是关于中断、错位、不堪回首的刺痛和痛苦的体验。这种体验加剧了后殖民时期的残酷体验，但也使其具有了创造性。

不同种类的知识

在贾洛扎难民营，你不愿意做的一件事情就是读这本书，即便你识文认字，即使这本书已被翻译成普什图语，你也不会读这本书。你说得多，会对许多人讲述自己日常生活中遇到的问题，有时候还会讲述那些又长又难懂的、与战争和饥荒相关的悲惨故事，你试图从自己的经历中提炼出一些人生感悟。如果你碰到一些来自其他地方的人愿意帮助你，你很有可能会对他们说出你的需求：药品、食品、避难所。你不会为那些从未谋面的人的利益而袒露你的经历。你不会将你的生活演绎成一个故事或者为别人而表述。但你仍然是这本书中不那么沉默的主角，因为它是为你而写的。即便你没有读过其中的文字，它们也是为你而写的。

到目前为止，有关所谓的第三世界的知识都来源于宗主国的档案资料，这些资料中的绝大部分一直集中在宗主国的科研机构之中，过去是这样，今天是这样，而且这种状况还将持续下去……这些档案资料通过大量的学术科目和各种各样的著作向外扩散传播。其中既有经典的哲学著作，又有传教士和行政官员的通俗之作；既有区域性研究项目，甚至是人文学科的核心领域，又有由基金会和私人出版社资助的翻译项目——以上项目构建了各种实践的内容。

爱加斯·阿马德，《在理论之中》(1992)

你能否读这本书，显示出了划分世界的一种主要的方式。划分有多种方式，比如：你是否有干净的水喝，是否有足够的食品和保健品，是否能读书，是否受过正规的教育。每一个人都会经历非正规的教育，实际上正规与非正规之间的界限往往是不确定的。有时你所需要的知识是你通过非正规的教育学来的，是从你的家庭和周边环境中学来的。你通过正规的教育渠道学到的知识是他人的知识。谁是这些知识的权威呢？它们是谁的知识呢？你从不同学校学到的知识是不同的，你的思维模式也是不同的。想一想孩子们身上的不同吧：在西方有些进入私立学校的孩子每年要花费一万五千英镑，2001年在伯利恒附近的阿哈德学校里的孩子却不得不在帐篷里学习，因为学校的校舍已经被以色列的军事行动所摧毁。看一看图3中那个巴勒斯坦女孩的学习经历吧！她每天步行穿过拉法难民营来到学校，而拉法难民营也在一天前被三辆以色列坦克和两辆推土机夷为废墟。

自从加沙地带的汗育尼斯难民营和约旦河西岸的贾拉左难民营首次开办露天学校以来，近五十年来巴勒斯坦几乎毫无变化。如果当年的那些孩子还活着的话，他们今天都已成了老人。他们住在难民营中，常是以色列军事行动打击的目标。不得不这样危险生活的人会有什么样的感受呢？

读到这里你想一想今天这些学校的处境，这将有助于你形成后殖民主义得以产生的视角。想一想阿哈德、贝德加拉、贾洛扎、贾拉左、杰宁、汗育尼斯、拉法的情况。那里人的生活怎能与你的或我的生活相比呢？想象一下在一个封闭又贫穷的社会中成长起来，又眼睁睁看着它在政府的指令下被推土机夷为平地是什么感觉。读一读布洛克·莫迪森撰写的关于索非亚镇在

图3 一位巴勒斯坦的女学生正在加沙地带南部的拉法难民营的废墟中走着，2001年4月15日。这是在以色列根据临时和平协定把这一地区的控制权完全移交给巴勒斯坦后，以色列军队在不到一周内第二次对这里进行打击之后一天的情景。

1958年被实行种族隔离的南非政府摧毁的原因。索非亚镇是约翰内斯堡黑人文化生活的中心。莫迪森不允许我们错误地认为在特权阶层和可怜的穷人之间存在的差别仅仅涉及受难与剥削的问题。还有其他种类的财富和损失。还有思考世界的其他方式。人性的，而非物质性的方式。

随着索非亚镇的死亡，我体内的一些东西死掉了，我身体的一部分也死掉了……他们以清除贫民窟的名义用推土机将她弄得遍体鳞伤。片刻之后，沿着古得街看去，索非亚镇就像是其中众多的受害者之一；一个男人被索非亚镇之刀刺伤，躺在露天的排水沟里，像一粒葡萄干撒落在散发

图4 早期的联合国难民救济和工程局修建的学校，贾拉左难民营，约旦河西岸，1951年。

着气味的下水道里，这个人由于多处被刺伤而濒临死亡，多处伤口还在流血；在这个将要死去的人的脸上显现出震惊、迷惑、恐怖、怀疑的表情。

布洛克·莫迪森，《怪罪历史》（1963）

从第三世界到三大洲

当你看见一些孩子聚集在学校里，光着脚站在石头上，你便知道你身在“第三世界”国家。这个第三世界是后殖民的世界。“第三世界”这个词起源于法国革命时的第三等级。世界曾根据两大政治体系而被划分成资本主义和社会主义两大阵营，它们构成第一世界和第二世界。剩余的部分就构成了第三世界：那些刚刚从帝国主义殖民统治下获得独立的国家和“不结盟”国家。在1955年的万隆会议上，二十九个刚刚成立的亚非国家（包括埃及、加纳、印度和印尼）发起了不结盟运动。它们把自己看作一个独立的政治集团，用一种新的“第三世界”的视角来看待政治、经济和文化上的全球范围内的优先权。这是一个非常重要的事件，它标志着世界上的有色人种试图摆脱西方白人国家的枷锁。从政治上来讲，它是世人可走的第三条道路：既不属于西方集团也不属于苏联集团。然而，第三条道路的确立或发展是很缓慢的。这个名词逐渐与这些国家所遇到的政治和经济问题联系在一起，因而也就与贫穷、饥荒、动荡联系在一起，形成了一道“鸿沟”。

在很多方面，万隆会议标志着后殖民主义首次成为一个具有自觉意识的政治哲学体系。十一年后，在1966年于哈瓦那召开的三大洲会议上，更富于战斗性的第三世界政治团体作为反对西方帝国主义持续影响的全球联盟出现了。这也是首次将拉丁美洲（包括加勒比海）与非洲、亚洲联系在一起，地处南部的这三个大洲便得名为“三大洲”。在许多方面，三大洲是一个比“后殖民”更精确的术语。三大洲会议创办了一本杂志（杂志干脆取名为《三大洲》），该杂志首次将后殖民理论家与实践家的写作联系在一起（其中包括阿米尔卡·卡布拉尔、弗朗兹·法农、切·格瓦拉、胡志明、让-保罗·萨特的文章），这样的写作表明的不是一个单一的政治和理论的立场，而是人类要求共同解放的共同努力。由于美国对古巴实行封锁，不允许古巴的杂志进入美国，所以许多美国的后殖民理论家没有意识到他们还有这样一些激进的先驱。

殖民主义者通常讲，是他们把我们带进了历史。今天我们要表明的是事情并非如此，是他们使我们离开了历史，我们的历史，让我们跟着他们，在他们的后面，走向他们的历史的前进方向。

阿米尔卡·卡布拉尔，《回到源头》(1973)

作为术语，无论“三大洲”还是“第三世界”都有各自的道理，因为它们指代的是另一种文化，另一种“认识论”或者知识体系。在过去的三百多年里，甚至在更长的时间里，被世人称为知识的大部分文章，都是由那些生活在西方国家的人写就的，而且这种知识是由学术界即机构性的知识团体精心制作和认可的。这种知识中的很大一部分，特别是关于数学和科学的知识来自阿拉伯世界，这也就是为什么时至今日就连西方学者在写数字时还用阿拉伯数字的原因。西方学校着重强调西方文明是对拉丁文化和希腊文化的传承，但是大多数西方学者仍然丝毫没有意识到这样一个事实：他们每天都在读写阿拉伯语。想象一下这样一个新闻标题：《在发现“基地”组织与阿拉伯的联系后，美国学校禁止使用代数基本原理》。

我们这些受剥削的人在世界上必须扮演什么样的角色呢？……

我们这些受剥削的落后国家的任务就是摧毁那些维持帝国主义的根基。资金、原材料、廉价劳动力(无论是工人还是技术人员)都被从我们这些被压迫的国家中夺走，同时新的资本(统治工具)、武器和各种商品都被输入进来，使我们陷入完全的依赖。那个战略目标的基本要素便是人类的真

图5 切·格瓦拉,《给三大洲的信息》,1967年4月16日。寄给亚非拉三大洲人民团结组织,寄自“世界的某个地方”,格瓦拉从1965年春离开古巴到1967年10月9日在玻利维亚被杀期间的一次公开演讲,在《三大洲》杂志第一期上公开出版发行。

正解放……

切·格瓦拉,《给三大洲的信息》(1967)

后殖民主义源于其本身的知识,其中的许多知识是最近在漫长的反殖民运动的过程中被阐述出来的。后殖民主义源于这样一个假设:那些西方人,无论是不是学者,都会以同样严肃的态度,来看待有别于西方的其他知识和有别于西方的其他角度。后殖民主义或者"三大洲主义",都是新兴知识的总称,这些知识来自属下阶层,即受压迫的民众,它们试图改变我们生活中的术语和价值观。如果你想学,那么你随处都可以学到这些知识。你开始的唯一条件就是要保证你会仰视而不是俯视这个世界。

焚书

非裔美国作家兰斯顿·休斯1940年在他的《大海》一书中,讲述了他坐船离开纽约去非洲的故事。他爬上甲板,将他随身携带的旅途阅读的书远远地扔进了大海。看着一本本书旋转着消失在大海中,他感到了自由的愉悦。他说:"当我把这些书扔进海里时,那感觉就像把压在心中的千百万块砖头搬开一样。"在他沿着祖先来的路回去的时候,他将他的所知所学全部抛弃了。在回非洲的路上,他把所有将非裔美国人置于社会低层的等级文化抛得一干二净。他回到了自己的大洲,与自己的人民在一起,以自己的方式做事情。他写道:

> 我的非洲,黑人的祖国!我也是一个黑人,一个非洲的黑人!非洲,真实的存在,它不仅可以在书中读到,而且

可以摸得到、看得见。

当休斯最终到达非洲，和那里的人民讲话时，他受到了伤害。

非洲人看着我，不相信我是黑人。我说："事实上我也是黑人。"

他们嘲笑我，摇摇头说："你是白人！你是白人！"

弗朗兹·法农的经历则与此相反。在马提尼克，他总被人们看作是白人。当他到达法国里昂时，人们在大街上见到他时喊道："看！他是个黑人！"法农如此评论说：

我抱着试图在事物中找到意义的信念，来到这个世界上。我的精神世界充满着找到世界本原的愿望，后来我发现我只是他类客体中的一个客体。

法农的第一反应，如他自己所言，就是经历了"被封存到被挤压的物性之中"的痛苦。后来他意识到问题远比此严重得多。人变成了客体，被人指点、被人取笑，而这还仅仅只是表面上的情况。同时存在的情况是，处于这种情况当中的人内化了这一观点，将他们自己视为与众不同的低人一等的"他者"。

我是如此厌倦学习和背诵赞美水仙花的诗歌，我和为数不多的几个"真正的"英国孩子的关系很别扭，我发现当我称自己为英国人时，他们会傲慢地责骂我："你不是英国人，你是令人讨厌的殖民地人。”

珍·莱斯，《焚书的那一天》（1968）

在《焚书的那一天》中，出生于美洲的欧裔白人小说家珍·莱斯讲述了一个加勒比海岛上的轮船代理商索亚先生的故事。他和一个有色人种的女人结了婚，但是，他经常在酒醉之后虐待她。索亚在他的房子后面建了一间小屋，那里摆放着他特意从英国邮寄来的书。他那只有一半白人血统的儿子埃迪体弱多病，正是他首先站出来质疑叙述者——一个小女孩，这个女孩认为所有来自“家乡”的东西，也就是来自英国的东西都比岛上的东西高贵。埃迪会从图书馆里借书，父亲去世后，埃迪成为了这些书的拥有者。几天后，埃迪和叙述者来到图书馆找到母亲，多年来，他的母亲一直在不幸的婚姻中煎熬。母亲的怨恨和愤怒爆发了出来，她将书从架子上弄到地上，分为两堆，想一堆出售，另一堆烧掉。当母亲将书架上的一本书拿下来时，埃迪求她不要将这本书烧掉，因为他正在读这本书。最终他从母亲手中把这本书夺了回来，并尖声喊道：“现在我也开始讨厌你了。”女孩也为自己抢到一本书，两人穿过花园跑到街道上，一起在黑暗中坐了一会儿。埃迪开始哭泣，为了表示对埃迪极度孤独的同情，女孩问埃迪那是本什么书。那本书是吉卜林的小说《吉姆》。可女孩就没有那么幸运，虽然她本能地感到她的战利品是一个很重要的东西，但是当她想看看究竟时，却很失望，“因为那本叫作《像死亡一样坚强》的书是用法语写的，看起来索然无味”。

珍·莱斯的故事读起来不太像殖民主义的寓言故事，倒更像是关于后殖民的权力关系的寓言故事，在这个故事里，数十年的等级剥削和侵略性的种族文化所促生的仇恨，使得索亚夫人强烈反对这样一种优越感的文化基础。埃迪的矛盾反应是：他既憎恨他的父亲，憎恨“家”，也就是英国，但是他又想得到父亲的书。这又将他带入与母亲的矛盾之中：他爱母亲，但是母亲恨他父亲所有的书。这也把埃迪推向边缘的位置，使他介于矛盾的、竞争的文化之中：他一方面在情感上认同一种文化，同时又在理智上对另一种文化产生了好奇。

这种矛盾的态度和多重身份被津巴布韦小说家奇奇·丹格伦伯加定义为本地人的“不安的状况”。他们跻身于不同文化的矛盾层面之中，当殖民文化或主导文化通过教育进入本地的初始文化中时，便会产生一种不安的状况，其中包括矛盾、不稳定、文化界限的混乱（内部或外部的）以及与“他者”文化的融合。在《不安的状况》（1988）这本书中，讲述者坦布泽梦想着接受良好的教育，梦想着能进入她那位已经接受了白人文化的校长亲戚的房间里。但是她发现她不知道应该坐在哪里，她不知道应该如何阅读房间里的习惯性符号，她不知道应该使用那种语言——英语还是绍纳语？生活在这个社会中的个体要屈从于一种痛苦，这种痛苦被法农称为杂交裂缝中的存在，他们要试图同时经历两种不同的、互不兼容的人生。如果你想成为白人，改变你的种族和阶层，你就要吸纳主流文化，这种不同身份之间的妥协，不同价值体系层面之间的妥协（尤其是对女性而言，对她们来说这些选择看起来是互相矛盾的）是其中不可或缺的一部分。否则，即使你接受了白人的价值观，你也不可能是一个十足的白人。

焚书可以看作是要求解放的表示，或是无力通过别的途径表明自己立场的一种表现。当然，通常情况下当这种行为包含一个民族主义者对少数民族文化的攻击时,就被认作是压迫性的、破坏性的、法西斯的行为,它确实如此。以1981年5月僧伽罗统一国民党烧毁贾夫纳大学图书馆为例,“数以千计的泰米尔语书籍、手稿、风干的棕榈叶手稿、各种文件被烧毁,其中包括《贾夫纳历史》的孤本”。1992年5月,塞尔维亚民族主义武装在萨拉热窝的东方学院投放燃烧弹,这里收藏着欧洲最重要的伊斯兰手稿,“事实上所有手稿都被大火烧毁,包括五千二百六十三册阿拉伯语、波斯语、土耳其语、希伯来语手稿和阿拉伯语手稿中用塞尔维亚—克罗地亚—波斯尼亚方言撰写的部分,以及数以万计的奥斯曼帝国时代的文献”。种族清除不仅包括人的毁灭,也包括知识的毁灭和历史的毁灭。

“布拉德福德的穆斯林”不是指那些居住在英国布拉德福德的穆斯林,而是指那些生活在西方的被认为是“宗教激进主义者”的穆斯林。1989年1月14日,一群生活在布拉德福德和奥尔德姆的穆斯林公开烧毁了萨尔曼·拉什迪的《撒旦诗篇》。评论家纷纷将这一行为与1933年纳粹在德国的焚书之举相提并论。通过对比,我们发现激进的基督教群体在美国烧毁J.K.罗琳的《哈利·波特》的行为没有受到太多的媒体关注。

拉什迪的立场比较复杂,因为在此之前他一直是英国最著名的反种族主义的支持者之一,是移民社区政治权益和观点的代言人。突然有一天他发现在自己所代言的少数族裔的社区内有着和自己的多元文化融合(他称之为“宗教文化融合”)的观点截然不同的看法,并且这些看法得到了一些少数族裔的作家(例如哈尼弗·科利什)以及媒体的支持。由于很多少数族裔的人们在日常生活中都受到了压迫,所以在受人赞美的多元文化主义和这些少数族裔的真实状况之间存在着很深的裂痕。

对西方而言，整体上这看上去似乎很像自由主义者与保守主义者之间的区别，前者接受了同化，而后者却仍想保留他们的未被玷污的文化身份。对于西方的少数民族或者对于那些居住在西方之外的人而言，这种区别就不是那么清晰。对个体来说，想要同时持有两种观点并不是不寻常的。后殖民主义的愿望中存在着不安，这种不安的状况受到了无法掌控的矛盾心理的侵扰。

围绕《撒旦诗篇》而产生的文化和社会冲突主要是通过空间和二元对立的地理政治学——伊斯兰宗教激进主义者与西方文艺界的现代主义者，也就是古老的（有武断的意味）移居者和现代的（有讽刺意味）大都市人——展现的。这一现象掩盖了不可化解的、边缘性的、对于文化杂交的忧虑，这种文化杂交提出了认同的问题，以及离奇的、断裂的暂存性中的流散社群的美学问题，即文化转移的**时间**和文化转移的**空间**“不可移植”的问题。

霍米·K.巴巴，《文化的定位》(1994)

第二章

来自下层与上层的历史与权力

非洲和加勒比海的革命者在哈莱姆，1924年

我正观察一张照片。照片上三个男人并排而立，姿势呆板僵硬，严肃而若有所思地盯着镜头。每个人都衣着入时，穿着马甲，揣着怀表。中间身着白色套装、脚穿翼尖状饰纹皮鞋的男子头戴一顶帽子，其他两位则以手持帽。右侧身材矮小而略胖一些的男子撑着一张木制折叠椅的椅背。尽管他们正一起摆姿势合影，但彼此却保持着距离。这一点表明他们虽然认识，但却称不上是密友。他们衣着的华美与身后破旧的红砖房形成一种奇特的反差。看起来他们好像站在一所廉价公寓或办公楼的外面。他们身后的窗户的右扇有百叶窗，而另一边的窗户却没有。

这张照片是由哈莱姆文艺复兴运动时期著名的摄影师詹姆斯·范德尔奇拍摄的。这张1924年8月拍摄的照片上的人物分别是马库斯·加维、乔治·O.马克和克乔·托瓦罗–胡诺王子。加维来自牙买加，马克来自塞拉利昂，托瓦罗–胡诺来自达荷美共和国。那天他们都是来纽约市开会的，或许这张照片是在哈莱姆135号街西56号原“黑星”航运公司办公楼的后面照的。马克是联合黑人促进会的最高代理主席，他曾在弗里敦受过教育，

图6 马库斯·加维和乔治·O.马克、克乔·托瓦罗–胡诺王子。

并在苏格兰的阿伯丁和爱丁堡上过大学，他作为塞拉利昂的代表到纽约参加了1920年的联合黑人促进会会议。1922年，他被任命为联合黑人促进会代表团的全权代表参加了国际联盟会议。代表团请求国际联盟将德国以前在非洲的殖民地作为黑人居留地移交给联合黑人促进会管理，但此请求遭到拒绝。这些殖民地后来转交由英国和南非托管。

加维，这位联合黑人促进会的创始人，1924年由于被指控利用邮件欺诈而被一个联邦调查局的官员判处有罪，这位联邦调查局的官员急于寻找借口将他驱逐出境。加维早年加入了牙买加的“国家俱乐部”，这个组织致力于摆脱英国统治寻求独立。之后加维在中美地区广泛旅行，然后去了伦敦。他的妹妹阿德里安娜当时在伦敦做家庭教师。在伦敦，他了解了泛非运动，该运动于1900年在伦敦召开了首次会议。他还阅读了布克·T.华盛顿的著作《出身奴隶》。最重要的是，他遇到了了不起的苏丹裔埃及人杜斯·穆罕默德·阿里并与之成为挚友。穆罕默德·阿里是一位民族主义者，他们二人共同经营阿里的宣扬激进民族主义的报纸《非洲时代与东方评论》。1914年当加维返回牙买加创建联合黑人促进会时，他已经形成了一套政治哲学，其基础是黑人权力和尊严的简单而有力的传达。两年后，他受布克·T.华盛顿之邀来到美国，并产生了巨大的影响，或许可以说在美国没有一个黑人移民的政治影响力比他更大了。他把反殖民的言语转换成民权和争取黑人权力的语言，在20世纪这两者将继续发展，并互相密切联系，彼此推动。这张照片记录了这种推动力量启动的那一时刻。

克乔·托瓦罗-胡诺王子本人刚刚从法国抵达纽约，并且要在哈莱姆自由大会堂举行的1924年年度联合黑人促进会会议上发言 。托瓦罗-胡诺王子是保护黑人种族全球联盟的主席，该组织由他创建于巴黎，它的创立缘于一个有名的事件。当时因为托瓦罗-胡诺王子是黑人的缘故，几个美国白人游客试图把他扔出一间咖啡厅。当你审视这个贵族，这个流亡的达荷美共和国国王的侄子的时候，你会很容易看出为什么他如此强烈地憎恨这种待遇，以至于他引起了整个法国媒体的同情。正是由于这个原因，巴黎多年来享有对黑人艺术家和知识分子最具同情心的西方城市的美誉。约瑟芬·贝克、兰斯顿·休斯、詹姆斯·鲍德温、切斯特·海姆斯、西德尼·波切特都受到了法国人的喜爱——只要他们不是阿拉伯人。

在1924年的大会上，加维宣布联合黑人促进会已约有一万四千个分支。其中一半在北美洲，其余分布在加勒比海、中美洲、南美洲和非洲，全部成员据估计已达到六百万。这种非同寻常的全球化组织在托瓦罗–胡诺的报纸《大洲》的名字中得到了反映。这是跨越大西洋的黑人革命运动，这三个来自英法在非洲和加勒比海殖民地的革命者聚集在美国，想要联系不同文化间的激进主义并确保跨国的团结合作。

加维在加勒比海、美国和英国开展的革命运动，使他成为了萨尔曼·拉什迪所描绘的"被转化的人"的一个早期的范例。所谓"被转化的人"，也就是被不同文化"转化"的人。但这不是人们被动经历的事情：加维要求恢复黑人尊严的呼吁是自我转化的一种呼声。跨越不同地域时，语言、人和文化会发生改变，可以从转化的视角来看待它们是如何改变的。它还可以被更隐讳地使用，用来描绘个人或群体是如何通过改变自己对社会地位的认识而被转化的。

在这里，在纽约，三个人站在一起，准备向聚集在自由大会堂里参加联合黑人促进会会议的听众发言，他们不仅是一路从牙买加、达荷美共和国和塞拉利昂到哈莱姆的三个人。在重新描绘美国文化及超越全球文化的过程中，他们是积极的文化上的转化者。他们的相聚标志着被压迫国家间的革命性的思想意识的转化。后来，克乔·托瓦罗–胡诺王子受到了法国殖民当局的迫害，加维被联邦调查局勒令离开美国。在此后的几十年中，美国民权激进主义者——如歌手保罗·罗伯逊与加勒比海及非洲反殖民领导人之间的联系处于美国联邦调查局、英国军事情报五处和英国军事情报六处的监控之下，但此时为时已晚——加维的干预已经成功。加勒比海的激进主义已经抵达纽约和伦敦，争取黑人权力的事业将越来越壮大。一代接一代的加勒比海的活动家（如C.L.R.詹姆斯、克劳德·麦凯和乔治·帕德莫）积极沿着他们的脚印前进。

图7 菲德尔·卡斯特罗回到哈莱姆，1995年。

卡斯特罗重访哈莱姆

在1960年卡斯特罗访问哈莱姆期间，当拥挤的人群迎接这位古巴领导人时，他与马尔科姆·X见了面，此时在古巴，多次大型集会纷纷谴责美国的种族主义。一份黑人报纸《纽约市民的呼声》报道说："对哈莱姆少数民族居住区的受压迫的居民而言，卡斯特罗就是那个铲除民族败类，让美国白人下地狱的大胡子革命者。"

现在，耐心排队等候聆听古巴领导人2000年9月演说的人们似乎也同样欣赏卡斯特罗与黑人事业的团结一致。“哈莱姆是卡斯特罗的家。我们热爱他，他是我们的兄弟。”一位哈莱姆当地的房地产经纪人杰比尔·艾莱–阿明说，“有非洲血统的人深受他的吸引。他相信所有人都应享有真正的自由，所有古巴人，尤其是所有非洲人和具有非洲血统的人都应享有真正的自由。他坚持自己的信仰，尽管他的人民遭受国际制裁和压力，他仍保持着自己和人民的尊严。”

希沙姆·艾迪，www.africana.com

1960年迎来了这段历史上最著名的时刻。菲德尔·卡斯特罗在市中心的酒店内遭到刻薄对待后，受马尔科姆· X邀请来到哈莱姆，入住在泰瑞莎酒店。卡斯特罗后来回忆说：“我立刻决定‘我要到哈莱姆去，因为那里有我的好友’。”卡斯特罗对哈莱姆的初访标志着古巴与美国黑人长期团结的开始，也标志着（正如卡斯特罗所说）产生于第三世界的两国人民——古巴人民与美国的第三世界人民之间的友情与同情的开端。

轰炸伊拉克——始自1920年

西方赢得世界并非靠观念、价值观或宗教的优越性，而是靠有组织的暴力。西方人常常忘却这一事实，而非西方人却从来都不会忘记。

塞缪尔·P.亨廷顿，引自“雷德在哪儿”网站，

炮击之下的巴格达日常生活的逐日记录

我正站在阳台上，越过黄色的房子，向外眺望着北部在夜

色中拔地而起的黑色的石灰岩山脉。我仍能辨认出塞浦路斯的土耳其共和国的大旗,它挂在山腰上,这是一幅巨大的镶嵌工艺品,白底配以红色图案,色彩艳丽,在平行线条之间构成了新月形和星形两个图案。无论你在尼科西亚的任何地方,无论你何时眺望北方,你都会看到那面旗帜勇敢地越过地平线,在空中飞扬,旁边写着坚定的语句:“做一土耳其人,乐哉。”该岛被分开已有二十五年多了。联合国确立的分割线上的倒钩状铁丝网已锈迹斑斑,许多指挥部和瞭望台似乎已被长久地遗弃。然而,没有任何物体可以穿过分界线;双方仍然透过城墙、电缆和分界线上看不见的地雷互相怒目而视,双方回忆起了被抛弃的家园,回忆起失踪的家人和村庄被屠杀的夜晚。在经过艰苦斗争取得独立之后,另一个残留的殖民影响要归咎于人们自己。

我看着洒落在山上的暗淡的光线,听着从城市的另一边传来的傍晚的祈祷声。在此背景下,我能听见路透社的电子邮件发送到电脑里的声音,此时这一地区的人们都在写新闻稿。我看了看身后的桌子,看到了哈立德发来的一条信息。他最近刚被派往巴格达。我在他的名字上双击光标,他的信息便出现了。

发件人:哈立德　　时间:星期三 22/01/2003 23:08

收件人:沙燕

抄送:

主题:回复:报告

祝你平安,我今晚终于与我向你提到的那个人相遇了。要了解办公室里正在发生什么事情是很难的,在他的办公室里也一样。他们在那儿正忙着把收藏的珍宝转移到更加安全的地方——在电信局和外交部之间的博物馆是个合适的地方。不管怎样，我们最后安排在姆斯坦色尔街拐角处的阿尔海-穆罕默德的家里见面。这次谈话发生了意想不到的转折。别把这个发到新闻上，可你能把它发表在专栏上吗？如果尼克能把这则消息同时发表在多家报纸上，就请他帮个忙。

多谢。

哈立德

“轰炸的权利”：巴格达，2003年1月21日

一进门，我就看到他坐在屋子的另一边，胳膊很瘦，心不在焉地揣着手盯着地板上刻着菱形图案的地砖。我坐下后，他给我们两个人点了咖啡。我们热情地谈起了双方以前的老朋友，以及他在巴黎和伦敦度过的那几年时光。萨蒂克是巴格达古迹总管的高级代表，专门研究塞尔柱王朝时期（12至13世纪）的美索不达米亚人的书籍。几年前，基于他的博士研究，他出版了一本重要的学术论著，是关于迪奥斯科里斯的《药物论》（1224）的，他现在已成为研究那一时期的医学论文的权威。他在巴黎的国家图书馆用了一年多的时间研究《解毒剂》（1199）这本书。他给了我一篇他自己的文章，在该篇文章中，他分析了《解毒剂》（其中谈到了该如何培育植物以便获取那些植物的医疗性能）中的精美插图。我想更多地了解那一时期植物和药草在医学中的非凡作用，因此我向他解释了我此行的目的。突然，尘土四处飞扬，我们听到了远处传来的隐约的爆炸声。他看了看我，伸出舌头舔了舔他发干的嘴唇。起初，他一言不发，几十年来他从动乱的，有时充满恐怖的政权统治中幸存下来，这是他的一

种自然本能。他的学术成就围绕着八个世纪以前巴格达作为伊斯兰世界的中心所创造出的辉煌的工艺品，这个领域非常“安全”，使他在某种程度上达到了“政治隐身”。然后他注视着我，开始讲了起来。

又是英国人干的。八十多年来他们一直在轰炸我的家园。这些来自英国的不速之客从天空上向我们投掷炸药，其间经历了四代人。事情始于1920年。当时我的曾祖父阿布达·拉赫曼正回村里参加他小儿子的婚礼，这时一架双翼飞机突然飞过来在婚礼仪式上投掷了一枚燃烧弹。按照村里以前的惯例，举行婚礼时，客人们被分成男女两个区域。炸弹落在男性聚集的区域，当时就使我们家族一半的男子死亡或伤残，包括曾祖父的长子、三个叔叔、两个堂兄弟和我祖母父亲的兄弟的四个儿子。从那以后，只要他们觉得时机合适，炸弹便又会从天而降。

现在此类事情多是由他们的老大哥美国来干的，但是你仍然能看到英国皇家空军的飞机沿着20世纪20年代英国人最初划定的路线划过我们的领空。二战后当他们准备最终（又一次）离开时，飞行正式开始。他们不辞劳苦地精细地勘测和拍摄了我们的每一寸国土。我的堂兄那时正在英国读书，他告诉我说在英国的吉勒大学有数百万张伊朗和伊拉克的侦察缩微胶片，这些都是由英国皇家空军680中队在撤离前拍摄的。你不会知道我们什么时候需要这些资料，问他们时他们微笑着说。当他们寻找石油的时候，或者当他们为确保将来拥有更多石油而决定轰炸我们的时候，就会用到这些资料。或许现在当他们坐在英国的操作室里计划着下一步要击中我们中的哪一个目标时，就使用着它们。

我们每一寸的国土都被拍摄了，从波斯湾的阿尔巴斯拉到阿马蒂亚北部的山区。这是我们的国土啊！从某种意义上讲，这几乎已经不再是我们的国土——即使她一直是我们的土地。就像中东地区的多数国家一样，这种局面是由两个人，一个法国人和一个英国人在一战期间所造成的。他们一个叫乔治·赛克斯，另一个叫马科·皮科特爵士。他们只是在伦敦偶遇，然后两人秘密地决定了所有的一切。战败的奥斯曼帝国将会被瓜分，新成立的国家，比如巴勒斯坦、约旦、伊拉克、叙利亚、黎巴嫩，都是从所剩下的土地的边边角角中创建出来的，以便于两个殖民帝国统治它们。当然英国已经控制了埃及和苏丹。伊拉克是由奥斯曼帝国剩下的三个省构成的。1920年，他们声称要让库尔德人独立建国，即建立库尔德斯坦。可是到了1923年，一时间他们把这个承诺忘了个一干二净。他们创造的不是国家，他们只是根据自己的利益在地图上绘制一些线条而已。我们之间过去没有边境。整个帝国从一端到另一端是开放的。当然各地区也有所不同，像以前一样，我们属于美索不达米亚的北部和南部。他们用倒钩状的铁丝网在流动的沙子上划出了他们新的“保护国”，据他们说，这些地区除了几个像我的曾祖父和祖父一样的无名的部落男子外杳无人烟，而像我的曾祖父和祖父这样的人，根本没有必要被询问怎样划分领土才对他们有益。游牧者是没有权利的。他们根本就不在那个地方。

他们也不像那些后来迅速到来的石油公司或军队。那些法国人在战争结束时迅速使他们的塞内加尔部队在贝鲁特着陆，随后占领了整个北部沿海地区。英国人在印度军队的协助下控制了巴勒斯坦，在叙利亚增派了顾问并占据了整个美索不达米亚。当时他们所有的中东殖民地都由英国印度行政部门来管理。你知道它们不是英国的殖民地——它们是“英属印度的托管地”。

他停了片刻，死死地盯住地板，然后又陷入了沉默。我递给他一支烟，他吸了一会儿，看着蓝色的烟雾缓缓升起。

“后来发生了什么事?”我问，“它们接管了之后?”他深深吸了一口气，摇了摇头接着讲了下去。

咳，它们完全占据了帝国原来的疆土。同时英国人在国际论坛上多次公开声明，所有“被解放的”国土，都要在他们所谓的“同意管辖”原则的基础上，由它们自己的国家管理机构管理统治。阿拉伯人相信了他们的话；为了这一诺言，难道他们没有受英国人的引诱去与英国人共同抗击土耳其人吗?别忘了英国人至今仍然还在利用所谓的“阿拉伯的劳伦斯”。所以，在1920年3月，在大马士革举行的叙利亚国民大会通过了决议，宣布叙利亚、巴勒斯坦、黎巴嫩独立。伊拉克领导人也立即宣布了伊拉克的独立，并立阿米尔·阿卜杜拉为国王。看到这种局面，英法直接找到国际联盟，国际联盟亲切地给予它们对全部这片领土的托管权。这并不令人吃惊，因为它们毕竟控制了国际联盟。受谁的托管?它们声称“托管”一词只是一个法律上的假定，目的是使它们对新殖民地的控制合法化。

可我们并不接受这一切。费萨尔国王的军队在黎巴嫩边境攻击法军，阿拉伯人在巴勒斯坦反抗犹太人，幼发拉底河中游的人民在反抗英国人。作为回应，法国人占据了整个叙利亚。在伊拉克，英国人没有动用他们的印度武装力量，而是动用了新成立的英国皇家空军来轰炸我们。记得对我曾祖父儿子的婚礼的轰炸吗？同样他们在索马里兰也动用了英国皇家空军。在和英国骆驼部队为期两个月的共同军事行动中，他们推翻了苦行僧首领穆罕默德·本·阿卜杜拉·哈桑的政权，英国人根据他的特征称他为“疯狂的毛拉”。说他疯狂当然是因为他要摆脱英国人的殖民统治。他们通常认为空军对民族主义者的轰炸和扫射是军事行动成功的关键。

他们新上任的热衷于开拓殖民地的大臣温斯顿·丘吉尔很早就意识到了空军在维持帝国主义对英国广阔领土的控制方面的优势。在起义爆发前，他已经调查过动用空军控制伊拉克的可能性。他说，这会涉及使用“某种令人窒息的炸弹，据预测可造成某种残疾但不会致人死亡……用于镇压动乱种族的最初的军事行动”。你不能忘记诸如此类的话。你也不会忘记下面的话。“我无法理解审慎使用毒气炸弹的做法。”他说，“我强烈赞成使用毒气对付那些野蛮的种族。”因此在索马里兰获胜之后，丘吉尔指挥了一场在伊拉克展开的英国皇家空军的军事行动，此次行动与上次类似。结果可想而知。起义的伊拉克人被成功地“安抚”了。他们制造战争并且称之为和平。这对他们而言有区别吗？丘吉尔第二年和“阿拉伯的劳伦斯”去开罗参加了一场有关英国托管地未来的会议，可没有一个阿拉伯人被邀请参加。他们任命了被法国人驱逐出叙利亚的费萨尔为伊拉克的国王。尽管巴格达强烈抵制,但事先安排好的公民投票还是使他当选了。

是的，新成立的英国皇家空军被派出来是要证明它的实力。它只是作为英国武装力量的一个独立分部而创建的。任何人都能看到那种技术在控制远方民族上的优势。轰炸机司令部司令阿瑟·哈里斯爵士——臭名昭著的“轰炸机哈里斯”这样解释道:“阿拉伯人和库尔德人现在明白了真正的轰炸意味着多大的伤亡和损失。四十五分钟之内,整个村子可以被夷为平地,三分之一的村民将被炸死或炸伤。”仅四十五分钟就能消灭一个村庄——战斗力还算不错。因此英国人在英国建立了五个皇家空军中队,在埃及建立了五个,在伊拉克和印度各建立了四个,在远东地区建立了一个。从现在开始我们和他们交战时不会再看清他们长什么样。是的,在他们除掉土耳其人之后,当我们中的一些人和他们并肩作战时,他们会像恶魔一样从空中返回。几个月以来英国皇家空军的第三十中队一直在我们上空盘旋,炸死了我们的人民,毁了我们的家园,直到印度士兵和英国军官在附近安营驻扎。英国的统治恢复了。

我还有一张宣传图片,这张图片是在我们刚从土耳其的统治下获得“解放”时由他们所做的。这是一张有关“和平行动回顾”的图片。这个和平行动回顾是第一个,因为接下来又有一次失败和胜利。这次是英军对伊拉克的。看看那架飞翔于我们头顶上空的哈维兰9型飞机，它的机关枪向后,随时准备向下面的人扫射,双翼下塞满了四百五十磅重的炸弹。谁是主宰?这里没有给你留下过多的错觉。权力来自空中。看吧。

说到这里，他仔细地在他的公文包里翻找，从中拿出了一张旧的折角的明信片递给我。我盯着它看了一会儿，试图找出其中的意思。根据影子来推断，这肯定是在晚上。一群阿拉伯旁观者正观看一场阅兵。中间，英国军官正站在一排骆驼部队的对面。几面大旗在空中飘扬，此时一架旧的双翼飞机正在他们头顶上方飞翔。我能辨认出图上的法国国旗和英国国旗。

“前面的那面旗是什么旗？”我问道。

那是意大利的海军军舰旗。在那场战争中，他们站在英军一方参战。拿着它吧！这是一件纪念品，可以让你在离开的时候记住这一切。我祖父曾听说他们只是在这里作短暂停留。是的，最终他们在1932年撤离了，但正如在埃及一样，这并不意味着我们真正独立了。只是部分独立而已！我们被迫签署协议，同意让英国控制我们的外交，在巴格达附近的哈巴尼亚和巴士拉附近的舒艾巴保留他们的两个空军基地，在战时随时征用伊拉克军队，保持他们对伊拉克石油公司的彻底控制。它的名称虽然是伊拉克石油公司，但英国政府控制着它，其中根本没有伊拉克人的所有权。根据独立和约的规定，伊拉克石油公司享有在伊拉克的独有勘探权。这些权利在1961年被废除，但公司本身直到1972年由哈桑·巴克尔和萨达姆·侯赛因实行国有化后才真正处于伊拉克人的控制之下。那是一个深得人心的行动。难怪他们不喜欢他！他们想要回他们的石油。他们已经开始谈论，当他们再次占领我们的国家时，

图8 和平行动回顾,巴格达,1918年。

哪个公司将会获得这些权利。

他微笑片刻，然后坐回到椅子上，好像他在思考下一次占领的景象。他不再看着我，而是在心中默想着这一切。好像这个故事一旦开始，他就一定要把这个故事讲完，不论他要多少次强迫自己穿越时间的隧道回忆起那些曲折的故事。

英国军队撤离了，但这只是表面现象。我们被告知我们要在他们的指引和控制下管理自己。到了二战期间的紧要关头，当时我们中的一些人指望轴心国把我们从对英国的屈从中解放出来。当总理拉施德·阿里·卡伊莱尼不满英国军队要在伊拉克登陆时，他们就表示要赶总理下台，最后他被迫辞职了。为此拉施德·阿里组织了一场反对亲英的摄政王的政变。但英国拒绝承认他的政府，并要求让更多的军队登陆。随后他们在哈巴尼亚的指挥官攻击了包围基地的伊拉克军队。不久他们占领了巴士拉，夺取了巴格达，使摄政王复位。他们依靠蛮力又一次取得了控制权。在英国大使馆的指引下，新政权着手对武装力量和政府机构进行清理，处死了一些民族主义的同情者或将其送入澳法的拘留营。那就是他们关押我父亲阿布·卡里姆的地方。他在那儿一直待到我长成一个小伙子时才获得自由。

英国和归顺英国的伊拉克政权(就像由英国扶上台的波斯国王和约旦国王一样受到英国的控制)之间的密切关系一直持续到1955年签订《巴格达条约》的时候，该条约是哈希姆王朝与英国之间最后一个阿谀逢迎的协定。第二年是苏伊士运河战争!英军遭到了打击!不久之后,1958年爆发的第二次军事政变将令人憎恨的哈希姆政权推翻了。随之英国对伊拉克的支配力也宣告终结。但是英国的干涉并没结束。最初我们以为再也见不到他们了,因为对他们很温顺的君主没有了,他们的基地没有了,运河的争端也没有了,但他们仍然想获得石油。为什么他们总是回来呢?他们已经夹着尾巴离开了,被解放的国家在万隆显示了自己的威力。后来他们失去了伊朗,萨达姆受到激励把他们赶了出去。我们又将灭亡了。他们又回来了。

现在他们说我们对他们是个"威胁"。但事实难道不正是他们一直在威胁我们吗?是的,他们确实对我们构成了威胁。自20世纪40年代以来他们一直在发展核武器。在此之前很久他们就用化学武器轰炸我们。丘吉尔本人在1923年命令使用芥子气对付伊拉克北部的库尔德人,当时他们因为听说英国背弃承诺,不愿建立一个库尔德人的政权而起义。英国皇家空军用了将近一年半的时间反复攻击库尔德的苏莱曼尼亚城,他们才最终被镇压下去。咳,也不能说最终被镇压下去了。英国皇家空军于1931年又一次轰炸了库尔德人,这时英国正准备使伊拉克"独立",它在准许独立的同时却没有提到库尔德人在伊拉克的地位。现在你仍然可以遇到那些对20世纪20年代英国皇家空军的机关枪扫射和轰炸记忆犹新的库尔德人。我的朋友易卜拉欣前不久在参观克亚科山时偶遇了一位仍能完整追忆此事的老人。"他们对这里的卡尼亚霍兰进行了轰炸,"老人告诉他,"有时一天轰炸三次。"

当然伊拉克人被认定为是"不负责任的"。别忘了,难道不是萨达姆入侵科威特吗？那是个错误，尽管很多伊拉克人强烈地认为从历史上讲科威特一直就是伊拉克的一部分。无论如何，你非常清楚联军如何在1992年快速动员起来夺回了科威特的主权并收回了开采石油的权利。人们问：“他们怎么不会为巴勒斯坦的被占领土做同样的事情？”我们中间只有少数年纪大的人能记得1920年英国人的飞机和装甲车是如何调动起来攻击沙特的部落的，他们当时攻击了英国在伊拉克和外约旦的新“主权”领地。英国人把沙特的一大块领土给了伊拉克的新政府，作为补偿他们又将一些土地移交给了内志（即沙特阿拉伯）的苏丹伊本·沙特。是的，他们给了他科威特三分之二的疆土。

当英国政府武断地判定领土归属时，伊拉克不可避免地要求拥有剩余领土的所有权。科威特最初是奥斯曼帝国一个省的一部分，伊拉克就是由这个省建立起来的。没有它，我们几乎不可能接近波斯湾的水域。英国人在1924年从伊本·沙特那里获得了马安和亚喀巴之间的狭长地带，其理由是它曾经是奥斯曼帝国大马士革省的一部分，因此应该成为巴勒斯坦的一部分。英国人成了判定这次争议谁是谁非的权威。他们的哈希姆君主——加齐国王在20世纪30年代后期首次坚持了伊拉克对科威特的所有权，当时科威特是英国的一个殖民地。然而英国人和科威特的酋长早在1899年就签署了保护协议。因此在奥斯曼帝国崩溃时，英国在科威特创建了一个独立的傀儡政权，将它从奥斯曼帝国的巴士拉省分离出来。当伊拉克的军官领袖阿布达勒·卡西姆在1961年再次提出对科威特的所有权，要求科威特摆脱英国统治时，英方立刻派来了军队。三十年后他们又回来了。轰炸也会重新开始。

是的，我们对他们是一个威胁。每次我们掰开面包，数以千计的英国人会处于被我们咀嚼的险境。每次当我咀嚼葡萄或蜜枣，吮吸桑葚或杏子时，在英国的某个人一定会因恐惧而浑身发抖。每次当我儿子爬上树去找无花果，优雅威严的英国绅士就会处于险境。我们想过一种属于我们自己的生活，没有他们的干涉。有一天晚上在电视上我听到一个伊拉克老人说："他们拥有一切，而我们一无所有。我们不想从他们那儿得到任何东西，而他们却总想着要从我们这儿得到更多的东西。"我们所要求的就是让他们停止干涉我们的事务。自1920年以来我们没有轰炸过他们而是他们一直在轰炸我们。他们从来就没有想过这一点吗？我们从来不会让他们心生不安。他们好像认为这是上天赋予他们的权利。或者这是不是他们的另一种人权，一种轰炸他国的权利？当然这种权利不是由我们的真主赋予的，感谢真主。自从他们的空军成立以来，他们想什么时候轰炸我们就什么时候轰炸我们。可他们仍然声称我们对他们是一种威胁。几十年来，什么时候我们使他们不高兴或触犯了他们的利益，他们就通过一次次的轰炸一直在屠杀我们。我想我们的问题是我们从来不是容易被控制的。我们与有的中东国家不一样，并不是他们想要什么就给他们什么。因此他们不断地来轰炸我们，而我们一再地从他们手中挣脱。他们不会征服我们，也从不会"平定"我们——即使他们一直坚持这样去做。

几年前，也就是1998年斋月的前两天，我们全家都在巴格达的公寓里睡觉。我们那栋公寓很高,正对着扎乌拉公园,俯瞰圣曼苏尔雕像。在我们准备起床做晨祷之前的几个小时里,警报突然响了,炸弹落在我们周围,他们那不祥的炸弹像焰火般将天空照亮。前脸用白粉刷过的建筑物和桥梁突然被炸塌了,就像沙堡在潮水到来时塌掉一样。从那时起他们创立了“禁飞区”,他们没有真正停止过。他们消失的时候,土耳其人就飞过来轰炸库尔德人——库尔德人可正是他们的禁飞区应该保护的人。英国人自己承认,在过去的一年里他们至少每隔一天就轰炸我们一次。这是他们自二战以来持续时间最长的轰炸。如今他们扬言他们又要回来了,又来毁坏我们的家园,改换我们的政府,这样的事情他们已经做过无数次了。为什么这么多年来他们从那么遥远的地方飞冲向我们?为什么我们引起了他们这么大的兴趣?因为我们有“他们的”石油。这就是从1920年至今始终没有消失的真正的威胁。

我经常感到困惑,如果我们时不时地在英国轰炸他们,一代接一代地轰炸,他们会是何种感受?如果时机适合我们就改换他们的政府,毁坏他们的医院,让他们没有净水喝,杀死他们的孩子和家人,他们又会是何种感受?现在多少个孩子死掉了?我想都不敢想。他们说他们的帝国时代已经结束了。当你听到空中的燃烧弹发出的断断续续的爆炸声时,你就不会这样想了。或者当你躺在床上,炸弹把你和孩子周围的建筑物炸得直晃动时,你就不会那样认为了。正是在那一时刻你会梦想真正的自由——托靠真主——远离英国皇家空军的自由。

第三章

空间与土地

无地状态："塞韦里诺的生与死"

据《牛津英语词典》记载，"无地状态"这个词在英语中只被写过一次，1851年赫尔曼·麦尔维尔曾写道："在无地状态中存有最高真理。"因此，这种情况似乎不单单是盎格鲁-撒克逊人的问题。无地状态是许多其他社会，包括一些居住在盎格鲁-撒克逊国家的普通百姓每天不得不面对的最直接和最重要的问题。在许多先前被殖民过的国家，殖民者把居住在某一土地上的人们赶出家园，建立起了大农场和自己的住房。其中一些被掠夺了土地的人们的子孙，时至今日还处在手无寸土、贫穷无助、居无定所的状态之中。因为没有用以耕作的土地，这些穷人唯一的选择是流浪到大城市的贫民窟度日。然而，平民窟的救济所也是岌岌可危，比如种族隔离时期的南非或者是与其同时期的孟买。

以巴西为例可以更清楚地揭示这一点。巴西的国民生产总值列世界第九位，但巴西同时也是世界上收入分配最不平均的国家。该国百分之三的人口控制着可耕地面积的三分之二，其中百分之六十的土地却处于闲置状态。在极端困乏的条件下生活的人们，特别是在巴西最贫穷的地区累西腓州生活的人们发动过许多反抗活动，发起组建了农民联盟，开展了革命运动和游击运动。就在不久前，那里的人们作出了一个与众不同的政治回应，他们成立了一个新的组织——无地农民运动。针对大片土地被极少数人占有的状况，无地农民运动不仅反对这种失衡的状况，而且打出了“占领失地、积极抵抗、扩大生产”的口号，用以鼓舞巴西一千二百万无地劳工占领未被耕作的土地。无地农民运动是世界上最大的基层群众组织之一，如今在无地农民运动的领导下，已有超过二十五万个家庭赢得了一千五百多万英亩土地的所有权。成千上万个家庭在等待着政府认可他们的定居权。在此过程中，在农民、地主和警察之间，冲突还频有发生。

无地农民运动的一贯工作原则是集体性和社团性。该组织从一开始就在其定居地建立了食物合作组织和小学，并进行了扫盲教育。所有的农场在运作时都考虑到环境保护问题：无地农民运动生产的有机种子在拉丁美洲是独一的。该组织也注重保健问题，它还从整体角度考虑，认为健康问题不仅仅是一个就医的问题，还涉及生存环境、卫生清洁和全民福利。这一有关健康的概念包括个人生存的社会环境。无地农民运动是这样说的：

> 由此，健康问题是关于你如何居住，在哪里居住，你吃什么，以及如何谋生的问题。健康就是身体感觉良好，心态平和，家居生活充满尊重和友爱，人人平等，人与自然和谐相处，社会充满平等和正义。

图9 玛丽亚·达·席尔瓦和自己八个孩子中的四个孩子在一起，她和她的丈夫瓦尔德马住在由安赫毕的无地农民运动建成的寮屋里，该处地处离圣保罗一百三十英里的新卡努杜斯，巴西，1999年7月30日。

值得注意的是，这不仅仅是后殖民所乐于分享的一个关于健康的政治问题，而且它也是无地农民运动发展社区大众生活整体规划的远景目标的一部分。

1997年，在试图通过传统政治渠道重新获得政治主动权和土地改革控制权的一次尝试中，巴西政府在世界银行提供的一亿五千万美元的特别支持下，启动了一项以市场为基础的土地改革替代方案，即《土地规划方案》，以此来挑战无地农民运动。方案计划高息贷款给无地的人们以便他们用来购买土地，该方案由站在地主一边的区域委员会进行管理。因为世界银行站在地主一边干涉一个国家的内政，所以该方案受到了广泛的批评。不过无地农民运动在反对该方案的过程中变得越来越强大。世界银行干预巴西政治产生了始料不及的结果:路易斯·伊纳西奥·达席尔瓦,这位被民众亲切地称为卢拉的人于2002年11月当选巴西总统。卢拉出生于累西腓州的一个赤贫家庭,小学未毕业就辍学了,可他后来成长为一个工会的领导以及劳工党的创立者。他在当选致辞中清楚地表达了他在施政时要优先解决的问题:

> 我执政的第一年将重点向饥饿开战。我呼吁巴西没有饭吃的人要团结一致。

从许多方面来看,无地农民运动都可算作后殖民政治活动的典范:组织一场基层群众运动来反对一个由地方强权和国际权力机构——银行、商业、投资基金所支持的不公正的体系,反对物质的不平等占有。这些国际权力机构妄图使全球的经济市场保持现状。无地农民运动建立在集体基础之上,代表普通人的福利,而且如我们所看到的那样,它关注土地占用和更广阔的社会问题层面,其中包括了妇女地位问题、儿童福利问题、保健问题、教育问题以及提高生存环境质量问题。这样,无地农民运动就必须从地方做起,不仅要面对地主和地方政府、中央政府中的反对者,而且要直接面对世界银行中的反对者,这就意味着它必须从一个更广阔的角度来考虑问题,在一个更大的平台上和更广阔的公共空间里为自己的主张而战斗。正因为如此,和无地农民运动一样的其他各种运动都要与其他国家中与自己的情况相当的运动组织联系起来,比如菲律宾农会——一个由无地农民、小农场主、农业工人、勉强糊口的渔业工人、农村妇女和农村青年所组成的全国性的联盟,同时还要联系更大规模的全球性社会运动，如全球人民行动组织——一个广泛的抵抗运动联盟，它反对世界贸易组织强加的不平等。全球人民行动组织发起了全球人民行动日，旨在对抗全球资本主义和"市场中的独裁"，它先后在世界贸易组织、八国集团、世界银行开会期间，在日内瓦、西雅图、布拉格组织活动，十分成功地绕过了那些传统渠道，而以往只有本国政府的代表才能代表人民说话。既然第三世界国家的政府面对八国集团的利益显得软弱无力，那么全球人民行动组织则直接领导大众行动，产生了相当大的影响。

无地农民运动还与部族运动相结合。土著居民，如巴西的瓜拉尼人、马库希人和希库鲁人正在努力夺回被大农场主和金矿矿主抢走的土地所有权。无地状态对于全球数以百万计的人们来说仍然是政治上的核心问题，长期以来它就是政治反抗和农民暴动的焦点。当前墨西哥的萨帕塔运动秉承1910年萨帕塔农民革命的遗志，继续反对那些掠夺了他们的土地的大地主和大牧场主。1913年的《南非土著居民土地法》规定，除了农业工人，其他非洲人不得拥有或占用"计划的土著区域"以外的土地。该法案导致了许多人无家可归，失去了谋生手段。在印度，农民或部族为获得土地发动运动和起义，其反抗地主控制土地的管辖制的行动就从来没有间断过，从殖民地时期到独立时期，从甘地领导的印度农民运动到毛泽东领导的农民武装夺取政权。

既无土地又无财产是殖民地居民的一个典型特征，而且一直是历史上最难解决的难题。1972年澳大利亚的土著居民和托雷斯海峡的岛民在堪培拉国会山的草坪上搭建了他们著名的"帐篷使馆"——一座简陋的棚屋，这很有效地宣传了他们对土地所有权的主张。“原住民的土地权”一直是北美洲的土著居民、印度的土著居民、津巴布韦没有财产的非洲农民主要关注的问题，非洲农民一直在为《阿布贾宣言》中体现的基本的土地权而斗争。要求收回失去的国土是巴勒斯坦的中心问题。

这些就是后殖民斗争，通常都涉及土地占用的后果。土地占用问题是殖民强国最平常但却是最重要的特征之一。所谓的“土地所有权问题”对于西方革命者来说并没有什么大不了，但对于拥有三大洲视角的人（比如毛泽东、法农、格瓦拉、副司令马科斯）来说，却是一个主要的政治主题，这是令人吃惊的。思考无地状态就是思考农民问题，就是思考涉及世界上最贫穷的人的问题。毫无疑问，现实情形是今天我们更多想到的是无地的农民，而不是20世纪60年代的乡村游击队的身影。无论如何，从哥伦比亚到秘鲁，从尼泊尔到印度北部的阿萨姆邦，土地所有权改革的必要性在持续的农民革命运动中始终占据着中心地位。

辛苦劳作的人啊，受着非人的剥削。这些穷苦人在监工和皮鞭下，很少被当作人来看，也许从未被当作人来看。从独立的曙光照耀他们开始，命运一直没有改变过：印第安人、加乌乔牧人、美斯蒂索人、印第安人与黑人的混血人种、白人与半白人的混血人种、没有财产或收入的白人。正是由这些大众构成了“国家”，而他们却从未从中获益……他们仍然死于饥饿，死于可治愈的疾病，死于冷漠，因为他们从没有足够的生活必需品：普通的面包、病床、治病的药物、伸出的援手——他们的命运一直如此。

但如今……这群无名的大众，这个有色的、阴郁的、沉默的美洲,在整个美洲大陆带着同样的悲伤和失望吟唱。今天这个群体开始全面进入了自己的历史,开始用鲜血书写自己的历史,开始为历史受难,为它牺牲……

的确如此,现在历史将不得不把美洲的穷苦人写进历史,身受剥削、遭受不屑的拉丁美洲人民决心开始书写自己的历史了。

《第二个哈瓦那宣言》,古巴人民,哈瓦那,古巴,
美洲自由区,1962年2月4日

流浪者

南亚的殖民地的政权不同于衍生它的资产阶级宗主国的国家政权,事实上是根本不同。这种不同存在于这样一个事实当中:资产阶级宗主国的统治建立在一种权力关系的基础上,具有支配控制的特点,所以其统治就具有说服重于压服的特征;而殖民地国家的情况却相反,殖民地的政权没有支配控制力,在这里的统治框架内,压服重于说服……由于殖民地的政权不具有支配控制力,它也就不可能把被殖民地区的文明社会吸纳进来。我们通过这些事实表明殖民地政权的特征是**不具支配控制力的统治**。

拉纳吉特·古哈,《不具支配控制力的统治》(1997)

无地状态指的是一个人因为被驱逐而处于无地状态。无地状态意味着土地丧失,失去土地。你与土地的关系决定了你是否处于无地状态。根据17世纪英国哲学家约翰·洛克的观点,欧洲人认为游牧者从来就不拥有土地,这就是为什么殖民者能够

宣称对空地的占有权。这就是为什么“原住民的土地权”这一概念具有如此超乎寻常的复杂性。在战争期间,在这一点上就出现了对立,不仅仅是两类人的对立,也是认识论上的对立。正如批评家、法律历史学家艾里克·谢菲茨曾经十分有力地指出的那样,欧洲人带有一种与生俱来的财产观念,一种拥有和占有财产的观念。这种观念与那些不能被同化到这个系统中的观念存在根本对立。游牧者在土地上游牧,与土地关联紧密,但从不把自己与土地的关系变成财产或占有关系。这是一种相当神圣的祖传的关系。

法国哲学家吉尔·德勒兹和费利克斯·加塔里曾经对土地的占用过程以及从先前使用该土地的人——不论使用人是否拥有该土地的所有权——手中没收土地的过程进行了概念化的归纳。他们称之为“辖域化”和“解辖域化”。第三个阶段是“再辖域化”,描绘了殖民主义或帝国主义粗暴地对本土文化所进行的经济、文化和社会转型,同时刻画了通过反殖民运动成功地抵制“解辖域化”的过程。在后殖民国家还产生了其他的抵制形式:与政府进行富于战斗性的谈判,比如无地农民运动,或者甚至是通过简单地赎买而拥有土地,比如在美国中西部正在发生的事情。19世纪的殖民定居者通过国家的土地法而拥有了这些土地,后来部分是因为农业衰退,部分是因为土地本身并不如美国政府所估计的那样富饶,无法进行集约耕作,因而毫无实际价值,最终被抛弃了。

德勒兹和加塔里还从战略的角度对游牧者的概念进行了进一步的界定。他们认为游牧者能最有效地反抗资本主义政府机构的控制。从西班牙到瑞士,欧洲关于吉普赛人或“旅行者”的报告都可以提供生动的例证。在过去的几百年里,各国政府就把这种永远处于流动状态的人群视为严重的威胁，认为需要对其严加干涉，使其稳定下来，才能对其加以控制。

德勒兹和加塔里认为，可以把流浪的意义延伸到包括了所有越过或是消解了当时社会规范边界的文化和政治活动。更直白地说，流浪是一种跨越地区的迁移实践，它单方面地跨越边境，以此来藐视区域统治势力所宣称的控制权。“恐怖主义”现在正迅速地发展成为跨国的网络体系，它是与流浪有关的典型政治活动的一个极端的例子。然而无地状态提醒我们，流浪不能被简单地颂扬为一种反资本主义的策略，理由很简单，流浪也是资本主义自身的一个典型的野蛮特征。资本主义历史上发生的圈地运动，就曾迫使农村土地上的居民向着城市里仅有的工作(如果有的话)涌去。在反殖民和后殖民的历史中，流浪者不单指那些仍然保持着资本主义前期生存方式的人：过去的两个世纪里，流浪是数以百万计的人不得不接受的生存状态。无地状态是全世界众多农民群体共同关心的一个中心问题，世界上有两千万难民，他们在物质层面上手无寸土，它们的政府也处于无地状态——无国、无家、没有土地。

一些西方后现代主义者曾试图把流浪和移民描述为文化身份最具生产价值的形式，与认为身份源自身体对家庭和土地的附属的观点相反，它强调了身份的创造性作用。这对于四海为家的知识分子也许有好处，但对于有两百五十万阿富汗难民(约占世界难民总数的百分之十二)的奎达、贾洛扎和巴基斯坦的其他地方的难民营来说，对于约旦河西岸，对于法国的现已关闭的桑加特难民营来说，这种后现代的“移民”身份又有什么好庆祝的呢？对于那四百六十名以阿富汗人为主的难民来说，这种移民身份又有什么好庆祝的呢？他们被关在挪威的一艘名为“坦帕号”的货船里达八天之久。在澳大利亚政府拒绝他们登岸后，他们又被送到了太平洋上的一个贫瘠的小岛上，这里是世界上最小的共和国瑙鲁。这里有三百米长的棕榈树带和废弃的磷酸盐矿。他们在这里登陆，每人手上抱着一个黑色的塑料垃圾袋，里面装着他们的物品。这有什么好庆祝的吗？澳大利亚政府付给了瑙鲁大约一千五百万澳元，以避免这四百六十名难民入境（人均约三十六万澳元）。

或许他们是幸运的，至少他们没有被关进澳大利亚臭名昭著的伍默拉羁留中心。那里处于沙漠的中部，离最近的城市也有三百英里远，并且白天温度高达四十二摄氏度。2002年1月，被送到那里的数以百计的阿富汗难民举行了绝食抗议，其中有至少七十人缝住了自己的嘴唇，以引起人们对他们的苦境的关注。其他人包括一些孩子试图集体自杀。一个十二岁的女孩告诉调查人员说：

> 我快疯了，我割破了我的手。我不能跟母亲说话。我不能跟任何人说话。我太累了。我没有解决办法，我只能自杀——别无选择。

伍默拉羁留中心是由澳大拉西亚惩教管理有限公司经营的，它是设在美国的瓦肯赫监管公司的一个分支机构。

困在洞中的人们

“我们会把他们熏出来。”

1840年：巴黎

观众正成群结队地前往法兰西喜剧院观看高乃依的《滑稽的幻想》。这部戏在很大程度上借鉴了莎士比亚的《暴风雨》，它把剧情从加勒比海的一个小岛搬到了法国的某个山洞。高乃依援引了柏拉图的著名意象来说明他的观点：我们所看到的世界上的一切——物质现实——不过是场虚幻，它掩盖或伪装了理念世界。柏拉图为了说明自己的观点，使用了一个比喻——人们站在洞里。人们背对着外部的真实世界站着，他们所认为的真实世界实际上只是真实世界映在洞壁上的不断变化的一些模糊的影子而已。在《滑稽的幻想》中高乃依为了喜剧效果而使用了这个比喻：整个舞台变成了山洞，观众代表真实世界。或者恰恰相反？剧中的主角普里德曼被音乐师阿康德的幻影所蒙蔽，在幻想中普里德曼看到了失踪的儿子变成了富人，一副王子的穿着打扮。然而令普里德曼惊恐的是，在最后一场他看到了儿子被谋杀的场面。在极度绝望中，他又从幻觉中看到儿子似乎又活了过来，与那群谋杀他的人一起分一堆金子。阿康德告诉他实际上他儿子根本不是什么王子，而是个演员，刚才的那些不过是他在戏里的表演。这样，观众愉悦满足地离开了剧院，高乃依高超的舞台技巧展示出一个充满自觉意识的、令人信服的、镜厅一般的假象。可是观众同样也被骗了！富有魔力的舞台美学艺术、富有创造力的想象以及那种能使想象与真实相互转换的能力，使观众在回到他们分布在巴黎各处的安乐窝时，还意犹未尽。在梦里他们还在津津有味地品位他们富于诗意的想象、普洛斯彼罗的虚幻盛典和“一场没有结局的大戏”。

1840年：巴黎南部九百英里处，阿尔及尔南部的乡村

他们排着队在看不清边缘的沙漠小路上缓慢地移动，脚踝被低矮灌木的小尖刺刺得通红，然后又被沙土烫脱了皮。他们爬过陡峭的峡谷，终于找到了洞穴。他们很快走进洞里。黑暗立刻裹住了每个人，洞中的潮气随着他们在冷空气中的呼吸在鼻孔处变成白气。眼睛逐渐适应了黑暗，他们开始在黑暗中看到了闪光和微光。山洞的表面闪烁着微光，熟悉的形状渐渐浮现在他们的眼前。黑暗冰冷的洞穴让人觉得潮湿，但这里没有明显的水源。干渴的喉咙感到阵阵灼烧般的强烈刺痛，所以一些人向洞穴的深处走去，以便得到更多水汽，确实他们可以听到某处微弱的滴水声。其他人焦虑地回到洞口看看外面的地平线，看看下面的大地，看看头顶的天空。什么都没有，只有强风吹来和吹打稀疏灌木的声音在他们的耳边响起。他们又回到洞里，这时他们发现其他人在生火，在找地方睡觉，有人已经睡着了。

他们醒来的时候，天还是黑的。天黑得什么都看不见。他们先闻到了一股烟味，然后空气变得越来越呛人。最年长的老人起来走到洞口。他向前走，但找不到出口。他踏着地上的碎石向上爬去，可是最后头顶碰到了洞顶。洞口被封死了。浓烟像水一样从石头缝里钻了进来，变得越来越浓，越来越呛人。他们的窒息过程是缓慢的，先是眼睛生疼，然后是呼吸困难，肺部疼痛，而大口呼吸的结果是吸入了更多呛人的浓烟。

比戈将军承担着征服阿尔及利亚的任务。法国入侵阿尔及

利亚十年以后，局势仍然动荡不定。比戈采用了掳掠、烧毁一切、鞭打和火焚的策略。所有敢抵抗或是被怀疑抵抗的人都被处决了。今天他追逐一个难对付的部落来到了这个山洞。他封死了洞口，然后往里灌烟，要闷死洞里的人。他在日志中写道：

> 我把所有的出口都封死了，这样我造了个大坟墓。沙土最终会把这些盲信者的尸体埋住。没有人下到洞里去，没有人……只有我知道这底下埋着五百名土匪，他们再也没机会来割法国人的喉咙了。

直到20世纪50年代，也就是一个世纪之后，与比戈的时代相比，这里的一切都没有什么变化。在阿尔及利亚独立战争期间，法国人仍然为活埋阿尔及利亚人而欢呼雀跃，这时法国人使用的是推土机。

2002年：阿富汗

这篇来自英国广播公司网页的新闻讲的是在阿富汗的美军遭到了严重的抵抗：

> 2002年3月2日，星期六，格林尼治标准时间23:42
>
> **阿富汗的洞穴遭到了高压弹的轰炸**
>
> 在地面攻击陷入困境后，美军在阿富汗东部山区投下了两枚破坏性很强的高压气浪炸弹，美军怀疑该地区是塔利班和“基地”组织的藏身之地。
>
> 美国国防信息部门宣称美国拥有两枚重达两千磅（九

百零七公斤)的可以在洞穴产生窒息气浪的“温压”炸弹,正准备把炸弹投向敌军藏身的山洞。

美国在12月试爆了温压炸弹,美国官员称炸弹将在一月内很快运抵阿富汗,用于清除反美分子沙特人奥萨马·本·拉登。

激光制导炸弹的内部装有特殊的爆炸混合物,可以产生高压气浪,把洞穴中的空气推出来,从而使洞中的人窒息而死。

俄罗斯曾经在车臣使用过类似的燃烧空气炸弹,并曾引发了国际抗议。

“一场没有结局的大戏”

从1840年到现在,洞穴经常是西方对伊斯兰世界的干涉事件的发生之地,那里上演了“一场没有结局的大戏”。活埋、镇压、引起窒息(把男人、女人和孩子们肺里的空气吸干),今天这些已经变成了一个对殖民地本身进行镇压的隐喻——殖民地所需的空气已被吸干。西方世界喜欢把这样的时刻轻描淡写地说成是“殖民遭遇”,如今窒息而死和殖民暴力已经成了回忆和纪念。

就在西方对殖民地进行残酷镇压的同时,西方人还在继续去剧院看戏。他们总说艺术与政治没有关系。以美学来划分世界是摩尼教的观念,或者是殖民色彩和等级意识很强的二元观念,革命心理学家弗朗兹·法农在《全世界受苦的人》(1961)一书的开篇就对这些观念进行了区分。法农说,它们的“美学表达遵从的是现已确立的秩序, 在资本主义国家里一大批德育教师、大学教授、顾问和‘迷失方向的人’(即昏头昏脑的人)总是把被剥削的人与掌握权力的人区分开来”。作为知识分子、艺术家、文化的消费者或生产者,你要么与定了型的审美观(这种审美观加强了两种人之间的区分)同流合污,要么与其竞争,比如把剧院变成一个反抗的场所。

下面所有这一切都代表着后殖民批评中的基本思想的转向:认识到维系西方财富和利益的野蛮军事力量与其美学生活相联系;认识到从另一个不同的视角去看待《所罗门宝藏》(1885),洞穴恐怕就不一定会引发人们兴奋的想象,或者从另一个不同的视角去看待《印度之行》(1924)里的马拉巴山洞,就不一定会引发精神和性文化的困惑,就会发现其中到处是窒息和殖民暴力的记忆。迈克尔·翁达杰在《英国病人》(1992)的结尾处描绘了凯瑟琳的死亡过程,她的死从反面表现了这种不和谐:在克比尔高原的欧维纳特山脉的游泳者洞穴里,石壁上刻着根据崇高美学思想画成的古老人像,在这些画像之下,这个英国女人在冰冷的黑暗中裹在降落伞里躺着死去了,这个残酷的欧洲战争的牺牲品在满眼是沙漠的环境中演完了自己人生最后的角色。

我现在最感兴趣的事情,就是建议大家关注这样一个事实:“真正的”知识从根本上讲是非政治性的(反之,具有太多政治内涵的知识则不是“真正的”知识),这一自由观点被人们广泛接受,但却忽视了知识产生于严密的政治情境之中(尽管很隐蔽)。今天,人们可以随意地将形容词短语“有政治色彩的”作为标签不怀好意地贴在任何敢于违反所谓的政治客观性协定的作品上,在这一时代即使认识到这一点也不会有什么帮助。

爱德华·W.萨义德,《东方主义》(1978)

未决状态:国家与其边境

印度政府称“印度外围的边界既不正确也不真实”。

印度地图上的说明

除了边境以外有没有什么东西真正地构成了国家?有些“国家”没有有形的边境,比如加拿大境内最早的国家(那些北美洲的土著人宁愿选用这个称呼,也不愿意选用“第四世界”这个更常用的术语),再比如“伊斯兰国家”(这个“国家”可以在某种程度上管辖它自己的边境)。边境限制了国家的疆域,在一定的空间内,国家的基础设施、政府、税款征收体系得以运行。国家是一种合作组织,边境的存在使其他国家认可其为一个国家,国家派出外交代表,参与到全球的国家团体中来。这个国家团体是一个没有公共价值观的团体。

地球上的疆土分布就像是一幅由许多国家组成的镶嵌作品。或者说是由许多政权组成的镶嵌作品?是什么使一个政权成为一个国家?政权和国家必须合二为一吗?政权的问题是,是什么使其权威合法化了(拥有天授神权的君主除外)。1789年法国人发现,国家的观念以一种理想的方式履行着这一功能。国家如同一个巨大的公司,国家的公民别无选择地归属于它,就这样,国家变成了一个真空地带,潜在的各种形式的认同都可以填充进来,比如种族、宗教、语言、文化、历史和土地,那么是什么使你成了你的国家的一部分呢?

人们过去常常这样假设,要想成为真正的国家,那么它的人民应该尽可能相似。如果一个国家的人民外表不同、语言不同、宗教不同,那么这种不同将会威胁到这个国家的“想象的共同体”(这一概念最早是由政治理论家本尼迪克特·安德森总结出的)。有许多人,许多种语言,许多种文化为此受到了国家的压制。美国这个移民国家在解决如何使万众归一的问题上作了有趣的尝试。首先,美国的每个人都有一个共同点,那就是,他或他的先人都是作为移民来到此地的,当然令人难堪的是,这并不适用于美洲大陆的土著人,他们为了给新来者腾出地方居住,或者被驱逐或者被灭族。其次,与大多数国家不同,事实上美国与其旧帝国的情况又非常相似,那就是美国大片的陆地是独立存在的,并不与别的大陆相连,而是分布于其他国家和大洋之间(这可能就是为什么美国人在所谓的世界联赛中使用“世界”这个词来代指美国的原因)。美国与土地、历史、文化缺乏传统联系,这可以解释为什么美国要从其自由政权的意识形态(民主、自由、自由经营的资本主义)中衍生出一个使其与众不同的身份,为什么美国不得不创造出一些被妖魔化的、据说对其生存构成威胁的敌人(这些被妖魔化的敌人相继是:巫师、中国移民、共产主义、拒绝说官方语言英语的西班牙裔美国人、说黑人英语的非裔美国人、非洲杀人蜂、伊斯兰教……)。这些敌人让不同的美国人感受到了集体的威胁,并使大家团结一致起来。

美国的这些共同的价值观都从在美国各地飘扬的美国国旗上体现出来了。美国国旗随处可见,任何可以想到、可能的甚至不可能的地方都插有美国国旗,例如门前的草坪、车窗、建筑物的侧面、公司网站。美国的意识形态表现为共同的生活方式,这些生活方式使美国凝聚在一起成为一个国家。垄断资本主义的扩散使大多数美国的城市极为相似。美国不仅有遍及世界各地的麦当劳，还有沃尔玛、JC Penney百货零售公司、维益公司、Chick-fil-A快餐连锁店、邓肯甜甜圈、IHOP烤饼连锁店、Friendly's餐饮公司、史泰博办公用品公司、Office Max办公用品公司等。在美国，无论你走在哪条路上你都能知道你在哪儿。正是因为美国人的生活是如此一致，所以从20世纪60年代开始美国社会开始容忍少数族裔的人们宣扬身份的不同，但这种容忍有一定的限度，这样一来任何居于美国的人都不得不被吸纳进来直至最后变得与"美国人"一致。然而，在美国有一种不同是显而易见的，那就是经济上的不同：美国有许多富人，也有许多穷人，事实上有许许多多的穷人。坚持不同的文化掩盖了一些裂痕，但是也成功地使人们对贫富差距习以为常。

是的，这种国民身份的同质化在美国很成功。它确实允许了某些种类的差异存在。后殖民政权的错误在于，它选择了德国浪漫主义时期提出并被德国纳粹政权所采用的国家理论，并把这一理论作为建国的唯一方式：国家由语言、历史、文化和种族相同的民族构成。虽然此种模式有利于巩固政权，也有利于在反殖民运动中实现共同的目标，但是在独立之后，用国家监督的手段稳定和强制推行这种模式，在总体上会导致灾难性的后果。民族主义具有两面性：独立前是好的，独立后则变坏了。这种矛盾则意味着后殖民主义本身可能被当代各种各样的文化民族主义挪用，尽管这与其理论初衷相悖。

印度的印度教复兴运动以重回古印度文明黄金时代的思想为指导，坚持对希望独立的少数民族地区拥有不可剥夺的主权（显然包括印控克什米尔地区，还包括印度整个东北边界的那些“限制区域”，这些区域不被列入给外国人发放的旅游签证的范围之内）。印度教复兴运动是新近的民族运动，它要实现的是源自19世纪德国的民族单一化理念的民族同质化幻想。如果你对这种关联有疑问，那就问一问为什么新近印刷出来的希特勒的《我的奋斗》能在印度北方和马哈拉施特拉邦的大街上到处售卖。同质化的目标就是要实现印度化，就是要建立一个印度教国家，一个纯粹的印度教国家，而这样的纯印度教国家将会把少数族裔人口，比如穆斯林或基督徒消灭或者排除在外，并且同时把达利特人（贱民）和原住民（部落）永久归于其种姓等级制度之内。印度教复兴运动想学邻国斯里兰卡，并仍然紧抓着内战后冷酷的同质化不放手，但是，在实践上，这个排他性的运动——“只有僧伽罗语”运动最初是在1956年S.W.R.D.班达拉奈克在全民普选胜利之后被用来对付泰米尔人的。西方人总是想当然地认为，西方的民主体系一定是适用于世界上任何国家的最好的政治体系。然而，在许多国家有着截然不同的民族，在这样的国家里个人湮没于占绝大多数的人群之中，民主会变成一种被大众以民主方式认可的暴政与压迫。在这样的国家，少数人没有合法的政治渠道去反对多数人的暴政。你自己数数看有哪些国家。

然而，这些压制性的民族主义计划并不必然产生于内部。正如本尼迪克特·安德森所指出的那样，民族主义通常是由那些离开了国家的人所创造的。这些人过着安逸、富足的流亡生活，热衷于在一个遥远的未来重建那种被他们理想化的过去的辉煌。这难道不是边境之外的流散民族在建立一个国家吗？思乡怀旧的文化思想是全球化影响的结果，它使得那些远离故土但又从来不接触国家日常生活现实的人产生了这种思乡怀旧的文化想象。据一份2002年发表的广泛引证的报告统计，印度教复兴运动在印度的燎原之势与印度过去几十年中大多数的教派暴力行为有关，而其资金大量来自一个位于马里兰州的美国慈善机构——印度发展救济基金会，尽管美国法律禁止这样的慈善机构参与政治活动。就这样，这些来自美国的、没有住在印度的印度人花钱使过去理想化的辉煌与现存的印度政府以及非政府组织的暴力产生了联系。单一民族观必将带来种族主义和褊狭，使得后殖民时期的知识分子，特别是来自印度的知识分子对国家有着不同的想法。他们支持另一种对国家的解释，主张国家不是发端于它理想化的过去，而是发端于它的现状，他们关注的是国家作为一种压迫力量是如何行使其权力的。这意味着他们需要从碎片的角度对后殖民或后帝国主义国家进行思考。所谓碎片就是指那些不能被轻易地归入某一国家的人或部分，他们存在于社会的边缘和外围。他们又构成了国家理解自身的一个渠道。

国家常常被理想化成一个女性的形象，民族主义的意识形态常常赋予民族核心以理想的、男性眼中的理想化的女性形象。但当这样的事情发生时，女性，如弗吉尼亚·伍尔夫笔下的女性却没有了国家。女性、难民、寻求避难者……整个20世纪女性通过建立跨国组织，一直在为反对父权民族主义而奋斗。1917年推翻俄国沙皇的起义就是以国际妇女节的示威为开端的。支持女性参政的著名人士希尔维亚·潘克赫斯特成了1920年在莫斯科召开的第一届国际劳动妇女大会的代表中的一员。如果说20世纪上半叶的许多国际妇女运动和工会运动是在苏维埃共产国际的框架内组织起来的，那么之后几十年里妇女运动的壮大则是由联合国妇女十年领导的（1975年到1985年）。许多跨国妇女运动都是那时在联合国的框架内发展起来的,其中以国际妇女同盟最为著名。许多其他妇女组织也独立发展了起来,比如新时期妇女发展选择(在拉丁美洲、加勒比海、亚洲等地设有分支机构),还有生活在各种伊斯兰教律法下的女性国际团结网络委员会,还有地中海妇女联合会(其成员主要来自非洲北部和地中海东部地区)。跨国运动与抵抗运动的跨国联合在整个20世纪都是应对父权民族帝国主义最有效的方式。

抵抗殖民压迫或国家压迫的最好方式就是突破边界的限制,向外扩展。

一些国家试图把自己的一些碎片清除出去,而另外一些国家却是由碎片组成的,比如印度尼西亚就是由荷兰人、日本人和爪哇人从不易控制的多样性中建立的,这种多样性现在仍不时威胁到国家的完整。有的国家每天都在生死边缘徘徊,比如巴勒斯坦就是这样。《奥斯陆协议》签订之后巴勒斯坦的地图就像一个多云夜晚的天空。如同分散的星星之间存有大片空隙一样,数以千计的印尼岛屿之间是空旷的大海,巴勒斯坦地图上的星星之间是军事检查站和由以色列控制的地区。

这些由零星的土地组成的控制区严格地讲能说是国家、政权和祖国么?这幅地图使人回想起早期的殖民政权:南非种族隔离时期的班图斯坦,那块小小的黑人居住地就是他们所谓的独立的“黑人家园”。

墙

多数国家依赖封闭的边境。如果边境处于开放的、可渗透的状态,那么这个国家的人就不容易被控制。他们可以离开,别

图10“巴勒斯坦的班图斯坦”:《奥斯陆协议》签订之后的约旦河西岸地图。

人也可以非法进入：向外的移民、向内的移民和不受欢迎的入境。现代政权的功能具有矛盾性：一方面对边界实行严格控制，另一方面又宽容甚至暗地里鼓励劳工非法移民——这些劳工是没有权利可言的。

因此，人们总是划出边界，建起高墙。结果是我们总是被墙所包围。人们住在墙内，墙上有门，人们由门口进进出出，通过窗户向内外张望，打开窗户呼吸新鲜空气，感受夏日的和风。

一些人被拘禁在墙内。军营、监狱的大墙限制了他们的自由。美国称之为“生活在门里面”，南非称之为屏障。

一些人被关在墙的外面。有许多墙的地方就没有了家。有些墙是没有窗户的。这些墙从乡村延伸到城市或曲曲折折地穿过城市，成为阻止人和物出去的阻碍。这是自由主义的界限，为了保卫政权而建。

世上有虚拟的纪念墙，比如越南老兵纪念墙，上面就有士兵的“自由之脸”。点击索引中的一幅照片就会看到这个人完整的纪念网页。看着他们那一张张灿烂的笑脸，读着他们的家庭信息，就会感觉到他们自以为在保卫国家时，付出了沉痛的代价。筑建樊篱古已有之。中国人修建长城抵御北方游牧民族。罗马人修建哈德良长城抵御皮克特人。为加强《英国盐税法》在印度的实施，从旁遮普邦的莱阿到马哈拉施特拉邦边境的布尔汉普尔南部建起了一堵大墙，这堵大墙最终在1930被甘地领导的“食盐长征”运动彻底地破坏掉了。澳大利亚人修起了遍布乡村的防兔栅栏，既为了防止野兔迁移，也为了防止偷来的澳洲土著人的孩子潜逃回家。柏林墙在非正常的情况下把柏林这座城市分为两半，把人们挡在了墙的两边。现在正在约旦河西岸修建的墙和栅栏横穿过巴勒斯坦的农场，把以色列的非法定居者与怀有敌意的巴勒斯坦人隔离开。

边境城市都面临着巨大的移民偷渡压力,特别是处于第一世界和第三世界的直接接触点上的城市,比如西班牙在非洲大陆北部的两块殖民地休达和梅利利亚。就像加勒比海的马提尼克一样,它们是欧盟的一部分,这两个城市利用布鲁塞尔提供的资金,建起了高十英尺的栅栏,配有带刺的铁丝网和电子感应器,顶上还有红外摄像头。但来自摩洛哥、阿尔及利亚,特别是西非的移民仍然试图爬进来。许多是孤身一人的孩子。如果被抓,西班牙当局会把孩子放在滞留中心,而他们在那里经常遭到虐待,然后被非法地遣送回摩洛哥,接着又被摩洛哥警察殴打虐待,最后在深夜被扔到陌生的街道上。许多人不愿冒被卡在铁丝网上的危险,而是宁愿花大价钱冒险乘坐不结实的小船,就是被称为“帕特拉”的小船,在大浪翻滚的大海上航行九英里偷渡到西班牙。没人知道有多少人淹死在了偷渡的路上——也许一年大约有一千到两千人。来自欧盟的压力迫使西班牙政府现在不得不花一亿两千万美元安装一套雷达系统,这就等于在直布罗陀海峡建起了一堵电子墙。这样移民又不得不选取更危险、更漫长的路线来跨越这一水域。

墨西哥的蒂华纳市依靠其边境城镇的优势,实现了相对的繁荣。革命大道长长的道路标线在美国随处可见,可是这里的颜色不同,这就可以告诉人们这里就是蒂华纳市。与加利福尼亚州的清淡柔和相比,这里的色彩绚丽得肆无忌惮。在主要的交通路口,萨拉族人开的红黄色的商店正对着天蓝色的龙虾俱乐部,俱乐部面对着“酒吧、烧烤、跳舞”这几个亮紫色的大字,与药店的粉色和红色相对。在这个边境城市,一个内外颠倒的城市,除了西班牙语,任何语言都可以讲。夜半时分在城市的外围,想要偷渡的年轻人聚集在莱维河的河岸。“守门人行动”成功阻挡了他们向外偷渡,关着的门使得人们像疯了一样奔跑,偷渡者飞快地穿插于5号州际公路的车流中,以躲避边防检查,因为情况太危险,卫兵不会追赶他们。或者他们会游过里奥格兰德河,如果被在得克萨斯州鹰坳巡逻的当地的义务警察逮住,那他们又将在枪口下受到粗暴的对待。这些人实际上只是想溜回到曾经属于他们的土地上,而现在他们被排除在自己的土地之外。边境最繁忙的部分是因皮里尔海滩。

《邪恶的接触》这部电影中有这样的场景:汽车整齐地沿着大街排下去。电影大胆地以一个著名的三分钟长的摄像机跟踪拍摄镜头开篇。镜头移过散落在黑暗中的四块霓虹灯闪耀的区域,移向墨美边境,产生了一气呵成的效果。镜头过渡自然,毫无痕迹,人们之间没有边境——无边境的渗透。一个有钱的美国人旁边坐着位金发碧眼的女伴,他开着一辆大型敞篷车通过边境检查站进入美国。一会儿车爆炸了。

第四章

混杂

籁乐和伊斯兰的社会空间

本书的大部分是在充满韵律和活力的阿尔及利亚籁乐的激励之下而写成的，同时在我写作的过程中，也不时地被这种音乐所打断。本书最理想的读法是，伴随着《查不拉斯》、《格温德兹妈妈》或者《瓦莱奇》的粗犷而强烈的打击乐旋律，一边听着“切伯”哈立德、凯克哈·雷米提和海姆的歌声一边阅读。阿尔及利亚的成年男人、女人和孩子亲历了令人震惊的阿尔及利亚独立战争，饱受了战争的煎熬。在他们奋力捍卫国家主权的过程中，法国人屠杀了一百五十万阿尔及利亚人。法国在19世纪用帝国主义的军事手段控制了阿尔及利亚，占领了这一方热土，但生活在这里的人永远不会屈服。20世纪70年代在阿尔及利亚，籁乐的出现特别令人振奋。籁乐常被描述为原始的、粗犷的和粗陋的，同时它也是骄傲的、坚定自信的和充满激情的。歌手们带着一种难以想象的愤怒让自己沉浸在节奏之中，同时这种愤怒也给籁乐增添了独特的活力和激情。

它是非常有力的东西，这种有力确实超出了我的解释能力。站在舞台上，我不会撒谎。我在舞台上会奉献出我灵魂中和精神中所拥有的一切。

凯克哈·雷米提，2000年

籁乐始于1962年阿尔及利亚独立战争后第一代人口的爆炸性增长时期，形成于20世纪70年代后期。这时那一代的歌手们开始创作他们自己的具有动感形式的籁乐，比如萨赫罗伊、法德拉和“切伯”哈立德等。这种音乐接近于西方的摇滚乐，受到自我表达的雷盖音乐[①]和美洲黑人蓝调音乐的影响。籁乐的出现也与阿尔及利亚人整体向城市移居有关系，在这层意义上标志着一种融合的音乐形式的出现，这种形式记录着现代经济发展的需要。但这种音乐的产生不仅仅是一个融合、综合或互相混合的过程，人和文化的流动不可能像资本那样顺畅无阻和一成不变。事实上，籁乐产生的社会背景根本就不是单一的，而是涵盖了产生它和消费它的阿尔及利亚社会各个层面的竞争关系。在某种程度上，籁乐也可以说是一个考虑复杂文化关系和现代力量的主要的隐喻。

首先，籁乐不能轻易地用普通的词汇描述清楚。它是流动着的、变化着的，它一直在改变着自己的功能、地点、乐器和听众。籁乐作品经常是随意的，为了适应具体的需要它可以轻易地改变自己。籁乐的即兴特点则意味着它永远不会是固定的，它总是灵活多变的，可以把新的音乐因素融入进来。在一定程度上可以说，籁乐是“马尔訇”——一种阿拉伯马格里布地区[②]

① 一种始于20世纪60年代中期的牙买加民间音乐，后与非洲、北美洲的流行乐和摇滚乐相结合。

② 一般指地处北非的突尼斯、阿尔及利亚和摩洛哥三国。

的传统音乐的现代化的版本(不过也有人说,在这一过程中不可避免地存在某种堕落的因素)。“马尔訇”是一种由当地有学识、有教养的宗教人士(当地人称为“教长”)吟唱诗歌的传统表演形式,演唱者总是享有很高的艺术地位。然而,在许多方面,籁乐更多源于更具超前意识和震撼力的女歌手的低俗歌曲。阿尔及利亚独立以前,这些女歌手会迎合公共酒吧和妓院这样的男性场所,她们会在这些地方演唱,同时也会在婚礼、宴会甚至宗教节日里表演。被授予“籁乐皇后”头衔的了不起的凯克哈·雷米提也是以这样的歌手身份开始其音乐生涯的,并在精神上也永远保持着这种身份。其他的一些籁乐女歌手开始以演唱宗教歌曲的女诗人的身份公开亮相。她们在专门为女性举行的聚会——比如割礼或婚前的刺青仪式上歌唱,既唱宗教歌曲也唱通俗歌曲。

作为一种音乐形式,籁乐最早起源于阿尔及利亚西部的世界性港口城市瓦赫兰(奥兰)独立之后。籁乐最初发展非常迅速,尤其从20世纪70年代中期开始,年轻的“切伯”(像凯克·梅弗塔、凯克·杰鲁勒·伦卡维这样的男歌手)或“恰波”(女歌手)在歌舞表演会或婚庆上演唱,并创作出了反映当时政治和文化形势的激进而又忠实的新歌。“切伯”和“恰波”这样的称呼是观众给他们的,或者他们也这样称呼自己。这也把他们与传统的歌手区别开来,并暗示他们的观众都是年轻人,他们的社会和艺术地位比较低,但也表明了他们创新的现代音乐风格。从音乐的角度来看,籁乐的部分内容来自贝都因的教长演唱的歌曲——传统的贝都因人的传统,部分来自更现代的瓦拉尼音乐。瓦拉尼音乐在20世纪30年代已经在城市中发展起来,它由北非的古典城市音乐“马尔訇”和“安答卢斯”发展而来。瓦拉尼音乐已经开始由传统的阿拉伯音乐形式转向现代批量生产的音乐和电子乐器。它开始的演奏使用了手风琴,后来受到了来自摩洛哥传统音乐和埃及(尤其是“东方之星”乌姆·库勒瑟姆)的舞蹈和婚礼音乐的影响。现在瓦拉尼音乐和西方的摇滚、迪斯科、爵士乐、西非音乐相结合,同时还融入了更遥远地区的歌曲,比如拉丁美洲和宝莱坞的音乐,可见它的音乐来源还在不断扩大之中。

籁乐的表演者最初使用的乐器是当地特有的乐器。这些乐器有阿拉伯琵琶这样的弦乐器,有芦笛这样的管乐器,有小手鼓这样的打击乐器,还有风笛单音管、响板和各种各样的鼓,同时还有小提琴、手风琴和喇叭。然而在最初的时候,一些音乐家比如卡达和巴巴兄弟, 就用西方的电子乐器创作了 “电子”籁乐。同样,用语言学的术语来讲,籁乐是用本地方言演唱的,不过这种方言带有从西班牙语、法语和阿拉伯语引借来的俏皮话和鲜活的隐喻。技术的使用使籁乐得到了迅速发展,例如在某些方面,它的现代形式的兴起适应了聚乙烯唱片之后当地盒式磁带录音工业发展的需要。盒式录音机的发明第一次使当地企业掌控了音乐的生产。籁乐在国际上的成功大部分要归功于阿尔及利亚的生产商和中间商,还有法国人。他们把自己在录音棚中的需求和喜好强加在音乐的表达形式上。只有从这些机器中生产出来的音乐才是“正宗的”籁乐。它在国外无线电台的不断播放中得到了发展,最初是在摩洛哥和法国。尽管这些商业运作模式在阿尔及利亚受到了批评,可与此同时,这种新的运作形式却使得音乐作为一个独立的形式和力量出现了。它打破了阿尔及利亚音乐文化和社会文化中已经形成的惯例。因此无论是在字面意义上还是在比喻意义上, 它一直是多轨迹发展的。

“籁乐”一词的字面意思是“一种看法”、“一种观点”、“一种看待事物的方式”，同时也指“一种目的”。籁乐坚持自己的观念，坚持自己的颠覆性的权力欲，就此而言，籁乐包含了许多后殖民主义的基本特征。籁乐的音乐文化初期表现的是那些发现自己生活在社会边缘的人，还有那些从农村涌向城市的移民——他们的财产被剥夺，住房条件简陋，处于失业之中。随后，籁乐的音乐文化很快从对边缘问题的关注转向对阿尔及利亚社会中年轻人的主要表达方式的关注。籁乐在阿尔及利亚和北非的流行速度证明它得到了以前从未有过的认可。它很快就被认为是“人民的语言”，甚至与激进的伊斯兰政党——伊斯兰拯救阵线的政治信条产生了根本性的联系。籁乐的吸引力在于它通过批量生产的流行模式，从边缘的视角入手，重新整合受到认可却被破坏的元素。籁乐歌手从广泛的现存文化形式中汲取各种音乐元素——神圣的、世俗的、经典的、流行的元素，把它们从传统中解放出来，并用新的文化语言把它们表现出来。在形式上，籁乐歌手援用一系列复杂的、可以自发创造和更新的文化符号，表达他们与周围世界的抵触和矛盾。这样的关系正迅速地随着经济的发展而变化着，但是又被僵化的社会结构所禁锢。籁乐站在敌对的两者之间，一面是对传统的穆斯林价值观的现代解释，另一面是对穆斯林社会的历史变化力量的抵抗。

这些籁乐不一定能提供一条契合政治和思想意识发展的向前的道路，但是它们表达了一些人的情绪。这些人发现自己正处在阿尔及利亚社会的混乱时期，处在与社会合法形式相对的另一边。籁乐之所以流行，是因为它成功地为认同提供了基础。许多人会立刻产生这样的认同,尤其是那些“支撑起墙的人”,他们在刚刚成年时都经历了失业、烦躁无聊和对政府所寄希望的幻灭。在政治上,籁乐像很多后殖民的文化形式一样,首先要把问题和存在问题的社会表现出来,它是通向可能的解决方案必须经历的第一个阶段。

我把我的事业分为三个阶段:78转唱片时期、45转唱片时期和盒式录音带时期。在所有这些时期里,我的歌声一直在表现着生活中的普通问题——社会的问题,是的,是反叛。自十五六岁起,我看到的问题都是些普通的问题。我还没有把它们都列举出来。唱歌是一种观察和反映。籁乐一直以来都是一种反叛的音乐,一种前卫的音乐。

凯克哈·雷米提,2000年

这种混杂的样式告诉了人们一些关于当代社会问题和社会矛盾的状况:它在表达着自己的政治想法,甚至在表达着一种不可表达的状态——没有快速的解决方法,或者很可能根本就没有及时的解决方法。就像后殖民主义自身一样,它首先提供的不是解决方法而是挑战,并且允许自己的观众用他们自己的思想来解释音乐所创建的新空间。它还没有达到用完整的形式来表达自己的意思的程度,而只是在对话过程中创造并建构新的意义。像后殖民主义一样,它在一个正经历变革的、被破坏的社会背景中,抒发表达着原始的、粗犷的、低俗的社会与性别间的张力,这种社会背景再也不是一个完整的民众社会。因此它受到了批评,有人认为它缺少尊重,政治观念不纯——就籁乐的情况来说,认为它的语言低俗。出于同样的原因,有人认为籁乐给听众和表演者造成了分裂性的、不稳定的影响,所以它在受到赞扬的同时或许也受到了批评——换句话说，它产生了预期的影响。

> 阴险的籁乐，你让我改变了我的轨迹，你让我丢失了我的家园。
>
> “切伯”哈立德，《非此即彼》

显而易见，籁乐所做的是，通过音乐再现一些社会张力，鼓励自我表达和认同。籁乐表达了这些社会张力，尤其是颠覆性地借用了传统的教长形式，来抵制来自商业性的西方摇滚乐中的电子声。摇滚乐表达的是传统文化形式与对西方的渴望之间的矛盾。在那个时期，籁乐沿用着具有阿拉伯特色的优美音调和旋律来拒绝西方音乐形式的影响。例如，西方音乐严格遵守着乐谱中的半音，而阿拉伯音乐则在四分音和八分音之间灵活地移动着，没把自己局限在特定的音程中。它以一种平衡的独创性的节奏模式区别于节奏性很强的音乐——只有20世纪50年代以来的爵士乐在独创性方面与阿拉伯音乐稍微有些相似之处。这两种音乐都强调，音乐是由音乐表演者即席创作出来的。歌手们以同样的方式将传统的歌词和叠句与对特定社会环境（他们的听众）的表现联系在一起。在歌曲中，他们表达了可识别的本地主题，隐约提及了不伦之爱发生的场所，例如森林，还提到了家庭和神圣之所。就这样，籁乐建立了一个媒介，可以同马格里布地区经历的日常形态和困难进行对话，而籁乐正在从当前的社会生活中获得其本身的意义。籁乐的意义是通过表演来确定的。籁乐既不代表一种对新的文化身份的找寻，也不代表一种新的文化身份的创建，它只是一个过程当中的一部分。在这一过程中，与文化身份有关的新观念以一种前所未有的挑战方式登上了舞台，被人们争论和商议。

1962年阿尔及利亚独立时，政府对阿尔及利亚音乐的最初态度是保护传统的“安答卢斯”文化（这种文化主要是阿尔及利亚的精英们所欣赏的），而对盛行于街头并把传统和现代流行形式结合起来的籁乐所采取的却是摈弃的态度。然而从20世纪80年代中期起（籁乐在国际音乐中崭露头角之后），政府的态度发生了戏剧性的转变。籁乐开始受到国家官方渠道的支持，民族解放阵线的领导精英们促进了籁乐音乐会的举办。这时，籁乐作为民众的一种表达方式，开始受到伊斯兰世界的更激烈的反对，伊斯兰拯救阵线公开谴责籁乐宣扬的是道德腐败。1994年10月在最著名的籁乐歌手之一——“切伯”哈斯尼被暗杀后，许多其他的歌手开始四处避难。但具有讽刺意味的是，他们的避难地是法国。尽管1988年国内战争爆发，伊斯兰政党的统治日趋稳固，但是籁乐依然是阿尔及利亚的青年人喜欢的主要的流行音乐形式，它继续缓和着他们矛盾的心理：既对西方怀有兴趣，同时又受到了伊斯兰文化的强烈吸引。

自20世纪80年代中期开始，籁乐在法国的地位也得到了提升，而且在马格里布地区，同时还在法国、西班牙及其他地方的北非群体中得到了广泛的传播。它是所谓的“世界音乐”最早的代表之一。“世界音乐”这个概念出现在20世纪80年代后期，经常被描述为一种“融合”音乐。它将西方元素（摇滚乐和爵士乐）与本土音乐中的和声、节奏和独特的发声相融合。融合是全球化现象的一个标志。在全球化的过程中，交流的文化渠道已经通过技术对所有人开放。这种技术很容易就能使不同的音乐声音产生交叉——准确地说，实际上就是使用音乐合成器。在一些情况下，有人认为这些元素融合在一起成为了新的混合模式，这种简单的想法可以说是准确的。一些籁乐歌曲，比如海姆的歌曲《瓦莱齐》可以同时出阿拉伯语和法语两个版本。令人惊奇的是，表面的同质化的趋势可能导致非常具体的地方性的形式。例如，来自阿尔及尔的籁那籁乐，它在声音上明显不同于最早出现在瓦赫兰海岸沿线上的那种传统的、世俗的或流行的籁乐形式。

与籁乐在阿尔及利亚社会中的多样而模糊的形象相比，籁乐在向西方展现自己的过程中，总是在讲述一个熟悉的故事——西方总是想听到的一些关于其他文化的故事。这些文化根据与西方非常不同的行为标准行事和规范自己，同时也抵抗与西方经济和思想意识模式的融合与合作。正如法国和世界上其他媒体所报道的那样，籁乐已经成为西化的阿尔及利亚青年表现反叛的形式；它被视为反抗传统、提倡自由和现代性的第二次后殖民战争；它是当前的阿尔及利亚政体下反对社会僵化和贫富差距过大的一种革命形式；同时它也成为阿尔及利亚青年反抗伊斯兰文化束缚的一种世俗反抗形式，至少打破了社会和宗教在性、酒和毒品方面的禁忌。籁乐歌手被描绘成立志宣扬自由个人主义的放荡不羁的反叛者。这种个人主义效仿了西方的商业个人主义，使他们与世界上的反叛流行乐偶像（比如詹姆斯·迪恩）结成同盟，还与朋克、说唱和雷盖音乐结为同盟。正如籁乐歌集的唱片封套上所写的那样：

籁乐歌星们……喜欢说现在是什么时代。他们不喜欢在宗教和政治问题上浪费口舌。籁乐崛起于80年代的阿尔及利亚西部的奥兰市，籁乐在这个难以寻找到美好时光的地方庆祝着它的美好时光。性、毒品、籁乐和摇滚是连在一起的，执政势力说阿尔及利亚青年渐行渐远。在野势力则称阿尔及利亚的宗教激进组织伊斯兰拯救阵线和军政府联合起来一起反对籁乐为争取自由而进行的奋斗。

在这里，籁乐已经同西方青年文化的规程相吻合。但是，这种文化需求不容许籁乐通过政府（如阿尔及利亚政府）的帮助搞积极的宣传活动。在为迎合法国和英国而生产的唱片中，音乐本身已经有了变化以迎合西方人的品味。1992年美国音乐家们在洛杉矶为哈立德录制了歌曲专集《哈立德》（他在标题中去掉了“切伯”的称谓，这就正式标志着他向西方的转变）。籁乐中风格鲜明、十分灵活的三拍节奏（也就是三连音，在演唱中歌手们经常在第一个重音后就自由地即兴发挥），现在已经被机械固定的西方迪斯科的四拍节奏所取代，并且还加入了一种可识别的西方风格的合唱。同时，哈立德的声音似乎不够平滑，他用一种独特的、与之前不同的嘶哑声喊唱出阿拉伯语，其歌声似乎同另一个空间的节奏和暂时性共存。音乐的商业化进程也同样被西化了：籁乐在阿尔及利亚自发地产生于一种流动的共享资源，每个人都可以随意改动；凯克哈·雷米提和其他人演唱的那些老歌并没有被认为是任何人的私有财产，而哈立德的唱片公司却在法国为哈立德注册了版权，就好像之前他在阿尔及利亚录制的歌曲都是由他创作的一样。当然，籁乐没有经过任何修饰就在西方流行起来也是不可能的，这就像西方音乐不经过改变就不可能在马格里布地区流行一样。此外，就像人们指出的那样，籁乐本身是一种复杂而多变的音乐形式，它既灵活而且适应性依然很强。当阿尔及利亚歌手越来越多地演唱伊斯兰教意义上的"纯洁干净的籁乐"时，约翰妮·哈亚特或马里克的"法式"籁乐在阿尔及利亚也大受欢迎。与此同时，在西方，籁乐不仅仅只是为特定的西方流行音乐市场而设计的，它一直也受到流散在法国、英国和北美的北非社群的影响，这些人的要求与西方人的要求截然不同。

图11的CD封面中所传达出的一些关于籁乐的思想内容远比唱片封套上的介绍要重要得多。籁乐充满动感、活力和阳刚之气，并与街头阿尔及利亚年轻人的日常生活息息相关，与伊斯兰教持续保持着积极的关系。这可以在唱片封面右下角重要的祷告词"奉至仁至慈的真主之名"中得到体现，右下角的这句结束语说明并呼应了整幅图画。这样的蒙太奇展示出了籁乐本身包含的社会和宗教中的一些可视的东西。籁乐经常被描述为"混杂"。事实上，它包含了许多特点，这些特点是后殖民写作中的"混杂"一词想要概括的。像籁乐一样，混杂并不仅仅只包含单一的过程，尽管它有时候可以用难以想象的抽象术语来讨论。这些术语与文化构成和文化竞争的动态空间毫不相干，就像在籁乐中所体现的一样。根据文化、经济和政治的特殊需要，混杂可以同时以不同的方式发挥作用。它包含着许多相互作用的过程，这些过程会创造出新的社会空间，这些空间被赋予了新的意义。这些关系使得人们在被现代性粉碎的社会中唱出自己对社会变化的感受和经历，同时这种关系还为社会将来的转型提供了便利。籁乐也是如此。籁乐作为混杂的一种主要形式，经常通过暗示和推理等复杂，有时是隐蔽的方式起作用，它已经提供了一个创造性的空间。这个空间包含了表达和需求、反叛和抵抗、创新和协商，因为许多相互冲突的社会和经济渠道都在当代阿尔及利亚社会中发挥着作用和发展着自己。

图11 籁乐汇编CD的封面，曼特卡世界音乐，2000年。

对面纱的矛盾情感

没有什么比面纱更能代表西方和穆斯林世界的不同。历史上几乎没有哪种服饰能像面纱一样有如此多的含义和政治寓意。对于欧洲人来说，面纱曾象征着东方的神秘的性爱；而对于穆斯林来说，它曾标志着社会地位。如今面纱的含义发生了巨大变化。对许多西方人来说，面纱是伊斯兰父权社会的象征，在这种社会中，女性被认为是受压迫的，处于附属地位的，她们不能在公众场合露面。从另一方面来说，在伊斯兰社会和在非伊斯兰社会的穆斯林女性当中,面纱已经开始象征她们的文化和宗教身份,而且女性也越来越愿意选择用它来遮盖自己。因此,面纱现在使用得比以前任何时候都更加广泛。根据不同的身份,面纱可以象征控制或反抗,压迫或自立,父权制或非西方的公共价值观念。我们该怎样理解面纱,理解面纱的含义,同时控制和审问我们下意识的反应呢?没有人可以从一个中性的、客观的角度去理解面纱。那么就让我们先看一幅图片(图12),这幅图片中的女人是殖民时期欧洲人心中的典型的东方人的形象,就是被爱德华·萨义德描写成"东方主义"的那一种。

这幅图片的题目很简单,就是《阿拉伯女人》。这是一张彩色明信片,大概可追溯到1910年,也就是帝国主义的全盛时期。它是由一个德国的摄影公司在埃及拍摄的,这样的摄影公司当时在中东还有很多。它把这个阿拉伯女人表现得很客观。这是一个真实的埃及女人,她有姓名、家庭、声音和历史,但她已经被变换成了一个"东方的"、普遍的、具有阿拉伯人属性特点的"阿拉伯女人"。这个女人的眼神得到了特意的表现,她的眼神在西方人的注视下变得犹豫不决,处于单向的"承认的政治"之中。

这是一张照片还是一幅画?她戴着有黄色衬里的棕色头巾,头巾长得披散到肩上,穿着件蓝绿色的布衣。一块带褶的黑面纱把她的下半边脸盖了个严严实实,一条黑色的布带穿过竹片缚住了黑面纱——竹片是由一种特殊的竹子制成的,但是还能露出她的额头和上面的颧骨。她的视线避开了镜头,这样她看起来更谦逊,同时也给了她一种若有所思的表情。那件蓝绿色的粗布长袍向下盖住了她身体的其他部分,看起来艺术家是在下意识地把她刻画成圣母马利亚的形象,圣母马利亚不用说

图12 阿拉伯女人。

当然是戴着体面的面纱，而且看起来很顺服，容易被接受。这个阿拉伯女人所缺少的仅仅是圣人头上的光环，但是这个女人周围的祥和气氛浓郁得过分了。她向一边凝望，双臂下垂放在身体两侧，看起来她永远不会为她自己说什么或者做什么。

或者我们只是以一个观赏者的身份来看它？我们所理解的这幅图的含义是这个艺术家想要让我们看到的吗？一个阿拉伯女人的形象？一个与自身实际情况不符的、代表所有阿拉伯女人的、异国情调的东方女人？这幅图没有要求我们把她想象成一个社会环境中的活生生的人。这是为一些西方观赏者创作的，这些人的脑子里已经有了“阿拉伯女人”应该有的样子——谦逊，消瘦，而且一定戴着面纱。欧洲人一看立刻就知道是她，正如现在我们一看到白雪覆盖的和谐图画就想到圣诞节一样。如果要恰当地表现圣诞节，就要表现白雪覆盖的图景。世界的许多地方都是如此，但是圣诞节并不是这样，比如在英国，它通常是温暖的，有些阳光，也许还有毛毛细雨，但很少会下雪。卡片上的毛毛细雨，不能像皑皑白雪那样使人想到圣诞节——尽管我们知道，根据我们的经验，神奇的白色圣诞节是完全不真实的。

然而，真正需要追问的却是**表现他者的方式**。

霍米·K.巴巴，《文化的定位》(1994)

所以这个女人的情况也一样，尽管她的脸没有被黑面纱完全覆盖住，但是竹管凸显在她的前额中央，一块长长的黑布紧紧地裹着她的面颊和嘴部，这块布往下变得越来越细一直到她的腰部，那样子就像个巨大的鸟嘴，这会给西方人留下一种受监禁的强烈印象。她似乎真的被束缚住了，被装进了牢笼。这幅图处处都在吻合着这样一种思想:许多西方男性和女性都认为穆斯林女性需要被开明的、没有面纱束缚的西方解放出来,因为穿便服的西方要求女性把自己暴露出来,而不管她们是否愿意。在19世纪,西方人认为穿衣标志着文明,不穿衣服的人被认为是野蛮的。然而,到了20世纪和21世纪,半裸则标志着西方的优越感。

这幅彩色印刷图片的两层颜色并没有遮住她的眼睛,这使得她的双眼看上去是湿润的,所以当你离近了注视她的瞳孔时,就会发现她的眼睛是黑白颜色的,正从遮盖她的颜色的后面向前张望。此时你开始发现她的眼睛是机智的、带有强烈情感的和充满力量的,尽管她被困在艺术像框之内——这个像框比任何面纱更具压抑感。这幅典型的人像变得越来越难以理解。这个被具体化了的女人似乎要扭转局势,要在西方人的凝视中重新定位自己。

在整个20世纪,面纱越来越成为那些想把伊斯兰社会世俗化的人们的焦点。阿尔及利亚和其他地区的法国人发动了一场"面纱之战",即强迫当地女性不戴面纱。为使伊朗西化,西方强迫伊朗国王禁止人民穿黑袍,这种黑袍是乡村和传统的都市女性穿的从头到脚的黑色衣服。作为直接的回应,在1978—1979年的伊斯兰革命之后,女性又被要求这样穿着。如果认为强迫一些女性戴面纱就是虐待她们——一般西方人都这么认为,那么世俗的法律要求另一些女性不戴面纱同样是虐待她们。例如,在法国和西班牙,女孩们必须在法庭上斗争以取得能包着头去上学的权利。这里,我们不是谈论那个埃及女人戴着的那种面纱,那种被前额的几缕辫发打破了严肃性的面纱,而是那种完全把头发盖住的面纱(就像欧洲信仰天主教的女性去教堂的时候常披在头上的那种斗篷)。在土耳其这个伊斯兰国家的一个不信教的省份里,开明的立法禁止在公共场合——比如学校、大学,甚至医院戴面纱。结果,许多"被包裹的女性"被禁止去上大学。当然迂回的道路总能找到。比如有一个女医生,她遵循旧的已婚犹太妇女的服饰要求,选择了戴假发,她虽露着头发,但把自己的真头发藏了起来,也不算违反法律条文。在最近的一次土耳其选举中,一个在选举中获胜的伊斯兰党派许诺最终一定要把这种法律变更过来,因为这种法律使许多的土耳其女性不得不去柏林、伦敦和维也纳上大学(在土耳其,人们开玩笑说,这第二次围攻维也纳比第一次更成功)。男性可以上土耳其的大学,因为没有法律要求所有的男生不戴帽子,剃干净毛发,以露出头和脸。尽管这样,凯末尔国父,这位现代土耳其的创建者曾禁止人们戴土耳其毡帽。历史上土耳其和伊朗许多关于穿着的立法,都曾把焦点对准男性服饰。

谈及"面纱",人们仅仅把它当作一个制服一样的既定不变的东西。事实上面纱多种多样,不光有"这种面纱",而且还有许多种遮蔽物。在大多数社会的特定时候,不同身份的女性会披戴完全不同的遮蔽物。遮蔽物本身是可变化的、复杂的服饰,有遮盖身体的遮蔽物,也有遮盖面部和头部的遮蔽物,[①]这里只提及了一些最普遍的遮蔽物。遮蔽物的种类繁多,女性在不同场合披戴它们的方式也多种多样。与任何其他服饰一样,面纱也寻求变化(包括微变或巨变)以适应不同的需要和新的环境。

---

① 遮盖身体的有:abaya, burqa, chador, chadri, carsaf, khimar, haik, sitara。遮盖头部和面部的有:batula, boushiya, burko, dupatta, hijab, niqaab, rouband, yasmak。

例如在殖民统治时期就是这样。法农强调“面纱的历史变化”，因为面纱既可以根据环境作出战略性的调整，也可以作为工具来加以使用。这在阿尔及利亚独立战争期间就表现得特别明显，当时，殖民者和本地人之间存在分歧差异，女性通过自己的服饰来表现自己是哪一边的。庞帝科沃拍摄的电影《阿尔及尔之战》(1965)中有这样一个著名场景：阿尔及利亚女性被派去当送信人，她们在城市的欧洲占领区中运送武器或放置炸弹。

> 防护性的卡斯巴堡垒是阿拉伯人保护自己安全的必不可少的一部分，但是它消失了。阿尔及利亚的女性站了出来，她们被送进征服者的城市。
>
> 弗朗兹·法农

阿尔及利亚人有时戴面纱有时不戴面纱，这与殖民统治者的假定不符。尽管法国政府发给法国士兵一些关于尊重穆斯林女性的宣传册，可还是有许多证据证明，调查程序转变成了强奸、折磨和杀害嫌疑人。有时这些女性被捆绑着，不着寸缕地游街示众，而且在她们死前在这种状态下被拍照。这就是残忍的法国“文明”眼中的裸露的阿尔及利亚。

“这个只能看别人而不能让别人看的女人使殖民者感到受挫和生气。”法农说。她采取抵制和拒绝的态度，就如同卡斯巴一样不可穿透。在卡斯巴的小街深巷中经常可以看到戴面纱的女性。西方人对面纱的反应是要求和希望去掉面纱，如此一来，以解救受迫佩戴面纱的女性的名义要求去掉面纱和殖民者强行废除面纱这两者之间不幸有暗合之处。法农发现，尽管他在阿尔及利亚北部城市卜利达的精神病医院里强调团体性，可是他仍然不得不为女性在餐厅里划分出一个单独区域。

戴着面纱还是摘掉面纱难道就真的成了反对制度化权力形式的一种激进运动？许多女性选择佩戴面纱而且愿意为这一权利而奋斗，最近人们在弄清了这一点之后，才将面纱与女性的战斗性相联系。相反，男人戴面纱与阿拉伯女性戴面纱的内涵完全不同。看一看图13中萨帕塔运动的副司令马科斯2001年胜利进入墨西哥城的照片就可以对此有更深的了解。马科斯经过十五天的行军走遍了整个墨西哥，目的是为自己的议案争取更多支持。他提出要为墨西哥仍处于贫困当中的原住民印第安人增加自治权和土地所有权。政府最后同意和他商议，就这样马科斯胜利进城了，并受到了市民的热烈欢迎。他蒙着脸，脖子上挂着花环，俨然一个受欢迎的英雄的形象，同时还应注意他那个寻常的、父辈用过的烟斗从他遮着的嘴里神秘地露了出来。

对于一个男人来说，蒙着脸就像是戴着一张面具，就像是具有浪漫主义色彩的盗贼和逃犯，他们戴上面具是一种自我保护的手段，目的是与当权势力进行抗争。萨帕塔运动代表的是墨西哥南部土生土长的农民。在历史上，这些农民虽然进行过多次反抗，但是他们却只争取到了很少的土地和财产权，萨帕塔运动发动的反对墨西哥政府的战争通过现代科技，阐释宣扬了他们应有的权利。以前，马科斯习惯把自己的要求传真给政府和报纸，现在他用电子信箱做这些工作。同时，萨帕塔采用巴拉克拉瓦头套作为他们的标志。这种头套与面纱在本质上是相同的，就像是巴勒斯坦起义战士的面具，既掩护了他们的身份，又像是军人的制服。与女性佩戴面纱一样，这种一致性增强了

图13 副司令马科斯到达墨西哥城,2001年3月10日。

男性反抗的激情。男用面纱是自信的。阿拉伯女性保持端庄沉稳，而戴着花环的马科斯为表示胜利，高高举起他张开的手掌，尽管他也没有看向镜头，很明显，他是在向群众致敬，不想避开观众的眼睛。我们作为旁观者也被吸入了场景中，成为这个以他为中心的场景中的一部分。为什么面纱剥夺了女性的权威，反而增强了男性的权威？

答案是，这实质上不是一个性别问题而是一个环境问题。也有阿拉伯男性戴面纱的例子，比如，说含语的柏柏尔人就认为面纱是社会地位和男子汉的象征。柏柏尔人中的男性常年戴着一种白色或蓝色的面纱。出生在埃及的人类学家法德瓦·金迪这样写道：

> 男性——在家里、在旅途、在白天或晚上，吃饭时、抽烟时、睡觉时，甚至在做爱时——时刻都戴着面纱。

然而，柏柏尔人中的女性却没戴面纱，她们只是用头巾稍稍遮盖住她们脸的下半部分，就像亚洲南部的女性那样。柏柏尔人的男用面纱标志着日常社交活动的意义，它是一种灵活的信号。在女性、陌生人或受尊重的人面前，面纱要抬高到眼部，在那些不用太尊重的人面前，面纱可以放低一些。印度南部的男性系着腰布，他们总是在不自觉地调整它，把它折起来，包住或系到膝盖部位，然后在和别人谈话时，再解下来。同样柏柏尔人中的男性整天处理日常事务的时候都在调整他们的面纱：抬高系紧，放低放松，或是拉直绑紧。

换句话说，面纱只能用当地的意思来解释，这种意思是在它自己的社会空间内产生的。外来的解释往往会从观察者的社会空间出发来强加某些意思。对于西方人来讲,面纱彰显了女性的附属地位和对女性的压迫。在阿拉伯社会,正像金迪所说,“面纱涉及隐私、身份、亲属关系、级别和阶层”。然而,西方观察者总是把图片中戴面纱的阿拉伯女人看作是伊斯兰统治压迫女性的一个象征。但对一个1910年看着这幅图的埃及人来说,面纱则象征着女性的社会地位。最底层的女性,尤其是农村的和沙漠地带的贝都因女性根本就不戴面纱。在城市里,不同阶层的女性戴着不同的面纱。上层社会的埃及女性戴土耳其风格的、用白色的平纹细布做成的面纱。相反,明信片上的阿拉伯女人戴着传统的黑面纱,还附着竹管,这和她的无领对襟束带长袍一起,说明她属于技工、劳动者或商场女服务员这样较低阶层的人员。因此,对西方观察者来讲,她的形象使人联想起对《圣经》的回应,或者一种父权至上的社会体系。对一个埃及人来说,她的面纱最先能确定她的社会地位。换句话说,在不具备当地文化知识的情况下,西方观察者将对图片中的当代埃及女人的形象给以完全不同的解释。

如今,面纱拥有了一种不同的文化力量,对西方社会而言更是如此。举个例子来说,图14是一张蒙面的黑人女性的照片。这位黑人女性对观察者明显表现出挑战的神态。她的眼睛睁得很大,直直地盯着照相机的镜头。同时还应注意,摄影师是怎么捕捉到这一特写镜头的,观察者可以直视她的脸,而不需要保持一定的审美距离。我们的反应会因这张照片的题目而缓和下来,题目告诉我们她是纽约布鲁克林的一位穆斯林女性。她在纽约,这会让观察者认为她是一位非裔的美国女性,她还可能是美国“伊斯兰国家”组织中的一员。在当今这个最有对抗意义的社会里,她选择了戴上面纱。

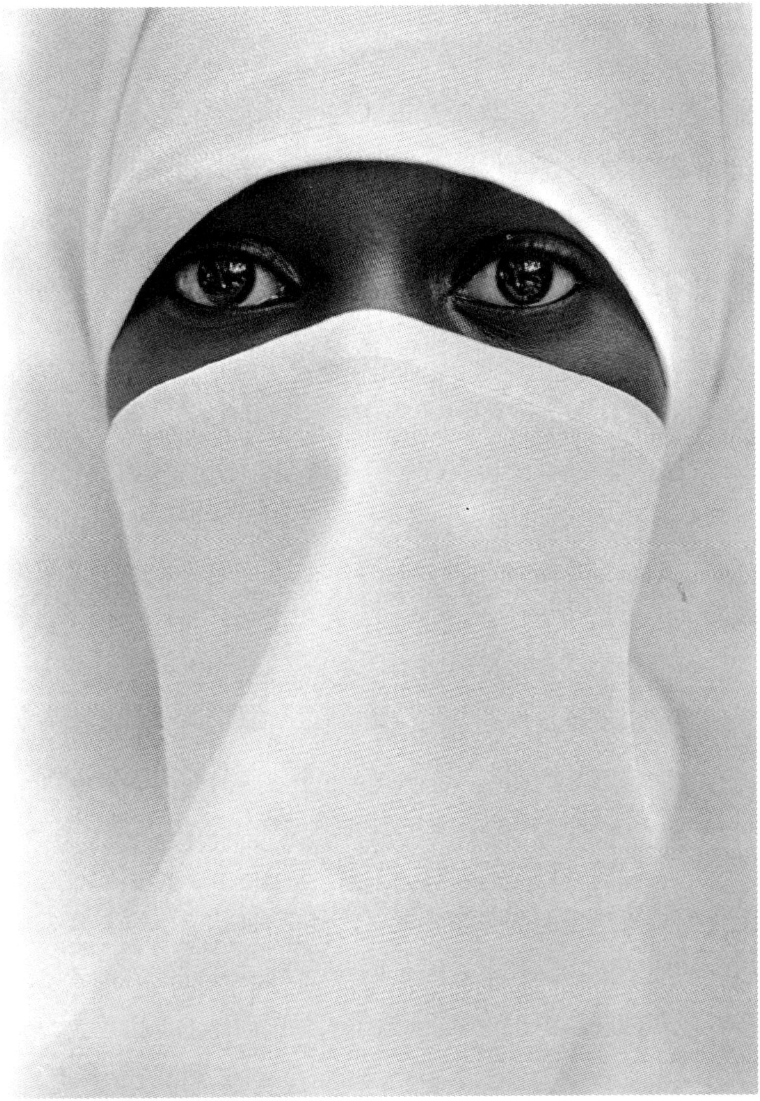

图14 由小切斯特·希金斯拍摄的《布鲁克林的穆斯林女人》。

面纱和面具代表的是服从还是反抗?是谁选择了面纱来掩饰自己?事实上,女性和萨帕塔主义者对面纱的选择是他们对社会作出的回应。似乎在父权社会体系里,埃及女性没有别的选择,只好把自己掩盖起来,而马科斯已经成为一个作出这样自由选择的代表。然而,就像我们看到的那样,事实上,在20世纪早期,在埃及戴面纱对一个女性来讲一般是地位的标志,从这种意义上讲,戴面纱被认为是赋予权力而不是被剥夺权力。戴面纱变得相当广泛的一个原因,是因为越来越多的女性想证明她们的社会地位,尤其是在其他的女性面前。

对马科斯这样一位反政府的革命战士来讲,他的匿名是一种策略的需要。他选择戴巴拉克拉瓦头套并不是一个自由的选择。在现代,蒙面成为一种普遍的方式,可以避免被警方的摄像头辨认出身份。例如,在爱尔兰共和军的葬礼上总是出现蒙面人。蒙面也是一种反抗或表明自己观点的行为,就像戴面纱如今对伊斯兰女性逐渐起到的作用一样。面纱的意义,如果有的话,并不是一成不变的。法农曾回忆说,在殖民主义者的统治下,摩洛哥女性怎样变着法地改变自己面纱的颜色,从白色变成黑色,以表达她们与其流亡的国王团结一致。她们通过改变面纱的颜色赋予面纱以新的意义。通常,理解面纱就意味着从面纱的社会语境之外来看待面纱,就意味着外部的观察者怎样来解释面纱。这与戴面纱的女性本人佩戴面纱的原因已经没有什么关联了。

第五章

后殖民女权主义

印度的性别政治

当甘地离开修行的居所时，女性都被激怒了。因为她们把一切都提前计划好了，包括行进的路线、食宿的地点，以及最终他们举行示威活动的海滩。为什么他不要女性参与其中，拒绝与她们同行呢？过去，在他发动的政治活动以及他对政治的解释中，他一直努力要把女性放在中心的位置上。他积极鼓励女性参与政治活动，对女权主义者所从事的事业也持认同态度，而且认识到了女权主义者使用政治策略的潜力。他过去常说，他的政治活动主要是受到了支持女性参政的英国女性和北爱尔兰新芬党的激励：要使用道德策略，而不要诉诸暴力。他赞同只采用停食、绝食抗议和游行这些非暴力手段。甘地绝不是第一个给弱者的斗争手段（这种斗争手段是每个人都拥有的）施以政治色彩的人。

尽管纳拉金尼·奈都[①]甚至米拉·本多次规劝过甘地，可他仍然坚决拒绝女性参与到其中来。那天早晨，男人们都离开家门，朝海边走去。他们身着浆洗过的衬衫，戴着帽子，拄着女人

① 印度政治家、女权运动者及民族诗人。

们为他们削好的长手杖。女性又一次被拒绝参与这种政治活动，她们不得不留在后方，等候消息。全世界的目光都在关注着，摄影记者也已准备就绪，但是看不到任何女性的身影。然而1913年在南非时，甘地本人确曾请求德兰士瓦省的女性在凤凰农场采取非暴力不合作的举动，而那样做将会使她们遭受牢狱之灾。她们确实也付出了代价，一名来自约翰内斯堡的十六岁女孩献出了自己的生命。甘地注意到，在南非的印度女性受到了监禁，这件事不但"触动了生活在南非的印度人的心，而且也深深刺痛了生活在印度的印度人民"。他还观察到，在"消极抵抗"（该词最早由室利·阿罗频多提出）中，女性作为其中的催化剂会起到更加积极的效用，而且他认为女性最适合这种非暴力不合作运动。非暴力不合作运动让女性参与了进来，并且使她们成为这项激进政治活动的中坚力量。在巴德利运动中，巴克迪巴、莎达·莫塔和米迪本·珀蒂等众多女性尤其引人注目。甘地不认可生活在大都市的政治精英，而是对生活在城市边缘的人，比如农民、比哈尔邦的蓝领工人以及广大的女性持认同态度。他号召使用印度的土布，反对从英国的兰开夏郡进口廉价的棉布。他号召人们（至少是那些可以买得起的人）通过穿着表明自己的政治立场。

甘地通过亲自纺线织布使其所发动的政治和文化运动具有了很强的象征意义。spinster[①]这个词的原义就是"纺织"，正像这个词所暗示的那样，我们都知道纺线织布是传统女性所从事的劳动。甘地经常使自己显得更像女性，而不是既具有男子气又带有女性特点的纺织工：

① 该词现在更常用的意思是"未婚女人"。

我和孩子们都知道我在用母亲般的爱去爱他们……我总是用母亲观察自己女儿的目光来注视女孩子们。

然而，当她们特有的性别特征激起了男孩子们的欲望时，甘地对此的反应使他更像一位道德上极为拘谨的虔诚教徒：

早晨我用柔和的语气向女孩们建议，她们应该让我把她们那优美的长发剪短。

甘地总是喜欢放弃，喜欢弃权——如果开始就这样，那当然很好。他希望由他提出来的“精神力量”这一女性原则能被男女共同遵守，因为他惧怕女性的性别特征；他喜欢使用“姑娘”或“姐妹”这种称呼，而不用“妻子”之类的叫法——他也的确是这样称呼自己的妻子的。即使甘地本人在使用女性的斗争方式时，他也往往用传统的视角来看待女性。他的许多关于女性特征和家庭角色的观念，其实就是对传统的印度教和道德要求极为严格的维多利亚时期女性观念和女性气质的进一步强调。甘地总是宣扬诸如妻子要忠于丈夫一类的传统价值观。他虽然是一位改革家，但在女性权利方面，他并不像尼赫鲁那样习惯性地赞同革新的思想。共产主义者的传统观念认为赋予女性权利毫无疑问是消除不平等的制度结构的一部分，而尼赫鲁很明显受到了这种观念的影响。

但是，甘地还是非常有预见性的，他意识到如果不进行激进的社会改革，反殖民政治活动的作用是非常有限的。他并不是一位寻常的反殖民民族主义者。甘地想改革印度社会、印度的种姓制度、社会和性别的不平等状况，而且还要把英国殖民者赶走。他预见性地提出了许多后殖民女权者所使用的政治策略，并在各个方面为女性争取权利。他提出来的非暴力理论并不只是针对英国人的一种策略，同时也是男女平等、环境的可持续发展以及饮食习惯和天然药材对人体进行温和调节的基础。就此而言，甘地称得上是第一位环保政治家。他观察到女性所进行的政治活动要比大多数民族主义者的活动更为激进，她们拒绝对公共和私人空间进行划分，此举触犯了殖民当局的政治权威。

性别和现代性

同时，对女性来说，甘地对现代性的批判可能是有问题的，而具有现代性的政治活动对女性更加有利。实际上，现代性的许多特征就是女性的发明。现代性可以用它自身的技术和关于平等、民主的政治概念来界定自己，这些政治概念必然包含着父权制的终结以及让女性享有平等的权利。另一方面，对于许多男性民族主义者来说，现代性就是对经济、政权和公共领域的重新定位。即使是在今天，正如印度小说家阿兰达蒂·罗伊所尖锐指出的那样，印度教徒对真正印度性的追求也不会包括拒绝对手机、火车、飞机或投放原子弹的火箭的使用。在1909年出版的《印度自治》中，甘地把对西方文明的批判扩大到对科技的批判，他抵制火车以及殖民现代性的各个方面。因此，实际上他比现代的具有印度教特性的理论家更激进。他的思想就是“可持续性发展”（可能性的艺术）这种现代观念的先导。

因此，用反映和适合欧美女性平等标准的观念和术语去谴责第三世界女性所受的压迫，这是对种族意识形态的支持……这种意识形态把连贯的文化主题作为科学知识的来源来解释当地的文化，这就使发生的每个活动都落入了具有性别特征的定势当中。这种背景中的女权主义就意味着“西化”。

特里·T.名-哈，《女性，本地，他者》(1990)

当民族主义者把目标从改革运动转向文化复兴时，女权主义者就开始与之分道扬镳了，她们继续利用现代性的因素来为自己的政治目标服务。文化民族主义者往往在技术方面并不反对现代性，而只是反对现代性对女性的影响。女性通常被认为是代表民族文化身份的主要依靠力量，而当前的民族文化身份是从过去的社会中追溯而来的。在男性民族主义者看来，相对没有受到殖民控制的家庭才是传统价值观、文化以及“民族”身份的捍卫者。这种身份是按欧洲模式所创造出来的反抗欧洲宗主国的新事物。女性和现代性逐渐被看作是对立的，结果就造成了民族解放的目标往往不包含女性期望的所有进步性的变化。当殖民政权试图要宣布诸如童婚、寡妇火焚殉葬以及阉割女性外生殖器之类的习俗为非法时，以上这一点在印度和非洲就显得格外具有戏剧性。保留这些习俗成为当地民族主义者重要的斗争目标(尽管甘地或尼赫鲁并非如此)。

殖民政权对压迫女性的社会习俗的干预被称为“殖民女权主义”，也就是说在这一点上，殖民政府代表了女性的利益，它宣称这样做是出于人道主义的原因。有时这些措施会同时作为殖民控制的形式起作用。殖民当局往往对这些干预持赞同的态度，它们认为这些干预是改变当地社会价值观的重要方式，而且这些建立在社会价值观基础上的传统反对它们对当地的统治。法国在马格里布地区所实行的强迫女性摘除面纱的殖民政策就是一个明显的例子。在所有情形下都完全可以预见的是，这些法令将会成为民族主义者抵抗的焦点问题。然而矛盾的是，对于女性来说，殖民者的意识形态代表的可能是自由的新形式。所以，生活在殖民主义与反殖民的民族主义夹缝中的女性更加矛盾。这也意味着在后殖民时代，当女性同殖民主义的残余作斗争时，她们也在不断地被指责她们自己的脑子里也输入了西方的思想意识。西方女权主义者、人权组织和由福特基金会资助的非政府组织的善意干预，有时却使当地女性的生活变得更加复杂。各种形式的发展最好是来自基层群众，而非由统治阶层强加而来。

如果你认为女权主义是一种西方的思想，那么你将不得不得出这样的结论：现代性本身就是西方所独有的。从历史角度看，女权主义确实是开始于18世纪的西方政治运动。女权主义的开始和现代性的开始是很难区分的。现在人们认为，现代性并不是由西方发明的，它是西方同世界的其他地区相互影响、相互碰撞的产物，包括殖民主义的经济剥削（殖民主义的经济剥削作为现代资本主义发展的动力，最早为欧洲资本主义提供了充裕的资金）。从那时起，随着时间和地区的不同，现代性在很多方面得到了发展，女权主义的情况也是如此。和现代性的其他方面一样，两个世纪以来，非西方世界的女权主义所信奉的原则也发生了变化，与以往相比产生了一些细微的差别。现在，所有的政治活动，无论是女权主义的还是宗教激进主义的政治活动，都是其所处时代的产物，因此都是现代性的一部分。

现在争论的焦点不是现代性与其对立面之间的问题，而是对现代性的不同解释版本的看法问题。对现代性的某些看法被认为是提供了西方模式以外的选择对象，当然这种对于西方模式的理解并非总是准确的。

独立后的女权运动

在男性和女性为共同的目标而进行反殖民斗争时，两者间存在的许多差异相对来说仍未完全暴露出来。但是，当国家获得独立后，根本的冲突就明显地显现出来了。阿米纳·赛义德在一篇文章里提到了1956年埃及女性志愿参军的事情，文章用了一个简单、准确的标题——《女性的角色并不因和平而告终》。对于所有的女权主义者来说，独立时的权力转换和国家主权的获得虽然合乎了她们的心意，但她们的要求并非仅限于此。这仅仅是漫长斗争过程中的一个阶段而已。然而对男性而言，国家获得独立则意味着国家进入了后殖民这个可以明确表示的新阶段，而对女性来说却并没有这样的突破。因为斗争仍在继续，现在她们仍要为反对不再需要女性支持的父权社会而斗争。独立往往意味着权力的转移，但并不是把权力转交给新建立起来的主权国家的人民，而是转交给当地的精英阶层，这个精英阶层继承了军队、警察、司法、行政以及发展机构等整套殖民体系。许多国家为了取得国家主权付出了大量的人力和物力，而一旦国家获得了独立，女性的政治目标不得不再次被人们提及，于是又一场解放斗争开始了。因此，后殖民政治通常和女性的殖民斗争而非男性的殖民斗争有更多的相似之处：政治上的平均主义支持文化上的多样性，而非民族主义所要求的文化上的共性。

在后殖民时期，宗教民族主义的显著发展——这种发展在某些方面甚至界定了后殖民时期——事实上已经把女性置于一种与殖民时期相似的境地之中。然而，并不像西方的自由主义者所想象的：伊斯兰国家的女性受到了宗教激进主义或伊斯兰教的压迫。世上并不存在单一的伊斯兰教，也没有单一的伊斯兰宗教激进主义。在伊斯兰国家，女性的定位是与以下几点相联系的：她们自己的文化、历史，她们与西方和西方殖民势力的关系，她们围绕伊斯兰教和伊斯兰法律作出的解释，以及她们在当今社会所扮演的角色。

三大洲的许多国家激烈反对这一观点。可与此相反的是，

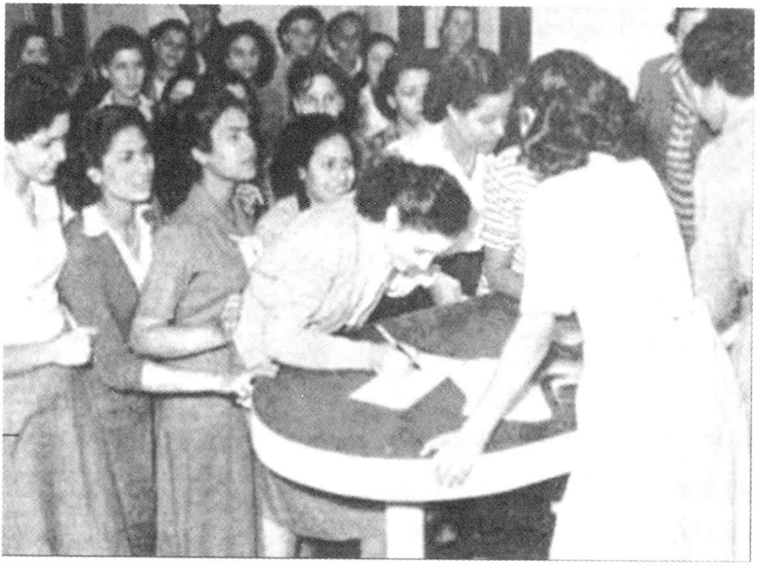

图15 埃及的女志愿者积极参加反对英国占领的大众抵抗运动。

"西方"也并非持有统一的观点。甘地就清楚地看到西方内部的裂痕,并主动地加以利用,为印度政治上的发展带来了好处。

女权主义和生态

尽管现在甘地的影响在印度急剧下降,但是,他的一些政治哲学要素仍然在继续向前发展。例如,印度主要由女性组织的契普克运动就能说明这一点，此运动的根源已经被范达娜·席瓦直接追溯到了运动的发动者米拉·本那里,而米拉·本却是和甘地关系最为亲近的女性之一。席瓦认为,国家的殖民化同时引起了诸如森林之类的自然资源的殖民化,而后又引起了精神上的殖民化:人们在面对农业和环境问题时,想到的只是技术革新和以市场为导向。早在殖民时期,农民和部族就已经开始对滥伐森林进行过抗议。当时木材被用作军事和工业目的，人们并没有考虑过滥伐森林和荒漠化所带来的长期影响或破坏当地经济和生态所引发的后果。

在20世纪40年代后期,即甘地遭暗杀之前不久,米拉·本搬到喜马拉雅山脚下的一个农场上定居。她逐渐开始关注当地一年一度的洪灾,她发现引起洪灾的原因是滥伐森林以及种植非本地品种的树木，尤其是松树。为了能专心研究森林问题,米拉·本建立了一个叫作戈帕尔的修行所。在那里,她研究了当地的环境,并且花了大量的时间从熟悉当地情况的农民那里了解了许多关于当地情况的资料。在聆听当地民歌和民间故事时，她注意到其中的许多歌曲和故事都提到了一些基本上已经消失了的树木和其他植物。她断定当地出现的生态问题是由栎树的消失所造成的。栎树对生态环境和当地经济的发展起到了积极的作用,而像松树这种最近纯粹出于商业原因而被种植的常绿植物,除了提供松脂和纸浆这样的商品外,对当地的生态经济没有任何益处。不久其他一些甘地的追随者,例如萨拉拉·本和桑德拉·巴哈古纳,也加入到了米拉·本的工作中,他们建立了新的修行所。

> 像以往一样,每个使穷人的状况恶化的计划,总是声称穷人是受益者。
>
> 范达娜·席瓦

随着这场运动的深入发展,重大的分歧开始出现,而这个分歧就本质而言是由性别差异造成的。最初,当地许多效法甘地的组织把工作重心都放到了建立合作社以及维护当地人民而不是大型商业公司的权利方面,这些大型商业公司把木材作为商品作物加以开采。席瓦指出,这主要是男性的观点。而负责耕种口粮、采集燃料和饲料的女性并没有受到这种短期利益的诱惑,她们并不想种植单一品种的经济作物而获益。她们注重的是当地可持续发展的生态需要。在可持续发展的生态中,植物、土壤和水构成了一套复杂而又相互联系的生态系统。因此而出现的分裂并不仅仅存在于当地人和外地人之间,也存在于村庄内部的男性和女性之间。女性对整个体系的原则提出了异议,她们指责男性在意识形态上被短期的市场商业价值殖民化了,他们就像在父权社会控制女性一样,试图把自然控制在自己的手中。女性并不想通过科学手段控制自然,从而直接获益;她们的目标是要使整个森林系统能够自我支撑,自我更新,使之能够保持住水和食物资源。她们长期担当着耕作者和粮食生产者的角色,这使她们的家人能在这套系统中生存下来。这也表明，女性对耕作以及各种植物的药用和营养价值更为熟悉。

因此，女性与像巴哈古纳那样被女性所说服了的男性一起，共同构成了契普克运动的基础。契普克运动于1972—1973年开始于印度西北部的杰莫利地区，当时当地的人民成功地组织起来，抗议通过拍卖把三百棵白蜡树出售给体育用品制造商，而政府却禁止当地的合作社为制造农业生产工具而砍伐少量的树木。这场运动很快就扩散到其他地区，例如卡纳塔克邦，人们开始广泛抵制将木材砍下来卖给商业公司。契普克是“拥抱”的意思。这个名字源于三百年前拉贾斯坦邦的比什挪依人最初采用的一种方法。在昂瑞塔·德维的领导下，比什挪依人通过拥抱神圣的科耶里树来抵制对这些树木的砍伐，在斗争中他们甚至牺牲了自己的生命。实际上，村民们通过拥抱树木来阻止伐木者砍伐树木这样的事例在现代几乎没有了。然而，这场运动的名字总是让人觉得，即便在这些积极的参与者受到威胁的时候，他们也会采取拥抱的做法。拥抱树木的想法在象征层面也强烈地体现出人和树的关系。面对越来越多的山崩和洪灾，契普克运动的积极参与者在米拉·本早期思想著作的激励下，把这场运动推向了更为激进的层面。她们鼓动在北方邦全面禁止对森林的商业采伐，后来又反对中央政府实行的根本不考虑地方需要和环境的发展计划。

这些运动都是由当地的基层群众组织和执行的。像哈玛·德维以及桑德拉·巴哈古纳这样的个人组织者挨村挨寨地宣传运动纲领，就组织运动的方法提出建议。尽管一些人在大多数基层群众运动中起到了领导者的作用，但与传统政治组织的政党领袖相比，他们对公众的影响并不是很大。契普克运动是积极参与者共同努力的产物。住在加瓦尔的喜马拉雅山居民一起成功地阻止了对本地区森林的滥伐，取得了非凡而广泛的影响。从那时起，契普克运动就开始把斗争的目标转到把森林作为一种生态和社会系统而加以保护上来。逐渐地，对森林的保护发展成为一种内容更为广泛的、可持续发展的生态政治哲学，而这种政治哲学也成为当地人民共同价值观的核心。

这种可持续发展的政治哲学究其本质来说仍是效法甘地的(尽管甘地关注的是物质的、实践的和社会的需要)，而且在对现况的回应中甘地的思想得到了进一步的深化。正如萨拉拉·本所解释的那样，这种政治哲学在更广的层面上包括了对一系列目标的追求：正义、道德原则(比政府要求得更高)、在处理环境和社区关系上采用非暴力的方式、自给自足以及当地人能享有更大的权力(反对中央集权、腐败、剥削、权力的丧失以及饥饿)。总之是要使家庭伦理观与市场价值观之间的分歧消失。

契普克运动的参与者认为，由中央或地方政府管理的、建立在林业科学标准基础上的造林项目既破坏了森林生态种植的多样性和公众的资源，也破坏了当地人的食物、燃料、建筑材料、药材等的来源。一个典型的例子就是忽视当地树种，却大规模地种植桉树等单一品种的非本地树种。因为桉树不能产生腐殖质，所以不能保持土壤里的水分，从而破坏了维持植物、动物和人类生活的食物系统。为达到殖民化的目的，殖民者使公地私有化并引进外来树种，损害了当地人的利益，夺走了他们的生活财产，使他们的生活不能维持下去。最终这些项目都是通过当地的政府官僚组织来管理的，这些政府官僚组织使当地的农民处于当权者、特权阶层和财产所有者这些腐败阶层的共同掌控之中。

图16 契普克运动中的抱树者，印度北部，1997年。

20世纪70年代以来，在杰莫利地区、卡纳塔克邦、加尔克汉德以及其他一些地区，女性、当地村民和部落进行的种种斗争成功地阻止了众多这样的行为和计划，而且他们还提出了一整套的环境政治哲学。范达娜·席瓦和其他一些生态女权主义者进一步把这些基本的原则向前推进，开始批判那些被她们称为“不良发展”的行为。她们把这种工业发展的模式称为是一种新的殖民（“独立”后殖民主义的继续）。这种“发展”的典型特点是：邦一级的政府负责组织，世界银行提供资金援助，种植的是西方最新发明的转基因作物和树木，化肥都是根据西方最新的观点施用的。以市场为导向重新分配本地土地的想法，仅仅着眼于为购买土地而能担负起大量债务的少数人，而穷人赖以获取口粮和燃料的公共土地却被私有化了。这些计划的多次失败——直接失败或没有预料到具有破坏性的副作用——甚至已经使从事发展研究的经济学家开始认真了解当地的情况，而这些情况过去被人们视为原始的、不真实的和不“科学的”，因而长期被人们所忽视。这些未被人们认识到的情况激起了抵抗性的政治活动：反对后殖民国家的中央集权，反对伦理道德和市场惯例在意识形态上的殖民化，还反对从外地引进的、不适应当地情况的植物物种对当地土地的殖民化。

由农民运动所构成的这些政治斗争在印度和其他许多地区已经得到发展，而且令人瞩目的是处于斗争最前沿的往往是女性。在印度它们以所谓的女权主义的可持续发展框架为基础，得到了充分的发展。但是，像契普克运动这样单一的例子不能被当作普遍的模式来加以概括。在印度，对于居住在山区和森林里的人而言，他们的状况是某个社会特有的，而这些群体中的女性并不能构成女性整体范畴的基础。然而，如果维持家庭生活的农村女性直接受到了环境退化的影响，那么这些斗争的性别力量就会明显得到加强。她们可以用相似的激进策略来反击对环境的不同威胁。例如，纳马达反水坝组织[1]就格外勇敢并坚持不懈地反对兴建属于庞大的纳马达河谷发展工程一部分的萨达萨罗瓦水坝。纳马达反水坝组织也得到了激进作家阿兰达蒂·罗伊的公开支持，而且很清楚这个组织是按相似的原则活动的。这项巨大的基础工程要耗资数十亿卢比，而且还要让当地的土著居民和生活在森林中的游牧居民共二十万人移民，这要付出巨大的人力和环境代价。对受灾民众的无视已经到了极端冷酷的地步。经过长期的斗争，纳马达反水坝组织成功地以对人类和环境有不利影响为由，使为这个项目提供资金支持的世界银行撤出了。但此后古吉拉特邦的政府宣布政府将会出资以弥补世界银行撤走的资金。经过裁决，印度最高法院于2000年10月驳回了纳马达反水坝组织提起的诉讼，该组织试图通过合法的抗议阻止该工程继续进行下去。这一工程重新开始了无序的、疯狂的破坏性进程。斗争仍在继续。

其他一些类似的例子还包括对于破坏亚马逊热带雨林的抗议，还有由肯尼亚的旺加里·马塔伊在1977年所发起的绿带运动，他是在听取了当地女性对当地环境恶化的关切之后，发起这一运动的。它们表达的忧虑涉及全世界的农民都常见的问题：以前他们可以在当地拾柴，而现在他们不得不到数英里之外的地方去拾柴；他们种植的庄稼产不出足够吃的粮食，孩子们因此而营养不良；洁净的水源也干涸了。旺加里·马塔伊发起

① 简称NBA。20世纪70年代，印度政府为了灌溉和发电在纳马达河大量建造大中型水坝，土地受淹但未得到及时赔偿的居民在1985年组织起来，成立了纳马达反水坝组织。

了种植树苗的植树运动，以便能给人们提供柴火、树荫，为庄稼提供腐殖质以及防止土壤退化。到2000年，肯尼亚人民已经种植了一千五百万棵树。同时，马塔伊领导人们反对为发展建筑业和种植短期的出口作物而对森林进行砍伐。现在绿带运动已经扩展到非洲的其他国家和世界各地。

这类的生态运动确实产生于一定的内在联系之中，对某些因素的强调是以牺牲另外一些因素为代价的，如在契普克运动中就存在着阶级和种姓的不平等。可以把相似的一些运动提出来，放在后殖民政治下加以考查。就那些在印度北部林区生活的人而言，他们的生活情况和需要与伦敦东区贫民窟里的移民的生活情况和需要可能是完全不同的。然而，他们所进行的斗争活动都受到所有属下阶层人民(并不仅仅是那些被划分为工人阶级的产业工人)对权力和需求的共同要求的激励。他们要求改革目前不平等、不公正的政治状况，他们认可文化、社会和生态多样性的原则。这些运动通常是由基层群众，而非国家政党或国际性组织发起的，其中也有一些在两者间转换。这些运动之间不断加强的联系也为彼此增强了政治力量：尽管这些运动的组织者对科技持怀疑的态度，但实际情况是网络使这些基层组织能更加有效地计划和开展运动。网络给它们提供了便捷的联系方式，使它们能与国际机构，慈善机构，以及救援组织、绿色和平组织、乐施会、人权观察和大赦国际等国际组织保持日常的联系。这些国际组织可以向它们提供资金或当它们在当地法院或国际法院提起诉讼时，向它们提供法律上的帮助、外界的监控，并在战略性的关键时刻唤起全世界人的关注。自下而上的全球化运动与自上而下的全球化运动和控制力量相抗争，而且这种抗争力量越来越强。

图17“打倒你们这些大坝建造者”。当地女性组织起来反对建造纳马达水坝，默黑什沃尔，印度，1999年。

是什么使后殖民女权主义具有了“后殖民”的特征？

后殖民女权主义是否可以同“第三世界女权主义”或“第三世界政治活动中的女性”之类的范畴加以区别呢？从广义上讲，后殖民女权主义包括所有第三世界中的女性对父权社会中占统治地位的意识形态的反抗。这些激进的政治活动包括与当地权力机构进行抗争，或对种族主义者和第一世界中的人们（包括女权主义者）的欧洲中心观发起挑战和提出质疑。在后殖民国家，后殖民女权主义认为，它的政治活动是在这样一个框架下展开的：对殖民主义的积极继承，以及当地的精英分子对殖民者的基础设施的继承、接管或占有。所有为平等而斗争的女性都反对这个框架中的诸多障碍，并在后殖民时代同这些现实情况进行着激烈的斗争。女性斗争很清楚地表明了这样一个情况:反殖民斗争反对的是殖民统治,其政治目标是要争得国家主权;而后殖民斗争反对的是后殖民政权,反对的是推行新殖民主义的西方国家的利益。大多数有关后殖民主义的学术著作强调的是对反殖民过程的历史性分析,而不是后殖民国家中反抗当代种种权力的政治哲学。女权主义者所采用的则是相反的方式。

对"后殖民"这一术语的普遍使用意味着,就其历史意义而言,后殖民这一概念可以在众多不同的政治活动中加以使用。后殖民国家的任何政治行动都可以被认定为具有后殖民性,但这并不意味着这些行动包含着后殖民主义的政治色彩。而许多有女性参与的群众性政治运动也不一定掺杂着不同的性别观点。即使那些女性的活动可以从境遇和意识形态的角度被准确地描述成具有后殖民的特性,也不能说她们具有相同的特点。以突尼斯两个著名女律师——哈蒂亚·纳斯哈维和吉赛尔·哈里米工作上的不同为例,纳斯哈维一直在突尼斯这个后殖民国家为反抗侵犯人权而斗争,可她并没制订任何明确的女权主义的运动计划;哈里米则从突尼斯移居到了法国,但在反殖民问题和女性问题方面,她同法国的殖民者和后殖民者进行着斗争。可以说这两位女性的工作都具有后殖民色彩,但作为女性中的活动家,她们的政治活动仍有所不同。

那么,人们以怎样的方式向数百万个没有接受过教育的印度城乡女性学习或同她们交流呢?这些女性生活在资本主义的"毛孔"之中,很难共享交流的渠道,明确共同的敌人。那些为第一世界的女权主义者而写的、关于第三世界的、开拓性的著作都是由有特权的消息灵通人士写就的，只有那些训练有素的读者才能理解这些著作……

身心疲惫的民族主义者并不认为只有当地人才知道这些情形。为了能够对第三世界的女性有足够的了解并且发展出不同的读者群，在此我所要强调的是，该领域中存在的巨大的差异性必须被正确地评价，而且第一世界的女性必须要学会放弃**作为女性**所具有的优越感。

佳亚特里·查克拉瓦蒂·斯皮瓦克，

《在他者的世界里》(1987)

1998年2月11日，突尼斯一个平常的早晨，一个摄影记者拍下了这样的场景：哈蒂亚·纳斯哈维站在空空如也的办公室里，原来的办公设备、档案和计算机都没了。但这并不是搬家。警察搜查了她的办公室，把她的档案、法律文件、书籍和计算机都带走了。

四年前，她的丈夫哈玛·哈玛米被指控是突尼斯共产党党员，所以他躲藏了起来并被缺席审判，但他最终在苏塞被捕，遭到警察的折磨，随后被关入巴格内监狱。大赦国际受理了此案，二十一个月之后他才被释放。1998年2月大学生罢课并举行示威游行，几个学生和早已被列入当局名单的可疑分子(包括哈玛米和他九岁的女儿)被暂时关押起来。获释后哈玛米又过起了逃亡生活，此后再次被缺席审判。由于他的家人全都遭到当局的不断骚扰，他于2002年1月15日公开露面，开始服刑。

哈蒂亚·纳斯哈维为反对腐败的后殖民政权而进行着斗争，在这样的政权之下当权者会对其政治对手施行任意的、不公正的监禁和折磨。作为一名律师，纳斯哈维为这些遭受监禁的人辩护，当然最主要是为她丈夫哈玛·哈玛米辩护。哈玛米是突尼斯共产党——一个未取得合法地位的政党的创建者之一，而且是遭禁的《埃尔巴迪尔报》的执行编辑。2002年6月26日是世界禁止酷刑日，在这一天，纳斯哈维宣布她开始进行绝食抗议。绝食抗议的目标就是要求当局立刻释放她丈夫，并且抗议自从宰因·阿比丁·本·阿里总统当政以来她丈夫遭受的肉体和精神上的折磨，以及由于警察的不断骚扰而使她女儿"经常遭受精神折磨"。持续了三十八天的绝食抗议引起了突尼斯以外的国家的广泛关注，在讲法语的国家里，人们更加关注她丈夫的案情以及突尼斯国内对人权的普遍侵犯。迫于外界的压力，9月4日突尼斯当局有条件地释放了哈玛·哈玛米。哈蒂亚·纳斯哈维同突尼斯政府的不公正进行斗争，她的勇敢斗争当然称得上具有后殖民色彩。现在她仍在继续斗争，拒绝放弃。在这种情况下，她把斗争的中心放到了政府权力的滥用上，她将政权对于人权的侵犯作为斗争的出发点(毛泽东可能会这么总结)。这与后殖民的政治活动相一致，但其本身并不是源于后殖民女权主义者的观点。埃及女权主义者奈娃勒·赛阿达微写的她在狱中的经历就与此不同。这同样也使人们想到昂山素季在缅甸为争取民主和人权而进行的斗争，不过她要在一个根据不同文化和道德原则构建的国家里建立西方自由主义的意识形态，毫无疑问，她的想法与甘地所提出的结合了法律要求的道德原则是一致的。

虽然吉赛尔·哈里米出生在突尼斯，但她却是在法国接受的教育，并于1956年取得了律师资格。之后她立即开始为阿尔及利亚民族解放阵线担当辩护律师。1961年她成功地为一名在法属殖民地阿尔及利亚受到警察折磨的阿尔及利亚女孩德雅米拉·布巴莎辩护，因而名声大振。这个著名的案子使她与西蒙·德·波伏娃和萨特结下了友谊，之后她还为巴斯克地区的恐怖分子出庭作过辩护。而且作为一名律师，她还就一些与女性有关的问题积极进行斗争，尤其值得一提的是1972年的博比尼堕胎案。1971年她创立了选择组织，该组织创建的目的就是为了为某些非法堕胎的女性（她们有意让公众知道她们曾经非法堕胎）进行辩护。这一组织随后开展的活动有力促使了法国政府于1974年宣布堕胎合法化。哈里米继而当选法国国民大会和法国驻联合国教科文组织的代表。2000年10月，她再次受到人们的关注，因为她要求法国人民承认并且面对法国政府曾对阿尔及利亚人民进行的经常性的折磨，呼吁总统和总理对此加以公开谴责。她迫使法国公众正视其殖民历史在后殖民时期留下的遗患。法国曾残酷镇压阿尔及利亚的独立运动，哈里米的举动使得人们对此事的道德标准重新进行了深刻的反思、改造和评价，而此事造成的影响仍继续在这两国之间回荡着。

因此，由于地点不同，后殖民国家女性的特定状况或者大都市移民的后殖民状况也有所不同，结果就造成了政治活动没有单一的模式。一种能指导道德规范和实践目标的、共同的、更加广泛的政治哲学使政治活动具有了后殖民的特征。作为一种政治哲学，后殖民主义首先意味着，那些发现自己在政治上和管理上仍处于别国控制下的国家要取得自治权。一旦取得了国家主权，后殖民主义就要求改变这个国家的政治基础，对那种约束性的、中心化的文化民族主义霸权进行积极地改造，这种霸权在反殖民斗争中可能是必要的。后殖民主义意味着：赋予贫困者、无依者以及社会地位低下者更多的权利，宽容差异和多样性，在民主和平等（这种民主和平等拒绝把西方异化了的思维方式强加给三大洲）的框架内确立少数民族的权利、女性的权利和文化权利。后殖民主义抵制各种形式的剥削（包括对环境和对人类的剥削），而且抵制单纯为了企业资本主义的利益而施加的压迫性行为。后殖民主义对伴随着企业资本主义出现的社会关系的商品化及个人主义至上的信条提出了挑战。后殖民主义反对任何形式的对贫穷者和无权者的剥削——从对自然资源的占用，到商品和作物之间不平等的价差，再到国际色情贸易。后殖民主义意味着任何人，包括男女老幼都能得到基本的安全、卫生、保健、食物和教育的保障。后殖民主义不但支持产业工人的事业，而且也支持下层阶级的事业。所谓下层阶级也就是指那些因为性别或种族而在社会生活中被边缘化了的社会群体，迄今为止他们仍不具备参与激进阶级的政治活动的资格。在鼓励个人的真诚和利他主义的同时，后殖民主义也对回归民族或文化的"真实性"提出了质疑，认为构建这种"真实性"带有可疑的政治目的。后殖民主义认为最有成效的思维方式是那些在消除权力等级的建设性对话中，跨越学科和文化，自由地相互影响的思维方式。

后殖民主义对属下阶层、农民、穷人以及被社会排斥的人表示出强烈的同情，这就使其远离了社会精英分子的高层次文化，同时也使其与这些属下阶层的文化和知识的关系更为密切。属下阶层的文化在历史上通常被认为是毫无价值的，但后殖民主义却认为这种文化具有丰富的内涵，而且这种知识是一种反传统的知识。后殖民主义的同情和兴趣集中到了处于社会边缘的人身上，那些人由于全球资本主义力量的发展而产生了文化错位，处于不确定的状态，这其中包括难民、从乡下移居到城市贫民区的人，还有那些处于社会最底层但是为了更好的生活而来到第一世界奋斗的移民。长期以来,后殖民主义意味着一种改变社会的政治, 一种致力于消除社会不平等现象的政治, 这些不平等包括世界范围内不同国家拥有的财富不同,国家内部的阶级、种族和其他社会等级不同,在社会和文化关系的各个层面上的等级不同。后殖民主义结合并吸收了来自激进社会主义、女权主义和环境保护等方面的因素。后殖民主义与自己所吸收的这些方面的不同之处就在于它有三大洲、第三世界和属下阶层的视角,而且它的重点也在于此。对于西方国家的人来说,后殖民主义就是对世界的颠覆。后殖民主义是用从下往上,而非从上往下的视角来观察和感知世界的。它的眼睛、耳朵和嘴巴是埃塞俄比亚的女性的,而不是外交官或大公司的首席执行官的。

在后殖民的政治框架中,性别是实现目标的一个条件。在后殖民主义中,性别政治的中心地位可以简单地通过与“第三世界政治活动中的女性”相比较来加以说明。“第三世界政治活动中的女性”是某个章节的标题,它出现在一本非常有影响的比较第三世界政治活动的教材中。现在存在一种大男子主义的观点,这种观点认为,现成的选民和第三世界的政治活动都已经存在了,女性通过观看自己在这个领域内的活动就可以得到充分的满足。政治暗含的意思就是,政治基本上是属于男性的活动和社会空间。这一章将会探讨女性是怎样在一个并不是由她们塑造的社会中发挥自己的作用的。还有一种后殖民观点认为,如果没有女性就没有第三世界的政治,而且女性已经在广义的层面上对政治的构成下了定义。因此,女性不仅已经成为政治活动中的积极参与者,而且她们显然也已经登上了自己的政治舞台。

传统的马克思主义分析方法总是强调在工厂工作的女工的作用，而自20世纪60年代以来，西方女权主义者却认为女性的家务工作也具有政治意义。但借助于心理分析和身份确认的手段，我们可以发现这样的观点更强调主体性和性别特征。后殖民女权主义的确注重分析后殖民环境中女性的紧张状态，无论是后殖民状况还是大都市都对她们造成了压迫。后殖民主义关注的中心并不是个人问题，而是那些对整个社区构成影响的问题。因此，后殖民主义更加关注那些为争取众多权利而开展的社会和政治运动，包括为争取物质、文化和法律权利而开展的运动，它关注法律、教育和工作方面的平等对待，关注环境保护以及西方之外的女权主义者遇到的价值观同她们希望遵守的价值观之间的差异。作为一种激进的政治活动，后殖民主义涉及的是基层群众运动，而不是政党的政治运动。这与当今人们对国家层面上的政党和政治组织的兴趣降低是相关联的。虽然后殖民主义没有必要像传统的政治活动那样停留在国家层面上，但也不是说后殖民政治活动在传统的政治空间中要避开政治干预。在概念和实践上，后殖民政治基本上是一种跨越国界的国际政治。面貌一新的三大洲并不是在政府层面上通过国家机构合作而产生的结果，而是通过普通人共同努力，结成联盟，跨越大洲，自下而上取得的成果。

后殖民女权主义从来没有作为后殖民主义的单独实体而行事，而是直接引起了后殖民政治活动形式和力量的变化。后殖民女权主义者把关注的焦点放到了一些突出的问题上，包括非西方的女权主义该如何平衡民族主义、社会主义的女权主义、自由主义和生态女权主义的政治要求，以及该如何对广泛存在的父权制提出挑战。父权制通常受到制度和法律上的区别对待，包括家庭暴力、性虐待、强奸、荣誉杀戮、因嫁妆不足而被夫家烧死、非法堕胎和虐待儿童。在后殖民体系内，女权主义始于对特定地区的普通女性状况的调查研究，同时它把更多的问题联系起来以便发现她们更多坚实的共同基础，进而对她们的状况进行思考。后殖民女权主义突出强调的是，女性仍在努力同殖民残余作斗争，而殖民残余本身在制度、经济、政治和意识形态上就带有强烈的父权制色彩。

通常，有关三大洲女性政治活动的著作要么描写运动或组织，而非政党或个人，要么分析特殊群体（如季节性女工、血汗工厂的工人或性工作者）所遭受的压迫。在有关属下阶层的其他反抗形式、农民运动或反资本主义组织的著作中，这是很常见的。与此相似的是，在后殖民体系中，从事激进政治活动的属下阶层很难进入政权的主流体制中，很难像巴西劳工党的路易斯·伊纳西奥·达席尔瓦（卢拉）那样——他于2002年8月当选巴西总统。或许某一天副司令马科斯，甚至司令埃斯特将会成为墨西哥总统。谁又知道呢？

取得政治权力的属下阶层当中，最著名的女性激进主义者或许就是处于印度最底层的璞兰·戴薇。在印度昌巴尔地区，当地人把她称作美女土匪，她是那里无可争议的峡谷女皇。1981年她在北方邦的伯买杀掉了二十名处于社会高层的地主，因而恶名远播，她之所以这样做是为了报复一伙地主对她的强奸（这是她遭受的最严重的暴力）。1983年她向政府投降了，放弃了侵犯他人的暴力和为争取正义而采用的野蛮手段，并被关押了数年。然而，最终她当选下议院议员，并宣布她渴望为穷人、受压迫者、被剥削者和所谓的"最落后的阶层"服务。这确实是她着手要做的，但媒体却用更多的篇幅来讨论根据她早年经历拍成的影片《土匪女皇》的优点与过失，而不去关注她的政治工作。璞兰是印度一个具有戏剧性和高度可视性的象征，她维护了属下阶层的女性和被压迫的下层阶级的政治权力。她的存在引起了一场持续的反抗，这场反抗针对的是对于印度达利特人的根深蒂固的压迫性行为。璞兰·戴薇于2001年7月被暗杀。作为一名深受大众欢迎的女性英雄，她和切·格瓦拉、弗朗兹·法农以及副司令马科斯一起成为穷人和被压迫者中的斗士的代表。

贱民：种姓

璞兰·戴薇的事例有力地表明了，并不是属下阶层反抗的每一种压迫都是殖民主义留给后殖民时期的遗患，尽管历史上在某些方面它们经常交织在一起。甘地反抗英国对印度的殖民政策，但他也为女性争取权利，也为结束种姓制度（尤其是贱民观念）[①]而斗争。

在印度有四个主要的种姓，在这四个种姓之下还有第五个群体，他们被称为“没有种姓”的群体，也就是说他们自己没有种姓。由此产生的结果就是他们被认为是贱民，而且可以据此推断他们是受压迫和受剥削程度最重的群体。种姓在出生时就规定好了。印度四分之一的人口是达利特人——他们这样称呼自己（达利特的意思就是“受压迫者”或“破产者”）。他们做佣

① 印度的种姓制度把居民划分为四个种姓：第一个为婆罗门（祭司和僧侣），第二个为刹帝利（贵族和武士），第三个为吠舍（农民、商人和手工业者），第四个为首陀罗（奴隶和失去土地的自由民）。被排除在四个种姓以外的居民则为“贱民”。

图18 璞兰·戴薇带着自己的部下向平德村走去，去参加向政府投降的仪式，印度，1983年2月12日。

工，打扫厕所、街道等等，生活在隔离区，通常住在排水沟的下坡地段。他们几乎没有受教育的权利，也得不到医疗保障。其他种姓的人认为他们不干净而且道德败坏，因此他们每日都会遭受侮辱（被歧视的例子包括：当穿越村庄内高种姓人的住宅区时必须得把鞋脱掉，在公共汽车上不能坐着，不能从公共水井里打水，不能进入印度教的寺庙）。与此同时，高种姓人不光在经济和物质上剥削他们，还对女性实施性侵犯，并且在精神和肉体上不断地折磨他们。按传统惯例，底层的女性不准用罩衫盖住乳房，以确保掠夺成性的高种姓男子可以随时触摸。即使现在，警察还认为对达利特人的抢劫、攻击和强奸不是真正的犯罪行为，通常警察会漠视他们，并且拒绝对犯罪者采取行动。达利特人的状况是由印度教本身造成的，因为种姓观念是印度教的基本组成部分。

在20世纪，达利特人发动了许多政治运动来改善由于出身而使自己地位低下的状况，其中最著名的当属杰出的B. R.安姆贝德卡尔领导的运动。通过斗争他成功地就印度管理实践中的某些方面与当局者达成了一些协议，增加了一些对达利特人的保障。20世纪70年代一个自称为“达利特豹”的达利特青年组织，效仿美国的黑豹党在孟买创立，这激励了全国各地其他战斗性团体的发展。现在为达利特人争取人权的运动在印度国内和国际上都在开展着。尽管开展了各种运动，但在许多方面达利特人的情况仍然和过去一样，没有大的改变。在2000年的古吉拉特邦大地震之后，出现了达利特人在分发救济品时普遍受到了歧视的报道。甚至组织紧急地震援助也与落后的种姓制度联系了起来。由于在印度教中处于卑贱的地位，他们永远被排除在外，成为被遗弃者，所以他们不得不把信仰寄托到别的宗教上。许多达利特人皈依了基督教和伊斯兰教。其他人，包括一些著名的达利特人，如安姆贝德卡尔和璞兰·戴薇本人都皈依了佛教。

在斯里兰卡占统治地位的僧伽罗人信仰佛教，在那里也有相似的被排斥的群体——饶迪亚人（饶迪是“污秽”的意思）。令人感到奇怪的是，饶迪亚人中的女性传统上就以美丽而著称，这明显体现在当地的摄影公司拍摄的饶迪亚女性的色情照片上。这些照片自20世纪早期以来被印在明信片上，在欧洲传播。人数居多的僧伽罗人把饶迪亚人从他们的社区和村庄中驱逐出去，强迫他们穿着标明特定种姓的服装，拒绝给他们土地和工作。残忍的是，饶迪亚人唯一被允许进行的活动就是乞讨施舍物。这比对泰米尔人的歧视更严重，时至今日泰米尔人还遭受着严重的歧视。但值得注意的是，作为印度教的信仰者，泰米尔人内部也存在分等级的种姓制度。

后殖民的政治活动同样反对由种姓或种族带来的歧视，无论这种歧视发生在何地。这种政治活动正在努力把源于压迫之上的差异转化成一种积极的、跨文化的社会多样性。

第六章
从后殖民的角度解读全球化

切阅读《全世界受苦的人》

> 自治是我们的权力——就像是感觉阳光，嗅闻花香或热爱同类一样，无须施舍也不容剥夺。
>
> 爱尔兰民族主义者罗杰·凯塞门爵士1916年在接受叛国罪审判中的辩词

1965年3月，一架大不列颠的客机从阿尔及尔出发，途经布拉格市，中途在爱尔兰西部的香农机场停留的时候发生了故障，旅客们被迫在那里停留了几天。这些旅客是在去古巴的路上。一天晚上，他们抽光了雪茄，所以决定去香农市里看一场牛仔电影，但是没有看成。于是他们挤进了一家酒吧，要了一些啤酒。酒吧里挤满了人，在拥挤中一个当地的爱尔兰人撞在了一个古巴人身上，啤酒洒了他这位蓄须同伴一身。这个古巴人就是切·格瓦拉。

这个湿漉漉但却热烈的爱尔兰式欢迎引发了切一连串独具特色的俏皮话。切的曾祖父帕特里克·林奇在18世纪从爱尔兰西部的梅奥移民到了古巴。根据老一辈留下的历史悠久的传统，切只是高兴地又要了一杯啤酒。在酒吧以及在香农停留的大段时间里，切一直在与古巴著名的诗人及批评家罗伯托·菲尔南德斯·雷塔马交谈，那时候，罗伯托是古巴著名的美洲之家出版社的主任。切向他推荐说自己手头上有一本翻译的书可以在古巴出版发行，在切的这次非洲之旅中，这本书对他的影响与日俱增。这本书就是由弗朗兹·法农所著的《全世界受苦的人》。

非洲的革命已经渗透进了拉丁美洲的革命。这当然不仅因为非洲革命的代表法农来自拉丁美洲。你也许会说在20世纪有三个革命的非洲，而并非一个。它们分别是马格里布地区的革命，特别是阿尔及利亚的独立战争；然后就是撒哈拉沙漠以南地区的革命，它们受到法农精神的鼓舞，并在刚果战争中直接受到格瓦拉的援助；最后就是法农本人参与的非洲革命（非裔美洲人的更具有战斗性的革命传统在历史上总是不可避免地与加勒比海的介入相混合）。著名的切–鲁蒙巴俱乐部是20世纪60年代洛杉矶地区的一个军事化的、全部由黑人参加的共产党组织，这一组织的建立形象地表现了上面所提到的非洲—加勒比海的革命冲动（黑人社会主义运动的复兴也与此类似），这一组织自觉地成为黑豹党领袖斯托克利·卡米克尔、勒罗依·琼斯及休伊·P.牛顿领导的横跨三大洲的革命斗争的一部分。值得一提的是，这个全部由黑人参加的组织，它的名称的一半却是来自一个白人：切。但是作为一个西班牙裔的美洲人，在美国人看来，切毕竟不算是白人。

从这一时期切的著作与讲话中可以看出，他的视角已经有了明显的变化。他的着眼点已经从在古巴建立社会主义转移到了用法农的视角来重新审视这个被一分为二的世界。一方是具有剥削性质的帝国主义国家，另一方是进步的社会主义国家。

在“巫师计划”（美国中央情报局实施的“颠覆行动”的一部分）之下，刚果刚解放不久，它的天才领袖帕特莱斯·鲁蒙巴在联合国的眼皮底下被暗杀。这一事件再加上美国发动的越南战争，传达出了一个新的信号：非洲国家以前所取得的一系列独立只是标志着从此进入了西方以另一种形式统治的新时期。极具号召力的著作《全世界受苦的人》鼓舞了新一轮的反帝运动。书中最难以理解的一个方面就是，法农论证了在反殖民斗争中应该使用暴力。他的观点基于这样的一种认识：暴力既不是文明也不是法律，而是殖民主义存在的一个必不可少的条件。他指出，殖民统治只是试图使殖民暴力合法化和正常化，而殖民暴力首先使得一个国家被占领，然后确保殖民统治能维持下去。

1961年《全世界受苦的人》出版，随后它迅速成为实现非殖民地化的像《圣经》一样的权威著作，鼓舞了全世界范围内不同形式的反殖民统治和反殖民压迫的斗争。当第一个英译本于1963年在巴黎由非洲再现出版社出版时，书名只是简单地被译成《受诅咒的人》。两年后，当它在伦敦出版时就改成了现在的名字《全世界受苦的人》。在此后的第二年这本书在美国发行，并且被加上了一个副标题《一个黑人心理分析家对当今世界种族主义和殖民主义问题的研究》。当1968年它以平装本大量出售的时候，这个副标题变成了《改变世界格局的黑人革命手册》。想一想吧，为什么是1968年而不是别的什么时间呢？想一想这本书的书名在五年时间里所发生的变化：从《受诅咒的人》到《改变世界格局的黑人革命手册》。

和那些为西班牙共和国而战的人一样，法农是一个国际战士。在许多方面，他的思想观念是世界大同，他总是站在被压迫和被歧视的人民一边，他考虑的问题是全世界的问题而不仅仅只是本国的问题。他表现出强烈的人道主义精神，和毛泽东一样，他非常强调农民参与革命的重要性，所有这些使其与另一位著名的国际主义革命家和富有献身精神的活动家切·格瓦拉齐名。两人走的都是非主流路线。切（1928—1967）与法农（1925—1961）几乎是同龄人，而且都是英年早逝。格瓦拉1963年7月首次访问了阿尔及尔，当时正值阿尔及利亚独立一周年。在这次为期三周的访问中，切与阿尔及利亚左翼政党民族解放阵线的领袖本·贝拉迅速建立起了融洽的关系。那时古巴与阿尔及利亚已经建立了密切的关系，而切与本·贝拉的思想意识形态非常相近。

1964年12月格瓦拉到了美国，令美国政府惊慌的是，他在联合国会议上发表了演说，深刻揭露和痛斥了帝国主义的罪恶。在这次访问期间，切被马尔科姆·X邀请去哈莱姆，在此之前卡斯特罗曾被邀请去过那里。但是，切考虑到美国政府已经被他在联合国的演说所激怒，再到哈莱姆发表演说会被看作是对美国内政的干涉，因而没有应邀前行，而是发去了一封表明团结立场的信。马尔科姆·X当众宣读了这封信，并做了如下的评述：

> 这封信来自切·格瓦拉。我非常高兴能够听到你们热烈的掌声，因为这会让白人们知道他们没有权利来告诉我们应该为谁鼓掌，不应该为谁鼓掌。在这儿你看不到反对卡斯特罗的古巴人，因为我们已经把这些人一扫而光了。

切信守要与非洲团结一致的承诺，在联合国之行后就到了非洲，在那里和中东地区出席了一系列累人的会议，并开展了一系列的外交活动。这些活动与四年前法农参加过的活动相似，不同点只是切跟随泛非主义者黑人W. E. B. 杜波依斯的脚步访问了中国。就是这次非洲之旅使切真正体会到了《全世界受苦的人》当中所揭露的现实。1965年他返回阿尔及尔的时候接受了法农的遗孀乔西·法农为《非洲革命》杂志所进行的人物采访，采访中他强调了非洲反对帝国主义、殖民主义以及新殖民主义的重要性。他说尽管前途凶险，但是仍存有许多积极的因素，这些积极因素包括法农所说的“殖民主义在殖民地国家人民头脑中所留下的仇恨”。怀着对法农人道主义精神的敬意，格瓦拉在这次旅行期间写下了他最伟大的文章《古巴的社会主义与人》（1965），他在文中有力地论证了，以实现人的价值为基础的社会应该而且只能通过改变思想意识才能建立起来。在切看来，他所特指的新男性和新女性应该是一个新社会发展必不可少的一部分。他强调说，社会主义不是强加于人民的，而是应该按照人民自己的伦理标准和物质标准产生的。

这次非洲访问后不久，格瓦拉就领导古巴远征军进入了中非。随后他领导军队进入了玻利维亚，这次远征是他的最后一次，但结果是令人沮丧的。在某种意义上，格瓦拉继承了法农的光荣事业，成为了武装革命一面活的旗帜。然而他们在去世后愈加出名，成为生气勃勃的传奇人物和人们顶礼膜拜的偶像。切永远活在人们的心中。1966年再版的《全世界受苦的人》把格瓦拉和法农象征性地联系在了一起。在这版书的封面上第一次印上了照片，但并非是我们所预料的那些照片。照片上不是阿尔及利亚而是一群非洲革命者，有男性也有女性，他们正在丛林中进行一场游击战。这本书以这张照片来纪念切·格瓦拉与

图19 法农的《全世界受苦的人》1966年的再版封面。

他的非洲和古巴联合军队那时在刚果进行的革命斗争。

和切一样，法农最伟大的品质之一就是他鼓舞他人的能力。他的出版商弗朗斯瓦·马斯伯乐曾有力地描述过法农的这种和切同等的行为天赋，正是这种天赋使得他们极受同时代人的推崇。马斯伯乐这样描叙道：

> 在《走向非洲革命》(1959)一书中，法农用一种近似残酷的简单语言方式把书中所针对的那些人逼入了绝境。一旦他所传达出的信息被人们听到和理解，那么采取积极的态度参与进去将是必然的发展趋势。继续保持沉默只会被看作是另一种形式的拒绝。
>
> 无数人像我自己一样，从《走向非洲革命》中找到了他们职责的根本以及他们为何而战。而这种答案多年来一直十分匮乏。我们可以看到，法农只是不断地在呼吁一种兄弟般的博爱。

法农的第一个出版商和编辑弗朗西斯·杰森对此书也有相似的反应。他是《阿尔及利亚，法律之外》(1955)一书的作者，这本书相当有名，他在《黑皮肤，白面具》(1952)的初版序言中写道：

> 反抗或许永远不会停止，但却有这样一群人存在：他们对历史发展的节奏失去了耐心，他们耻于承认除了反抗他们在这个世界上就无事可做了（这个世界碰巧也是他们的），他们在接受失败时，准备迎接遥远的人道主义的胜利。他们的存在使得反抗有了唯一的结束的可能。

在这遥远的人道主义的名义下，无论是切的文章还是法农在民族解放阵线的内部报纸《圣战者报》上发表的文章，都明显地提出了对国际主义的强烈关注。这也正是法农通过《全世界受苦的人》中的普救说试图去实现的。我认为，切自己也认识到了这一点，这个可以在他与乔西·法农的谈话中看出来。在谈话中切提到，他计划通过联合亚非拉地区广大殖民地、半殖民地国家去建立"一个洲际的反对帝国主义及其内部同盟的统一战线"。每当提及他的环非之旅，切都会强调古巴的解放斗争与非洲的解放斗争的一致性，指出不仅要在非洲而且要在全世界范围内联合一切反帝反殖民运动和社会主义国家，建立统一阵线。切和法农的知识背景出奇地相似，都融会了萨特哲学、心理分析、马克思主义及毛泽东思想的内容。格瓦拉极具社交能力，法农却是一个艰难的孤独者。两个伟人不仅有着深邃的思想，同时也有着充沛的体力。法农对暴力的反复强调，似乎是在发泄自己无法遏制的激情、热情、力量、憎恨、愤怒和不耐烦，以及他语言和态度中的攻击性（这种攻击性构成了他独特的个性）。以上的内容再加上"桀骜不驯"这个词和他对激进的喀麦隆领导人费利克斯·穆梅吉（人称喀麦隆的胡志明）的描述，就构成了一个完整的法农。他是这样描述费利克斯的：

> 一个最为坚强的、最有活力的、最易冲动的人，他向来高调。他粗暴好斗，义愤填膺，深爱自己的国家，痛恨懦夫和操纵国家的人。他一丝不苟，勤奋廉洁。革命的激情洋溢在他那六十公斤重的肌肉和骨头里。

最后他们还有一个相似点，即无论是法农还是格瓦拉都不是职业的革命家，甚至他们都算不上是职业的政治家。但他们却是专业的，他们因为坚信自己同胞的悲惨处境是整个社会的产物，而不仅仅是一种自然的或者个人的不幸，而义无反顾地进行着革命斗争。由他们倡导的、跨越三大洲的、人道的社会主义源于他们自己的生活经历以及对被压迫者的怜悯和同情。

我们需要记住，事实上法农和格瓦拉都是训练有素的医生，无论何时他们都会运用自己的医术治病救人。与此同时，他们每时每刻都在担负起暴力革命的责任。通过暴力革命来拯救苍生的哲学悖论，在他们的生平和作品中留有深刻的印记。他们将这一点与医务工作进行了类比：要治愈殖民统治这一硬伤，就应运用外科手术而不是早期甘地所倡导的整体疗法。马提尼克的诗人和政治家艾梅·赛萨尔在法农逝世后给他写了篇赞语，其中很好地诠释了这一极具挑战性的政治哲学。

> 如果“责任”这个词有什么意思的话，在法农那里它才获得了真正的意义，那就是他们说的暴力革命。法农为自己树立起了暴力理论家的形象，认为暴力是殖民地人民用来反抗殖民暴行的唯一有力的武器。
>
> 然而这种暴力又是非暴力的，这并不是一个悖论。我的意思是说，这种暴力就是正义、纯洁和决不妥协。我们必须这样理解法农：他的反抗是道德上的，他的努力是慷慨的。

法农的反抗是道德上的，他的努力是慷慨的。同格瓦拉一样，他的反抗也具有不屈不饶的决心：“不选择社会主义，就是选择死亡。”

全球化与饥饿

后殖民世界是一个混杂的世界。自1968年麦克卢汉创造出地球村这个概念以来，世界各地的文化逐渐碰撞、融合，而且并存着。全球化主要是科技和传媒系统的产物，传媒系统可以在瞬间把发生的任何事情传播到世界各地(只是在现实中，允许我们看见的东西都是被精心控制的)。尤其是20世纪90年代早期苏联和所谓的东方集团解体后，全球化趋势势不可挡，世界经济逐渐一体化。当多国和跨国公司在西方成熟市场寻求经济快速增长已经不再可能时，它们转向了世界市场，不约而同地在贫穷和政治稳定的国家（专制的国家最好）采用外包、设立呼叫中心的方法来降低成本。今天，在世界经济一体化和国际劳动分工的大环境下，几乎所有的社会都受到了它们以这样或那样的方式所施加的影响。

在一定程度上，这意味着世界的某些方面——尤其是日用品的生产被标准化了，结果无论人们在哪里买到的都是一样的牙膏和剃须刀。这种情况也许不会再继续了。麦当劳——这个名子已有了全球化的含义——如今已成为反资本主义者的斗争对象的象征。据称麦当劳两年来利润不断降低，尽管它每天向一百二十一个国家四千六百万人提供汉堡包，最近仍然遭受了损失。这可能是因为世界各国人民已经开始意识到，总的来说还是本土食品更加可口，也许还更加健康。毕竟在这个疯牛病流行和给动物注射生长激素的年代，含大量脂肪的牛肉一般不是人们的健康选择。为什么美国人越长越高？想想这个问题吧。南美洲的情况就很不一样，那儿的人给牛注射雌性激素以使它的肉更加柔软。

麦当劳现已发表了它的《社会责任报告》，承认“麦当劳或许在世界上许多地方代表不同的意义”，过去麦当劳自称是“实践社会责任的典范”，现在这一举动威胁到了它的形象。抵制麦当劳扩张的运动可能是美国商业全球化历史的分水岭。当世界人民把美国本身与美国梦中的富有与自由联系在一起时，美国商品品牌的全球化运行良好。在向往边境以北幸福生活的墨西哥人当中，人均喝的可口可乐比世界上其他任何一个民族喝的都多，此事绝非巧合。如果你被边境警察遣送回来，还可以坐下来喝杯可乐安慰自己。另一方面，美国为了实现自己的利益，在伊斯兰国家广泛推行武力压迫的帝国主义政策，在那里情况却大不相同。在以辛辣食物为主而且禁酒的炎热国家，可乐是一种理想的饮料。然而口渴的穆斯林选择喝“梅卡可乐”，一种为穆斯林生产的饮料，“梅卡可乐”的利润被捐给了巴勒斯坦的慈善机构。

多国或跨国公司产生了两种影响。对这种公司施加压力使其停止污染或破坏环境，比对本土自行其是的公司施加压力更容易，这一点近年来已很清楚。与跨国公司相比本土公司可能对这种抱怨不予理睬，例如亚马逊地区的伐木公司和采矿公司。相反，像壳牌或耐克这样的公司在当地的行为最终还是容易受到国际压力的影响。壳牌公司纵容它的尼日利亚子公司在几年当中进行了一系列压迫欧格尼人民和破坏当地环境的活动，这种做法已经臭名昭著。在遭到连续的抗议后（由尼日利亚小说家肯·萨罗-维瓦领导，直到他服死刑），壳牌最终大大改变了做法。在尼日尔三角洲工作的其他许多石油公司就没有做到这一点。

“好食品—雀巢—好生活”

一些跨国公司在社会舆论界的名声继续恶化。例如，雀巢公司（自称“世界领先的食品公司”）2002年12月对外宣布决定向埃塞俄比亚政府索取六百万美元的赔偿，原因是1975年埃塞俄比亚前政府将其企业收为国有。但是，雀巢直到1986年购买德国母公司时才获得对那家企业的权益。埃塞俄比亚是全球最穷的国家，它那时遭遇了二十年来最严重的饥荒，六百万人靠紧急粮食救济生活。埃塞俄比亚政府拿出了一百五十万美元的救济款，然而，雀巢公司要求按照1975年的外汇汇率得到全额赔偿。国际咖啡价格的猛跌使饥荒所造成的后果更加严重，因为咖啡是埃塞俄比亚四分之一人口的支柱产业。埃塞俄比亚是世界人均收入最少的国家，人均大约每年一百美元，超过十分之一的儿童未满一周岁就会死亡。作为全球最大的咖啡制造商，雀巢公司2001年的年利润达到了五十五亿美元。现在许多埃塞俄比亚农民不得不以低于成本的价格出售他们的农产品。埃塞俄比亚人均年收入仅够每星期从“全球领先的食品公司”买五十克雀巢咖啡。

雀巢公司的行为在报纸头版、电台和电视上被报道出来，大批表示抗议的电子邮件像雪片一样从世界各地发来，要求雀巢尽快改变态度。12月19日雀巢代言人声称该公司是不得已“按照原则”将埃塞俄比亚政府告上法庭索取六百万美元赔款。次日，雀巢公司决定把得到的全部索赔款重新在埃塞俄比亚进行投资。为此《金融时报》毫不隐讳地报道说：

这家瑞士公司是全球最富的、最有影响力的公司之一。昨天，它在投标中提出要缓和这次具有破坏性的群众抗议，该抗议主要反对它长期以来向世界上最穷的国家索要赔偿。

请注意，雀巢接受了全球抗议，承认它的所作所为有些不合情理，并意识到社会形象不佳会带来几十亿的损失。还有很多事情是我们不知道的。把这些我们不知道的事情撇开，你自然想知道，这家公司还会做出什么别的事情来。

长期以来，雀巢公司一直是国际婴儿食品行动联盟的攻击目标，该联盟称雀巢和其他公司在发展中国家违反了国际母乳代用品的销售守则。根据国际婴儿食品行动联盟的统计，在第三世界国家每三十秒就有一名儿童死于不安全的奶瓶喂养。尤其像雀巢这样的巧克力和咖啡制造商，已成为追求公平贸易标准的活动家、慈善机构和环保组织的攻击对象。种植咖啡、茶叶和巧克力等作物的当地农民则得到了保障：他们的产品会以合理的价格卖出，这样他们就能够糊口。一个成功的策略就是国际公平贸易组织的发展，该组织为当地生产者提供销路，并为消费者提供选购带有公平贸易标签的产品的机会。公平贸易产品主要是农产品，如咖啡、茶叶、糖、大米和水果，但今天该体系正向工业产品扩展。

为什么实行公平贸易？

国际贸易似乎是一个遥远的话题，但是一旦商品价格大幅下降就会给数百万的小规模生产者带来灾难性的打击，迫使无数人负债累累甚至失去土地和家园。

公平贸易基金会的存在，是为了确保处于不利边缘的第三世界的生产者能够获得更好的贸易机会。该基金会由**天主教海外发展机构**、**基督教援助组织**、**新消费者**、**乐施会**、**萃艺和世界发展运动**所创立，它向符合公平贸易国际认可标准的产品授予消费者标签,即公平贸易标志。后来英国最大的妇女组织**妇女协会**也加入进来。公平贸易确实改变了人们的生活：

· 它挑战了传统的贸易模式,为一个更加美好的未来提供了另一种进步的选择。

· 它使消费者在购买第三世界国家产品的同时担负起责任。

公平贸易基金会网站,www.fairtrade.org.uk

除商界和经济界以外,很少有人认为全球化是一种特别积极的现象。能促成全球化的机构经常受到谴责,尤其是世界银行、国际货币基金组织和世界贸易组织。人们之所以反对世界银行,是因为它制定的严厉条款只符合它自己所希望的经济需求规则,而不符合参与国家的规则。世界银行与政府合作,而不与人民合作,这一做法使这种情况更加严重。它似乎从不接受教训。由于受影响的当地人民从未被考虑在内,所以世界银行的大型项目一次又一次地遭到谴责。例如,为替换20世纪80年代灾难性的勃洛诺若艾斯特项目,世界银行在巴西建立了勃朗纳法若项目，该项目是作为一个可持续发展项目而设计的,在规划时就没有让受到影响的当地民众参与进来,后来只是在西方环保组织的压力下才咨询了当地民众。世界贸易组织就其本身而言,似乎只是一个帮助西方公司或跨国公司以最优条件进入其他市场的团体，而这种优惠却不是相互的。面对向非西方世界的低价倾销，世贸组织却无所作为。

贫穷与饥荒

从另一方面讲，只是一味地责备世界银行和世界贸易组织，无济于事。非西方世界的贫困现象，至少是人民的苦难，一部分也是由当地政府直接造成的。饥荒便是一个例子。在津巴布韦人们争议的话题是，为什么穆加贝总统在土地重新分配方面拖延了这么长的时间，为什么他只是在这个国家发展停滞之后才开始这项工作。这项工作拖延如此之久以致非洲南部爆发了一场饥荒，这是不可原谅的。即使这是殖民主义的遗患所致，土地重新分配方面的管理失职也是一个重要原因。

最近一段时间，历史学家和经济学家一直在研究饥荒史以及历史上饥荒在何种程度上是人为造成的，或是因政府和殖民统治者的错误而加剧的。阿玛蒂亚·森曾对印度和其他地区的饥荒做过著名的研究。森认为饥荒更多的是由权力关系而非粮食匮乏所造成的。1943年孟加拉国饥荒饿死了三百万人，而当时孟加拉国的大米产量是历史上最高的。类似的还有现在才知道的以下事实：19世纪40年代爱尔兰大饥荒时，爱尔兰实际上在向国外出口粮食。现代饥荒中的一大部分是人为造成的。饥荒的历史习惯于重演。

在印度，当代的饥荒是在不同条件下发生的。据此，许多人设想：今天，印度人饿死不是因为没有粮食，而是因为他们无权食用这些粮食。与非洲撒哈拉沙漠以南地区相比，印度有更多的人长年营养不良，一半多的印度儿童体重不达标。而当这种情况发生时，印度生产的粮食实际上完全能满足全国的需要，并且印度政府的小麦和大米的储存量占世界粮食储存总量的四分之一。不过，很大一部分原因是由于腐败和效率低下的官僚作风。掌管粮食储备的印度公共财物分配系统似乎完全无力帮助那些快要饿死的人，如拉贾斯坦邦和奥里萨邦的人。因为粮食的储存费用就要占到年度粮食预算的一半，印度亏本在国际市场上出售大米。尽管自己的人民在挨饿，印度出口的大米却占世界大米出口总量的三分之一。印度有一半多的人口食不果腹，可为什么政府还要花费几百万美元搞航天项目？

如此看来，饥荒和贫困并不总是资源匮乏的标志，而是由分配不均造成的。或者像印度一样，宁可让国库里的粮食烂掉，也不愿开仓赈灾。如果说所需要的只是几辆军用卡车，那就把问题过于简单化了。像森指出的那样，从长远来看，分配不仅是运输问题，更是购买力和贸易的问题。然而，在紧急状态下，人们很容易相信交通和完善的基础设施能够缓解粮食分配问题。

在不公平的世界里分享资源

世界是富有的，世界又是贫穷的。现在世界上有两千万难民和流离失所的人。其他人在贫穷与富裕之间生活着，其间差距很大。国家政权建立了一个巨大的不平等的机构（享用资源和商品方面的不平等）。据估算，如果全世界的国家都像美国一样消耗资源，人类至少还需要两个地球。

你可以分析国家内部不同阶层之间的收入差距，也可以分析国家之间的收入差距。各国的国民总收入（年均收入）列表很长，呈现出不同的等级。排在最高位的是卢森堡，人均年收入四万四千三百四十美元。排在最低位的是埃塞俄比亚，人均年收入一百美元。简单地将所有国家划分为两种类型：富裕国家（高收入国家）和贫穷国家（发展中国家），前者总人口九亿，人均年收入二万六千美元，后者总人口五十一亿，人均年收入三千五百美元。这五十一亿人口中有一半居住在最贫穷的国家，人均年收入仅一千九百美元。

这些差距激起了全球对我们的经济环境的不满。然而，即使是反对资本主义的全球运动也不那么简单。资本主义的两面性超出任何人的想象。据最新发现，许多反资本主义的组织，比如试图关闭世界银行和世界贸易组织的全球交流组织，再比如组织游行使得1999年世界贸易组织西雅图会议以失败而告终的鲁克斯社团都受到了联合利华的资助，它们是通过本吉里牌冰激凌、欧共体和英国国家彩票委员会而获得资助的。为什么资本主义要资助企图毁灭它的反资本主义运动呢？为什么美国要资助奥萨马·本·拉登的"基地"组织？它后来对纽约造成了严重的破坏，美国亲手创造出了一个现在与之交战的幽灵。这些都是激进的后殖民政治不得不面对的难题。现在的危险是，似乎有一种新的自我解构的政治在起作用，其目的是通过树立自身的对立面来维护世界新秩序。很显然，资本主义甚至设法制造出抵抗自己的对象，组织并增加了自我抵制的形式。

也许这意味着资本主义一直都是一分为二的，还有以我们的未来为由进行战略干预的空间。

第七章

翻译与转化

翻译——文化之间

> 随着意象渐渐远去，
> 心目中仍存有一丝清风，
> 被转化的人
> 消隐在由他们转化的事物当中。
>
> 罗宾·布莱泽，《意象与民族第五(消除)》

本书意图在不诉诸后殖民抽象理论的前提下来介绍后殖民主义。但是这里我试图介绍一个概念，这个概念有助于把一些我们常常碰到的有分歧的问题和情况聚拢在一起，有助于对后殖民主义分层的对抗性政治的理解。这个概念就是翻译。翻译当然并不是抽象的，它总是与实际相联。

没有什么比翻译这个概念更接近于后殖民主义的中心活动和政治动态了。翻译是一种把一个文本从一种语言变换成另外一种语言的活动，这种中立的技术性的活动似乎与政治色彩很浓、广受争议的后殖民世界相距甚远。实际并非如此，即使在技术层面上，翻译与后殖民主义研究也存在着至关重要的关联。首先从拉丁辞源的字面意义上讲,翻译意味着传送或传承跨越。翻译的字面意义与隐喻相似,因为根据希腊辞源,隐喻也意味着传送或传承跨越。殖民地开始时就和翻译是一样的,也就是把原始的一个文本在地图的其他地方进行复制。新英格兰、新西班牙、新阿姆斯特丹、新约克郡(纽约)都是对原来某一片疆土的克隆。一种远在他乡的复制将会不可避免地与原地有所不同。

翻译也是文本从一种语言到另一种语言的一种隐喻性的置换。如果说隐喻涉及一种翻译版本,就像古希腊哲学家亚里士多德所指出的那样,那是因为隐喻是把词的字面意义用于修辞情境之下,这样从经验上讲那就不是真实情况了。比如"亲爱的,你是一个天使!"这句话说的就不是实话。创造一个隐喻就是在策划一个创造性的谎言,像亚里士多德所指出的那样,一物并非其物,而非说其是其物。正如19世纪德国哲学家尼采所指出的那样,甚至真理也只是一种隐喻,只是我们忘记了它也是一种隐喻。我们可以说后殖民分析最关注的是这些语言、文化和地理方面的转换,关注的是肯定与否定因素的转换,也就是把事物改换成它原本不是的东西,或者显示最初它们就不是那样的。

就翻译而言,这种转换也是真实的:把文本从一种语言翻译成另外一种语言也就是转换文本的实体身份。就殖民主义而言,把本地文化转换成殖民控制下的从属文化,或者把殖民工具强加进不得不重建的本地文化的各个方面之中。这种转换或强加是非物质化的转化过程。尽管如此,本地文化的某些方面同时会保持其自身的不可译性。

由于殖民主义总是在系统地否定他者，并且它还愤怒地否定他者对人类所作出的贡献，因此殖民主义总是在强迫它所统治的人们不断地扪心自问："在现实世界中，我是谁？"

弗朗兹·法农

作为一种实践，翻译始于一种不同文化之间的交流活动，但是它也常常涉及权力关系和统治形式。它不能因此而避开政治争端或自己与当前权力形式的联系。翻译行为不可能发生在一个绝对平等、完全中立的空间内。比如某人正在转化着某事或某人，某人或某事正在被转化，正在经历着一个从主体到客体的转换，就像图12中提到的那位阿拉伯女人一样也经历着主客体的转换。再比如那些去北美洲的西班牙人发现自己从一个第一世界的公民变为一个第三世界的"拉美人"。去美国的加纳公主发现自己变成了一个二等公民，好像她只是另一个普通的非裔美国人。处于被殖民境地的人也就是处于一种被转化的状态。

语言像阶级和国家一样，也存在着社会等级，翻译也是如此。传统的思维方式是原件高贵，而复制品略逊一筹。但在殖民主义的思维下，殖民复制品变得比本地的原始存在更加强大，并且贬低本地文化，甚至声称这种复制品将纠正本地版本中的缺陷。殖民语言在文化上变得更加强大，它在把自己带上统治地位的同时也在贬低本地语言的价值，它在这里反客为主了。殖民化最初的行动是把本地有意义的书面或口头形式的文本翻译成殖民者的语言。殖民者通过这种翻译的方式，把口头文化转换成书面的罗网和陷阱，转换成拉美批评家安琪儿·拉玛所称的“文字之城”，转换成自己文化的一种扩散。它与口语文化的社会架构不同，因为只有那些享有特权的少数人才有机会接近它。翻译变成了对语言、文化和被翻译人群进行统治、施控、施暴的过程的一部分。殖民化和翻译之间的紧密联系不是始于平等交换，而是暴力、占用和“解辖域化”。正如爱尔兰戏剧家布赖恩·弗里尔在其戏剧《翻译》(1981)中所展示的那样，对风景山水的地理特征进行命名和重新命名也是一种权力和占用行为，也经常是一件不光彩的事情，就像在爱尔兰或澳大利亚那样，那里的版图绘制已成为帝国主义扩张的必要附属。

然而，有人甚至认为殖民翻译总是一个单向的过程，这种想法也是错误的。旅行者和征服者经常依赖译者的服务，并依赖他们的翻译工作来理解所碰到的关于当地人的一切情况。在现今地图上仍然存在的很多地名，现在已经不知道是什么意思了，但它们一直沿用下来。在大多数情况下，误译被认为是在东方主义的框架下发生的，即在不参考其原有意义的情况下强行张扬这种文化。举例来说，作家或艺术家甚至会创造一些殖民者所期望发现的意象——例如对于伊斯兰教徒妻妾的幻想。误译也许含有外交手腕的运用和言行不一的可能性，所谓的外交手腕和言行不一，指的可能就是后殖民主义理论家霍米·K.巴巴所说的对不同种类的文化采取接纳和回避态度的“狡猾的顺服”，而且常常以日常生活当中微妙的不满形式表现出来。这最终发展成为了一种被称为“撒谎的本地人”的谎言文化，这些本地人通过一种模仿手段（这种模仿手段破坏了原有的文化）来把自己转入统治阶层的文化当中。

如果翻译涉及占用行为的权力结构，那么它也可以通过反抗行为来获得权力。从某种意义上说，这更接近于翻译的传统观点。在这里,“译者即背叛者”这句名言脱离了背叛的真正含义。当本地文化被迫敞开自己接受前来统治自己的文化时,任何翻译行为都必定会因此而涉及背叛,不可避免的错译曾使人们感到惋惜,现在这种错译也会变成一种反抗侵入者的积极力量。

侵入者的类型是多种多样的,其中包括那些选择从边缘向中心移动的人。对于那些在大都市或后殖民城市的移民者来说,翻译是他们考虑的中心问题,他或她在此过程中更多地扮演着文化翻译者的积极角色。在对自己的角色进行转化之后,移民者随后会遇到其他已被转换了角色的人和其他不安的边缘人,并且彼此相互交流经验,创建自己的新语言用于表达自己的期望和认可,比如活动的路线和可望实现的目标。拿马库斯·加维的革命路线来说,他从圣安妮湾、牙买加,到哥斯达黎加、巴拿马、尼加拉瓜、危地马拉、厄瓜多尔、委内瑞拉、哥伦比亚,再到伦敦,最后于1916年到了纽约市。或者想一下20世纪50年代的弗朗兹·法农,他从马提尼克转战到法国再到阿尔及利亚,又转到突尼斯随后抵达阿克拉。

通常加勒比海在语言和文化的双向翻译中占有一席之地。它甚至有个自己的词:克里奥耳化。正如“克里奥耳”这个词所暗示的那样,在这里翻译涉及统治文化向新身份的置换、延续和转变,而这种新身份从它们的新文化中汲取了物质营养。结果,交换的双方都经历了克里奥耳化,经历了相互间的翻译。因此,加勒比海的克里奥耳化变得更接近后殖民主义的基本观点:应该从文化互动的角度重新认识那种人们习惯认可的单向的翻译方式,把它作为一个重新集聚能量的空间加以重新认识。那么这样的翻译是怎样被激活的呢?

法衣的力量

你从阿尔及尔开车出来，穿过长长的拱廊、耀眼阳光下的海滩，闻着隐秘的芳香，不一会儿你就来到了布法瑞克。在你面前的高空中，在生产法奇那饮料的法国公司工厂的墙上，可以看见法奇那蓝黄颜色的标牌在风中摇曳。这种在1936年由一名法国定居者发明的碳酸饮料，现在已经成了许多人的心头所爱，因为他们发现自己置身于欧洲或马格里布地区令人窒息的灼浪包围之中。

啊！法奇那！

振奋之后，你离开芬芳的橘林继续前行，赶往有"玫瑰之城"之称的卜利达。那是一个鲜花和足球的城市，到处都是高耸的、闪亮的、青绿色的寺院圆顶和铺瓦的四个尖塔，不远处卜利达奇怪而傲慢的阿特拉斯山脉居高俯视着一片暗松青色。

在离城市几英里的地方，有从广阔的米提得加平原上拔地而起的陡峭峡谷，你穿过峡谷就会发现阿勒颇的松树那隐匿的干香味，最终你会抵挡不住葡萄园和果园那潮湿而甘甜的芳香。之后你在路上一拐弯，就可以远远地看到被大片麦田环绕的高高的石头墙。那就是巨大的卜利达-若因维尔精神病疗养院。疗养院那百座左右的建筑散落于风景如画的人行道、花园和在盛夏提供阴凉的排排绿树之中。

在一座坚实的用灰泥粉刷过的大房子里面，一位少妇和她的儿子在午日的静谧中玩耍。时间是1953年的11月，几百码之外，医院精神病科的新任主管大夫和负责病区的一位护士一起站在病房门口，这个护士守护着六十九个本地病人，他们都穿着紧身衣被锁在各自的床上。这位新任主管大夫怒视着这悄无声息的折磨人的场面。他命令护士把他们都放开。护士迷惑不解地看着他。见此情景，盛怒的新任主管大夫更为坚定地又喊了一遍自己的命令。然后身穿紧身衣的病人才一个个地被松开，就像是剥橘子皮一样。

病人们躺在那里，一动不动。随后弗朗兹·法农向病人解释说：此后他们再也不会穿紧身衣了，再也不会被锁链锁住了；医务人员再也不会在病区里把本地人和殖民者隔离开了，病人将会以群体的方式一起生活和工作。

在法农的一生中，相比他戏剧性地进入卜利达-若因维尔精神病疗养院，也许再也没有什么能更明确地反映他"转化"的政治观点了。因为在这一事件中，他把病人从被动的受害的客体，转换成了开始意识到他们自己可以掌握自己命运的主体。法农从无力变成了有力，从《黑皮肤，白面具》转到革命性的《全世界受苦的人》。

法农最著名的两本书本身就是关于转化的，或者更准确地说，是关于再转化的。在《黑皮肤，白面具》中，他写道，黑种人早已被转化，不仅转换成了法兰西帝国主义政权下的殖民客体，而且从心理上说，他们的期望已通过一种灵魂转生的方式被改变为另一种形式。他们的期望已经被转化成了一种白人所期盼的期望，尽管他们绝不会，当然也不可能变成白人。他们有着黑色的皮肤，戴着白色的面具。

法农的计划是让人们了解这一点，以便找出一种方式把人们重新转化回归成他们原来的自我。这个计划以他拒绝把黑人价值观转化成白人价值观为开端。就像心理分析那样，这涉及

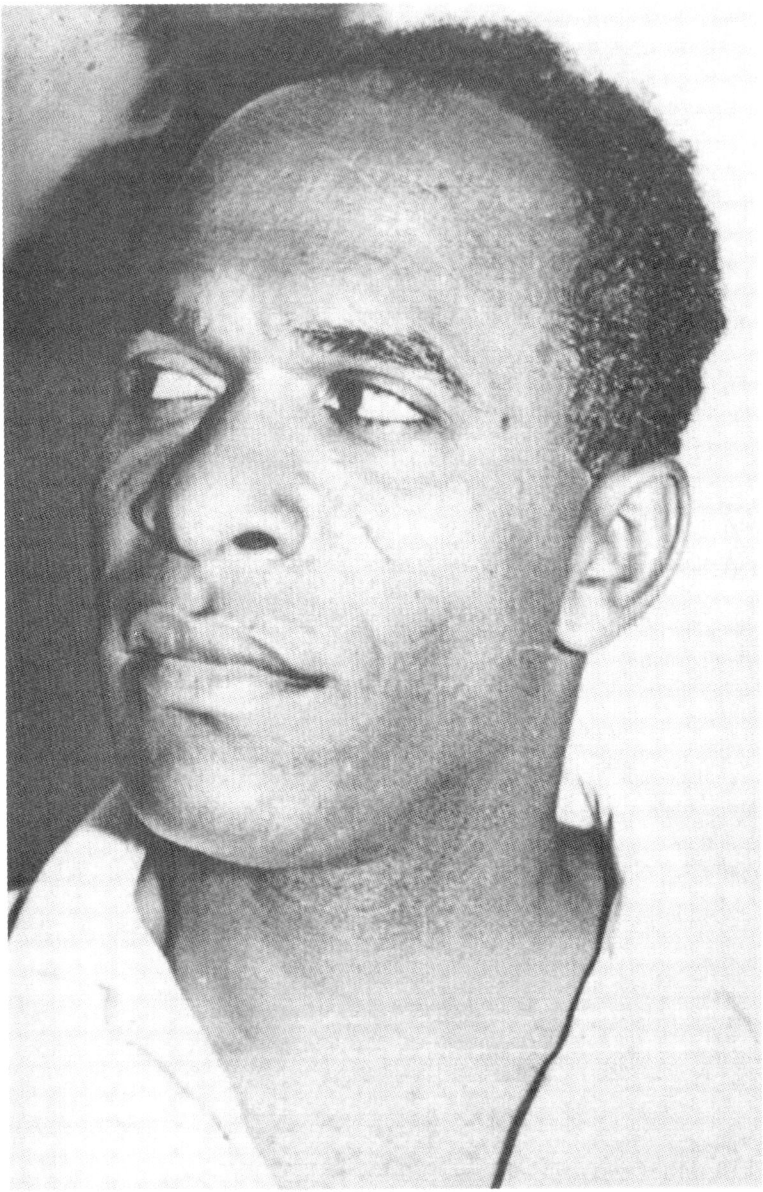

图20 弗朗兹·法农。

因为错译而否定转化的问题。同样,在《全世界受苦的人》中,法农揭示了本地人的思想是怎样被殖民主义创造和转化出来的,是如何被视为“低等的”他者而被刻下了精神分裂的痕迹。他写道:

> 如果精神病学的医疗目标是使人们不再对所处的环境感到生疏……我自己非常认可的是,阿拉伯人,那些身处于自己的国家但永远像外人一样的人,生活在一种完全丧失自我的状态下……这些发生在阿尔及利亚的事件是对一个民族洗脑失败的必然结果。

洗脑指的是使人用别人看待自己的方式来看待自己,这样一来,人就会疏远自己的文化、语言和土地。在《全世界受苦的人》中,法农为自己定下的任务是,通过反殖民的暴力革命来赢得自尊。对于殖民地人民来说,暴力是自我转化的一种形式,一种斗争方式(这对于甘地也是同样的,只是他的斗争方式是非暴力的)。作为一名医生,法农同样强调通过动态的互动的教育模式——一种对受压迫的人进行教育的形式来扩大当地人自主转化的可能性,也就是使已被转化的人回归自我,从而成为转化者而非被转化者,成为积极主动的作者,成为历史的主体而非客体。由于法农的积极作用,转化成了实现愿望的行为和活动家写作的代名词,这种写作想要对读者产生实质性的直接效应——法农自己的作品即属此类中的典范。

表演者,演员,所有人都从有形的或无形的紧身衣中解脱出来了。在法农到达卜利达-若因维尔精神病疗养院不久的一天下午,医院主任惊慌地打电话报警,惊叫着称至少有十名病人从医院逃跑了，同时失踪的还有新任主管大夫法农。几小时后，当这个主任看到昂然得胜归来的法农和医院足球队坐着医院的汽车回来时，他变得有些羞惭不安起来。

三年后，法农辞掉了他的工作，理由是他不可能用精神疗法来治愈因殖民体系的持续压迫而直接造成的精神创伤。法国当局命令他在两日内离开阿尔及利亚，随后他加入到了民族解放阵线开展的反抗法国殖民统治的斗争中。

法农在民族解放阵线中度过了他短暂的余生，他一直都在为阿尔及利亚政治和社会转变的最终目标而不知疲倦地工作着。作为一个忙碌的知识分子，法农通过他的智力劳动、医疗实践和集体政治活动，用行动告诉人们，政治实现是多么重要。作为译者、授权者和解放者，他那分析性的作品和慷慨激昂的事例仍然萦绕和鼓舞着后殖民主义。

索引

（条目后的数字为原文页码）

C

D

E

F

G

H

L

M

N

O

P

R

S

T

U

Robert J. C. Young

POST-COLONIALISM

A Very Short Introduction

For Yasmine

Contents

Acknowledgements

Many people have helped me with the writing of this book. Some sections from it have been given as papers in various parts of the world, and each audience's response has guided me in invaluable ways. For detailed discussion of individual topics, I would particularly like to thank Sadiq Ahmad, Jeeva and Prathima Anandan, Tanya Datta, Indira Ghose, Lucy Graham, Azzedine Haddour, Diana Hinds, Neil Lazarus, Roger Little, Paul Mylrea, Bernard O'Donoghue, Benita Parry, Ato Quayson, Rob Raeside, Neelam Srivastava, Weimin Tang, Skip Thompson, Megan Vaughan, and Else Vieira. I am also very grateful to the following people who have given me extensive help, often at short notice: Bashir Abu-Manneh offered me the benefit of his knowledge of Middle-Eastern politics and culture, and diligently corrected my Arabic. Elleke Boehmer read the manuscript and talked through many of the issues with me in a productive and positive way. Zia Ghaussy and Matthew Meadows gave me good advice on the journey from Kabul to Jalozai. Sahar Sobhi Abdel Hakim generously helped me over a number of detailed issues relating to women in Egypt and the Middle East more generally. Rita Kothari taught me how to think about translations beyond my own languages. Parvati Nair first introduced me to raï as well as to the issues discussed here with respect to Spanish-Moroccan immigration, and offered constructive responses to much of the material in the book. Rajeswari Sunder Rajan has always kept a severe eye on my writings, with friendship, charm, and humour. Joy Wang read several of the sections and gave me sound advice on the limits of the possible. Homi Bhabha has provided warm counsel throughout on many matters relating (and not relating) to the material here. I would also like to thank Badral Kaler for her generous support and forbearance, and Maryam, Yasmine, and Isaac for just being themselves.

List of illustrations

The publisher and the author apologize for any errors or omissions in the above list. If contacted they will be pleased to rectify these at the earliest opportunity.

Introduction
Montage

Have you ever been the only person of your own colour or ethnicity in a large group or gathering? It has been said that there are two kinds of white people: those who have never found themselves in a situation where the majority of people around them are not white, and those who have been the only white person in the room. At that moment, for the first time perhaps, they discover what it is really like for the other people in their society, and, metaphorically, for the rest of the world outside the west: to be from a minority, to live as the person who is always in the margins, to be the person who never qualifies as the norm, the person who is not authorized to speak.

This is as true for peoples as for persons. Do you feel that your own people and country are somehow always positioned outside the mainstream? Have you ever felt that the moment you said the word 'I', that 'I' was someone else, not you? That in some obscure way, you were not the subject of your own sentence? Do you ever feel that whenever you speak, you have already in some sense been spoken for? Or that when you hear others speaking, that you are only ever going to be the object of their speech? Do you sense that those speaking would never think of trying to find out how things seem to you, from where you are? That you live in a world of others, a world that exists *for* others?

How can we find a way to talk about this? That is the first question which postcolonialism tries to answer. Since the early 1980s, postcolonialism has developed a body of writing that attempts to shift the dominant ways in which the relations between western and non-western people and their worlds are viewed. What does that mean? It means turning the world upside down. It means looking from the other side of the photograph, experiencing how differently things look when you live in Baghdad or Benin rather than Berlin or Boston, and understanding why. It means realizing that when western people look at the non-western world what they see is often more a mirror image of themselves and their own assumptions than the reality of what is really there, or of how people outside the west actually feel and perceive themselves. If you are someone who does not identify yourself as western, or as somehow not completely western even though you live in a western country, or someone who is part of a culture and yet excluded by its dominant voices, inside yet outside, then postcolonialism offers you a way of seeing things differently, a language and a politics in which your interests come first, not last.

Postcolonialism claims the right of all people on this earth to the same material and cultural well-being. The reality, though, is that the world today is a world of inequality, and much of the difference falls across the broad division between people of the west and those of the non-west. This division between the rest and the west was made fairly absolute in the 19th century by the expansion of the European empires, as a result of which nine-tenths of the entire land surface of the globe was controlled by European, or European-derived, powers. Colonial and imperial rule was legitimized by anthropological theories which increasingly portrayed the peoples of the colonized world as inferior, childlike, or feminine, incapable of looking after themselves (despite having done so perfectly well for millennia) and requiring the paternal rule of the west for their own best interests (today they are deemed to require 'development'). The basis of such anthropological theories was the concept of race. In simple terms, the west–non-west relation was thought of in terms of whites versus the non-white races. White culture was regarded (and remains) the basis for ideas of legitimate government, law, economics, science, language, music, art, literature – in a word, civilization.

Throughout the period of colonial rule, colonized people contested this domination through many forms of active and passive resistance. It was only towards the end of the 19th century, however, that such resistance developed into coherent political movements: for the peoples of most of the earth, much of the 20th century involved the long struggle and eventual triumph against colonial rule, often at enormous cost of life and resources. In Asia, in Africa, in Latin America, people struggled against the politicians and administrators of European powers that ruled empires or the colonists who had settled their world.

When national sovereignty had finally been achieved, each state moved from colonial to autonomous, postcolonial status. Independence! However, in many ways this represented only a beginning, a relatively minor move from direct to indirect rule, a shift from colonial rule and domination to a position not so much of independence as of being in-dependence. It is striking that despite decolonization, the major world powers did not change substantially during the course of the 20th century. For the most part, the same (ex-)imperial countries continue to dominate those countries that they formerly ruled as colonies. The cases of Afghanistan, Cuba, Iran, and Iraq, make it clear that any country that has the nerve to resist its former imperial masters does so at its peril. All governments of these countries that have positioned themselves politically against western control have suffered military interventions by the west against them.

Yet the story is not wholly negative. The winning of independence from colonial rule remains an extraordinary achievement. And if power remains limited, the balance of power is slowly changing. For one thing, along with this shift from formal to informal empire, the western countries require ever more additional labour power at home, which they fulfil through immigration. As a result of immigration, the clear division between the west and the rest in ethnic terms at least no longer operates absolutely. This is not to say that the president of the United States has ever been an African-American woman, or that Britain has elected an Asian Muslim as prime minister. Power remains carefully controlled. How many faces of power can you think of that are brown? The ones, that is, that appear on the front pages of the newspapers, where the everyday politics of world power are reported. Cultures are changing though: white Protestant America is being hispanized. Hispanic and black America have become the dynamic motors of much live western culture that operates beyond the graveyard culture of the heritage industry. Today, for many of the youth of Europe, Cuban culture rules, energizing and electrifying with its vibrant *son* and *salsa*. More generally, in terms of broad consensus, the dominance of western culture, on which much of the division between western and non-western peoples was assumed to rest in colonial times, has been dissolved into a more generous system of cultural respect and a tolerance for differences. Some of the limits of that respect will be explored in later sections of this book.

For now, what is important is that postcolonialism involves first of all the argument that the nations of the three non-western continents (Africa, Asia, Latin America) are largely in a situation of subordination to Europe and North America, and in a position of economic inequality. Postcolonialism names a politics and philosophy of activism that contests that disparity, and so continues in a new way the anti-colonial struggles of the past. It asserts not just the right of African, Asian, and Latin American peoples to access resources and material well-being, but also the dynamic power of their cultures, cultures that are now intervening in and transforming the societies of the west.

Postcolonial cultural analysis has been concerned with the elaboration of theoretical structures that contest the previous dominant western ways of seeing things. A simple analogy would be with feminism, which has involved a comparable kind of project: there was a time when any book you might read, any speech you might hear, any film that you saw, was always told from the point of view of the male. The woman was there, but she was always an object, never a subject. From what you would read, or the films you would see, the woman was always the one who was looked at. She was never the observing eye. For centuries it was assumed that women were less intelligent than men and that they did not merit the same degree of education. They were not allowed a vote in the political system. By the same token, any kind of knowledge developed by women was regarded as non-serious, trivial, gossip, or alternatively as knowledge that had been discredited by science, such as superstition or traditional practices of childbirth or healing. All these attitudes were part of a larger system in which women were dominated, exploited, and physically abused by men. Slowly, but increasingly, from the end of the 18th century, feminists began to contest this situation. The more they contested it, the more it became increasingly obvious that these attitudes extended into the whole of the culture: social relations, politics, law, medicine, the arts, popular and academic knowledges.

As a politics and a practice, feminism has not involved a single system of thought, inspired by a single founder, as was the case with Marxism or psychoanalysis. It has rather been a collective work, developed by different women in different directions: its projects have been directed at a whole range of phenomena of injustice, from domestic violence to law and language to philosophy. Feminists have also had to contend with the fact that relations between women themselves are not equal and can in certain respects duplicate the same kinds of power hierarchies that exist between women and men. Yet at the same time, broadly speaking feminism has been a collective movement in which women from many different walks of life have worked towards common goals, namely the emancipation and empowerment of women, the right to make decisions that affect their own lives, and the right to have equal access to the law, to education, to medicine, to the workplace, in the process changing those institutions themselves so that they no longer continue to represent only male interests and perspectives.

In a comparable way, 'postcolonial theory' involves a conceptual reorientation towards the perspectives of knowledges, as well as needs, developed outside the west. It is concerned with developing the driving ideas of a political practice morally committed to transforming the conditions of exploitation and poverty in which large sections of the world's population live out their daily lives. Some of this theoretical work has gained a reputation for obscurity and for involving complex ideas that ordinary people are not able to understand. When faced with the authority of theory produced by academics, people often assume that their own difficulties of comprehension arise from a deficiency in themselves. This is unfortunate, since many of these ideas were never produced by academics in the first place and can be understood relatively easily once the actual situations that they describe are understood. For this reason, this book seeks to introduce postcolonialism in a way not attempted before: rather than explaining it top down, that is elaborating the theory in abstract terms and then giving a few examples, it seeks to follow the larger politics of postcolonialism which are fundamentally populist and affirm the worth of ordinary people and their cultures. Postcolonialism will here be elaborated not from a top-down perspective but from below: the bulk of the sections that follow will start with a situation and then develop the ideas that emerge from its particular perspective. What you will get, therefore, is postcolonialism without the obscure theory, postcolonialism from below, which is what and where it should rightly be, given that it elaborates a politics of 'the subaltern', that is, subordinated classes and peoples.

Postcolonial theory, so-called, is not in fact a theory in the scientific sense, that is a coherently elaborated set of principles that can predict the outcome of a given set of phenomena. It comprises instead a related set of perspectives, which are juxtaposed against one another, on occasion contradictorily. It involves issues that are often the preoccupation of other disciplines and activities, particularly to do with the position of women, of development, of ecology, of social justice, of socialism in its broadest sense. Above all, postcolonialism seeks to intervene, to force its alternative knowledges into the power structures of the west as well as the non-west. It seeks to change the way people think, the way they behave, to produce a more just and equitable relation between the different peoples of the world.

For this reason, there will be no attempt here to elaborate postcolonialism as a single set of ideas, or as a single practice. At one level there is no single entity called 'postcolonial theory': postcolonialism, as a term, describes practices and ideas as various as those within feminism or socialism. The book therefore is not written as a series of chapters that develop an overall thesis or argument as in the standard model of academic writing. Instead it uses the technique of montage to juxtapose perspectives and times against one another, seeking to generate a creative set of relations between them. For much of postcolonial theory is not so much about static ideas or practices, as about the relations between ideas and practices: relations of harmony, relations of conflict, generative relations between different peoples and their cultures. Postcolonialism is about a changing world, a world that has been changed by struggle and which its practitioners intend to change further.

A lot of people don't like the term 'postcolonial': now you may begin to see why. It disturbs the order of the world. It threatens privilege and power. It refuses to acknowledge the superiority of western cultures. Its radical agenda is to demand equality and well-being for all human beings on this earth.

You will now be migrating through that postcolonial earth: the chapters that follow will take you on a journey through its cities, the suburbs of its dispossessed, the poverty of its rural landscape.

Though these scenes are acknowledged to exist, many of them are invisible, the lives and daily experiences of their inhabitants even more so. The chapters of this book comprise different 'scenes', snapshots taken in various locations around the world and juxtaposed against one another. This book therefore amounts to a kind of photograph album, but not one in which you are just gazing at the image, made static and unreal, turned into an object divorced from the whispers of actuality. These are stories from the other side of photographs. Testimonies from the people who are looking at you as you read. The montage has been left as a rough cut that deliberately juxtaposes incompatible splintered elements. A series of shorts that stage the contradictions of the history of the present, by catching its images fleetingly at a standstill. These fragmentary moments also trace a larger journey of translation, from the disempowered to the empowered.

When we begin to teach 'marginality', we start with the source books of the contemporary study of the cultural politics of colonialism and its aftermath: the great texts of the 'Arab World', most often Frantz Fanon, a Christian psychiatrist from Martinique . . . It is also from this general context that we find the source book in our discipline: Edward Said's *Orientalism* . . . Said's book was not a study of marginality, nor even of marginalization. It was the study of the construction of an object, for investigation and control. The study of colonial discourse, directly released by work such as Said's, has, however, blossomed into a garden where the marginal can speak and be spoken, even spoken for.

Gayatri Chakravorty Spivak, *Outside in the Teaching Machine* (1993)

Chapter 1
Subaltern knowledge

You find yourself a refugee

You wake one morning from troubled dreams to discover that your world has been transformed. Under cover of night, you have been transported elsewhere. As you open your eyes, the first thing you notice is the sound of the wind blowing across flat, empty land.

You are walking with your family towards a living cemetery on the borderlands between Afghanistan and Pakistan. Towards Peshawar, city of flowers, city of spies. A frontier town, the first stop for travellers from Kabul who have passed out through the carved city gate of Torkham, down the long narrow curves of grey rock of the Khyber Pass to the flat plain that lies beyond, to the Grand Trunk Road that runs, stretches, streams all the way to Kolkata.

In the Old City, among the many shops and stalls in the Khyber Bazaar around the Darwash mosque, you will find a narrow street where the houses climb into the sky with their ornamented balconies exploding out towards each other. This street is known as the Qissa Khawani Bazaar, the street of storytellers. Over the centuries, fabulous intricate tales have been elaborated there between men relaxing over bubbling amber *shishas*, trying to outdo the professional storytellers, or amongst those more quickly sipping sweet, syrupy tea in glasses at the chai stalls. The stories that are being traded there now are not for you.

You are far to the west, beyond the colonial cantonment, beyond the huge suburbs of temporary housing of those who have arrived long since, out into the flats that lie before the mountains. The rest of your family, two of your children, are missing. You are carrying with you a bag of clothes, a mat, for prayer and sleep, a large plastic container for water, and some aluminium pots. Some soldiers on the road stop you from walking further. The Jalozai refugee camp near Peshawar has been closed. Pashtuns who arrive now from Afghanistan are shepherded towards Chaman, not a refugee camp but a 'waiting area'. Here, once your eye moves above tent level, the earth is flat and featureless until it hits the dusky distant shapes of the Himalayan foothills on the horizon.

Since this is not an official refugee camp, there is no one here to register you or mark your arrival as you slowly make your way forwards. While your children sit exhausted and hungry on the

1. New Jalozai refugee camp, Peshawar, Pakistan, November 2001: an Uzbek family that recently arrived in New Jalozai from Northern Afghanistan is seen here in their new home.

bare, sandy brown earth, the skin on their blown bellies marked with the crimson stars of infection, you go in search of water and food, and with the hope of being issued with materials for housing – three sticks of wood and a large plastic sheet. This will be your tent, where you and your family will live – that is, those who manage to survive the lack of food, the dehydration, the dysentery, the cholera.

You may leave within months. Or, if you are unlucky – like the Somali refugees in Kenya, the Palestinian refugees in Gaza, Jordan, Lebanon, Syria, the West Bank, or the 'internally displaced persons' in Sri Lanka or the South Africa of the 1970s – you may find that you are to be there for a decade, or for several. This may be the only home you, your children, and your grandchildren will ever have.

Refugee: you are unsettled, uprooted. You have been translated. Who translated you? Who broke your links with the land? You have been forcibly moved off, or you have fled war or famine. You are mobile, mobilized, stumbling along your line of flight. But nothing flows. In moving, your life has come to a halt. Your life has been fractured, your family fragmented. The lovely dull familiar stabilities of ordinary everyday life and local social existence that

How rich our mutability, how easily we change (and are changed) from one thing to another, how unstable our place – and all because of the missing foundation of our existence, the lost ground of our origin, the broken link with our land and our past. There are no Palestinians. Who are the Palestinians? 'The inhabitants of Judea and Samaria.' Non-Jews. Terrorists. Troublemakers. DPs. Refugees. Names on a card. Numbers on a list. Praised in speeches – *el pueblo palestino, il popolo palestino, le peuple palestin* – but treated as interruptions, intermittent presences.

Edward W. Said, *After the Last Sky* (1986)

2. New Jalozai refugee camp, Peshawar, Pakistan, November 2001: a young Afghan boy flies a kite.

you have known have passed. Compressed into a brief moment, you have experienced the violent disruptions of capitalism, the end of the comforts of the commonplace. You have become an emblem of everything that people are experiencing in cold modernity across different times. You encounter a new world, a new culture to which you have to adapt while trying to preserve your own recognizable forms of identity. Putting the two together is an experience of pain. Perhaps one day you, or your children, will see it as a form of liberation, but not now. Life has become too fragile, too uncertain. You can count on nothing. You have become an object in the eyes of the world. Who is interested in your experiences now, in what you think or feel? Politicians of the world rush to legislate to prevent you from entry into their countries. Asylum seeker: barred.

You are the intruder. You are untimely, you are out of place. A refugee tearing yourself from your own land, carrying your body, beliefs, your language and your desires, your habits and your affections, across to the strange subliminal spaces of unrecognizable worlds. Everything that happens in this raw, painful experience of disruption, dislocation, and dis-remembering paradoxically fuels the cruel but creative crucible of the postcolonial.

Different kinds of knowledge

One thing that you would be unlikely to do in the Jalozai camp is to read this book, even if you were literate, and it had been translated into Pushto. You would talk a lot, speak to many people about day-to-day problems, sometimes relating longer and harder tales of suffering amid war and famine, trying to make sense of your experiences. If you met any of those from elsewhere working for your support, you would most likely speak to them of your needs – for medicine, for food, shelter. You would not articulate your experiences for the benefit of others you would never meet, you would not translate your life into a story or a representation for others. Yet you are the not-so-silent hero of this book: it is written for you. Even if you will never read these words, they are written for you.

Whether you could read this book or not brings out one of the major ways in which the world is divided, though the line can be cut in

> **By far the greater part of the archive through which knowledge about the so-called Third World is generated in the metropolises has traditionally been, and continues to be, assembled within metropolitan institutions of research and explication . . . The archive itself is dispersed through myriad academic disciplines and genres of writing – from philological reconstruction of the classics to lowbrow reports by missionaries and administrators; from Area Study Programmes and even the central fields of the Humanities to translation projects sponsored by Foundations and private publishing houses – generating all kinds of classificatory practices.**
>
> **Aijaz Ahmad, *In Theory* (1992)**

many places. Whether you have clean water or not, whether you have adequate food and health care or not, whether you can read or not, whether or not you have formal education. Everyone has informal education, and the boundary lines between the formal and the informal are more than fluid. The knowledge that you need is the knowledge you learn informally. From your own family and environment. The knowledge you learn formally is someone else's knowledge. Who authorized it? Whose knowledge is it? The knowledge that you learn at different schools will not be the same, and the frame of mind in which you learn will not be the same either: think of the differences for children between those who attend private schools in the west costing £15,000 a year, and those who began the school year in 2001 at the Al-Khader school near Bethlehem. The school buildings had been destroyed by Israeli military action and the children had to learn in a tent. Or think about the learning experiences of the Palestinian girl in Figure 3, who walks to school through the ruins of the Rafah refugee camp

3. A Palestinian school girl walks in the ruins of a refugee camp in Rafah in southern Gaza Strip, 15 April 2001. This happened a day after Israeli forces attacked the camp in the second incursion in less than a week into an area that Israel handed over to full Palestinian control under interim peace deals.

where she lives, where the day before three Israeli tanks and two bulldozers had reduced the buildings to rubble.

Not a lot has changed in Palestine in the 50 years since schools were first held in the open air at Khan Yunis refugee camp, Gaza Strip, or at the Jalazone refugee camp in the West Bank. If they are still alive, those boys are now old men, living in refugee camps that are themselves habitual targets for military strikes. How does it feel to have lived through such a life?

Thinking of these schools today while you read will help to develop the perspectives from which postcolonialism is generated. Think of Al-Khader, of Beit Jala, of Jalozai, of Jalazone, of Jenin, of Khan Yunis, of Rafah. How does the life that people live there compare to mine or yours? Imagine what it is like to grow up in a close, deprived community, and then see it literally bulldozed to the ground on the

4. The early UNRWA school, Jalazone refugee camp, West Bank, 1951.

orders of the state. Read Bloke Modisane's account of the destruction of Sophiatown, the vibrant centre of black cultural life in Johannesburg, by the South African apartheid government in 1958.

> **Something in me died, a piece of me died, with the dying of Sophiatown ... In the name of slum clearance they had brought the bulldozers and gored into her body, and for a brief moment, looking down Good Street, Sophiatown was like one of its own many victims; a man gored by the knives of Sophiatown, lying in the open gutters, a raisin in the smelling drains, dying of multiple stab wounds, gaping wells gushing forth blood; the look of shock and bewilderment, of horror and incredulity, on the face of the dying man.**
>
> **Bloke Modisane, *Blame Me on History* (1963)**

Modisane doesn't allow us, though, to make the mistake of assuming that such experiences, differences between the privileged and the wretched of the earth, only involve the questions of suffering and deprivation. There are other kinds of riches, other kinds of loss. Other kinds of ways of thinking about the world. Human, rather than material.

The third world goes tricontinental

See a picture of children who are assembling at a school, standing barefoot on the stones, and you know you are in 'the third world'. This third world is the postcolonial world. The term 'third world' was originally invented on the model of the Third Estate of the French Revolution. The world was divided according to the two major political systems, capitalism and socialism, and these were the first and second worlds. The third world was made up of what was left over: the 'non-aligned' nations, the new independent nations that had formerly made up the colonies of the imperial powers. At the Bandung Conference of 1955, 29 mostly newly independent African and Asian countries, including Egypt, Ghana, India, and Indonesia, initiated what became known as the non-aligned movement. They saw themselves as an independent power bloc, with a new 'third world' perspective on political, economic, and cultural global priorities. It was an event of enormous importance; it symbolized the common attempt of the people of colour in the world to throw off the yoke of the white western nations. Politically, there was to be a third way, neither that of the west nor that of the Soviet bloc. However, that third way was slow to be defined or developed. The term gradually became associated with the economic and political problems that such countries encountered, and consequently with poverty, famine, unrest: 'the Gap'.

In many ways, the Bandung Conference marks the origin of postcolonialism as a self-conscious political philosophy. A more militant version of third-world politics, as a global alliance resisting the continuing imperialism of the west, came 11 years later at the great Tricontinental Conference held in Havana in 1966. For the first time, this brought Latin America (including the Caribbean) together with Africa and Asia, the three continents of the South – hence the name 'tricontinental'. In many ways, tricontinental is a more appropriate term to use than 'postcolonial'. The Tricontinental Conference established a journal (called simply *Tricontinental*) which for the first time brought together the writings of 'postcolonial' theorists and activists (Amilcar Cabral, Frantz Fanon, Che Guevara, Ho Chi Minh, Jean-Paul Sartre), elaborated not as a single political and theoretical position but as a transnational body of work with a common aim of popular liberation. Many postcolonial theorists in the United States, however, remain unaware of this radical antecedent to their own work: because of the US blockade of Cuba, the journal was not allowed to be imported into the country.

As terms, both 'tricontinental' and 'third world' retain their power because they suggest an alternative culture, an alternative

The colonialists usually say that it was they who brought us into history: today we show that this is not so. They made us leave history, our history, to follow them, right at the back, to follow the progress of their history.

Amilcar Cabral, *Return to the Source* (1973)

'epistemology', or system of knowledge. Most of the writing that has dominated what the world calls knowledge has been produced by people living in western countries in the past three or more centuries, and it is this kind of knowledge that is elaborated within and sanctioned by the academy, the institutional knowledge corporation. The origins of much of this knowledge, particularly mathematical and scientific, came from the Arab world, which is why today even westerners write in Arabic whenever they write a number. Much emphasis in western schools is placed on the Latin and Greek inheritance of western civilization, but most westerners remain completely unaware of

What is the role that we, the exploited people of the world, must play? . . .

The contribution that falls to us, the exploited and backward of the world, is to eliminate the foundations sustaining imperialism: our oppressed nations, from which capital, raw materials and cheap labor (both workers and technicians) are extracted, and to which new capital (tools of domination), arms and all kinds of goods are exported, sinking us into absolute dependence. The fundamental element of that strategic objective, then, will be the real liberation of the peoples . . .

Che Guevara, 'Message to the Tricontinental' (1967)

5. Che Guevara, 'Message to the Tricontinental', 16 April 1967. Sent 'from somewhere in the world' to the Organization of Solidarity of the Peoples of Asia, Africa, and Latin America (OSPAAAL), Guevara's one public statement made in the interval between his disappearance from Cuba in the spring of 1965 and his murder in Bolivia on 9 October 1967 was published in the first issue of *Tricontinental* magazine.

the fact that they read and write Arabic every day. Imagine the headline: 'Al-gebra banned in US schools after Al-Qaeda link discovered.'

Postcolonialism begins from its own knowledges, many of them more recently elaborated during the long course of the anti-colonial movements, and starts from the premise that those in the west, both within and outside the academy, should take such other knowledges, other perspectives, as seriously as those of the west. Postcolonialism, or tricontinentalism, is a general name for these insurgent knowledges that come from the subaltern, the dispossessed, and seek to change the terms and values under which we all live. You can learn it anywhere if you want to. The only qualification you need to start is to make sure that you are looking at the world not from above, but from below.

Burning their books

In *The Big Sea* (1940), the African-American novelist Langston Hughes tells the story of his leaving New York on a ship for Africa. He climbs to the top of the deck and throws all the books he has brought with him for the voyage as far as he can out into the sea. As they spin into the ocean one by one, he senses the exhilaration of freedom: 'It was like throwing a million bricks out of my heart when I threw the books into the water'. He is leaving behind everything he has known and been taught, on his way to the world from which his ancestors came. All the hierarchical culture, in which the African-American is put firmly at the bottom, can be discarded in the return to a continent in which he will be amongst his own people, with their own way of doing things:

> My Africa, motherland of the Negro peoples! And me a Negro! Africa! The real thing, to be touched and seen, not merely read about in a book.

When Hughes gets to Africa at last, one thing hurts him a lot when he talks to the people.

> The Africans looked at me and would not believe I was a Negro.
> 'I am a Negro, too.'
>
> But they only laughed at me and shook their heads and said: 'You, white man! You, white man!'.

Frantz Fanon had the opposite experience. In Martinique, he had always been considered one of the fair-skinned. On arrival in Lyon in France, however, he found that people called out in the street when they saw him: 'Look! A negro!'. Fanon comments:

> I came into the world imbued with the will to find a meaning in things, my spirit filled with the desire to attain to the source of the world, and then I found that I was an object in the midst of other objects.

Fanon's first response is to experience the pain of, as he puts it, being 'sealed into that crushing objecthood'. Later he realizes that the problem goes even deeper. That being turned into an object, the object of a pointing finger and a deriding gaze, is only the exterior part. What also happens is that those in such situations come to internalize this view of themselves, to see themselves as different, 'other', lesser.

I also was tired of learning and reciting poems in praise of daffodils, and my relations with the few 'real' English boys and girls I had met were awkward. I had discovered that if I called myself English they would snub me haughtily: 'You're not English; you're a horrid colonial'.

Jean Rhys, 'The Day They Burned the Books' (1968)

In 'The Day They Burned the Books', the white Creole novelist Jean Rhys tells the story of Mr Sawyer, a white steamship agent on a Caribbean island, who is married to a woman of colour whom he periodically abuses in drunken moments. At the back of his house Mr Sawyer builds a small room, which he lines with English books that he has specially sent out to him. His sickly 'half-caste' son Eddie is the first to challenge the assumption of the narrator, a young girl, that everything from 'home', that is England, is naturally superior to anything on the island. At the same time, Eddie borrows books from the library, and when his father dies, he takes possession of it. After a few days, Eddie and the narrator walk into the library to find Mrs Sawyer, who has patiently remained married for so many years, erupting in a rage of hate, pulling the books from the shelves, separating them all into two piles. The ones to be sold, and the ones to be burned. When she pulls one particular book off the shelf, Eddie pleads with her not to burn it, telling her that he is reading it. Eventually he snatches it from her, shrieking 'Now I've got to hate you too'. The narrator grabs one for herself too, and the children run out into the garden and to the street, and then sit together for a while in the darkness. Eddie begins to cry. In a gesture of sympathy for Eddie's profound loneliness, the girl asks Eddie what his book is. It is Kipling's *Kim*. She has not been so lucky. She instinctively feels her prize to be a momentous thing, but when she looks to see what it is, she is very disappointed, 'because it was in French and seemed dull. *Fort Comme La Mort*, it was called . . . '.

Jean Rhys' story reads as an allegory not of colonialism as such, but of the gendered power relations of colonialism, where decades of patriarchal exploitation and aggressive racial-cultural hatred are answered by Mrs Sawyer's violent rejection of the culture on which such superiority is founded. Eddie's contradictory reaction, hating his father, hating 'home', England, but wanting his father's books, brings him into conflict with his mother, whom he loves but who in turn hates all his father's books. Eddie's marginal place is between conflicting, competing cultures: identifying with one emotionally, curious about the other intellectually.

Such ambivalent attitudes and multiple identities are defined by the Zimbabwean novelist Tsitsi Dangarembga as the native's 'nervous condition', his or her existence strung out between the incompatible layers of different cultures. When an original culture is superimposed with a colonial or dominant culture through education, it produces a nervous condition of ambivalence, uncertainty, a blurring of cultural boundaries, inside and outside, an otherness within. In *Nervous Conditions* (1988), Tambudzai, the narrator who dreams of education, walks into the house of her headmaster relative who has adopted white ways. She finds that she does not know where to sit, she does not know how to read the conventional signs of a room, she does not know which language to use – English or Shona? The individuals in such a society are subject to the painfulness of what Fanon recognizes as a hybridized split existence, trying to live as two different, incompatible people at once. The negotiation between different identities, between the layers of different value systems (especially in the case of women, for whom the options seem to be mutually contradictory) is part of the process of becoming white, changing your race and your class by assimilating the dominant culture. Except that, though you may assimilate white values, you never quite can become white enough.

Book burning can be a gesture of liberation, or of powerlessness to make a statement by any other means. Usually, of course, it is generally thought of as oppressive, destructive, fascistic, as indeed it is when it consists of a nationalist attack on minority cultures. When agents of the Sinhalese United National Party burned down the Jaffna University Library in May 1981, for example: 'Thousands of Tamil books, manuscripts and *ola*, dried palm leaf, documents were burnt, including the only copy of *Yalpanam Vaipavama*, a history of Jaffna'. When in May 1992, Serb nationalist forces threw incendiary grenades into the Oriental Institute (Orijentalni institut) in Sarajevo, home to one of Europe's most important collections of Islamic manuscripts: 'Virtually all of its contents were consumed by the flames. Losses included 5,263 bound manuscripts in Arabic, Persian, Turkish, Hebrew and local *alhamijado* – or *adzamijski* – (Serbo-Croat-Bosnian in Arabic script), as well as tens of thousands of Ottoman-era documents'. Ethnic cleansing involves destroying knowledge and histories as well as people.

'Bradford Muslims' has become a generic description not of Muslims who happen to live in Bradford, England, but of what are considered 'fundamentalist' Muslims in the west. On 14 January 1989 a group of Muslims in Bradford and Oldham publicly burned copies of Salman Rushdie's *The Satanic Verses*. Commentators rushed to compare them to the Nazi book-burners in Germany in 1933. By comparison, we may note that the burning of J. K. Rowling's *Harry Potter* books in the United States by fundamentalist Christian groups has received rather less press attention.

Rushdie's position was complex because up to that point he had been one of the most noticeable proponents of anti-racism in Britain, voicing the politics and perspectives of the migrant community. Suddenly it became clear that within the communities of the ethnic minorities for whom he spoke, there were very different attitudes from Rushdie's perspective of multicultural mixture (he calls it 'chutnification'), endorsed by other ethnic minority writers, such as Hanif Kureishi, and also by the media. There is a deep split between celebratory multiculturalism and the real situation of many minorities who experience oppression in their everyday lives.

For the west, this appears largely as a division between liberals and conservatives: the first accept assimilation, while the second want to retain their unsullied cultural identity. For minorities in the west, or for those living outside the west, the divisions are less clear-cut. It is not unusual for individuals to want both at the same time. The nervous condition of postcolonial desire finds itself haunted by an ungovernable ambivalence.

The conflict of cultures and community around *The Satanic Verses* has been mainly represented in spatial terms and binary geopolitical polarities – Islamic fundamentalists vs. Western literary modernists, the quarrel of the ancient (ascriptive) migrants and modern (ironic) metropolitans. This obscures the anxiety of the irresolvable, borderline culture of hybridity that articulates its problems of identification and its diasporic aesthetic in an uncanny, disjunctive temporality that is, at once, the *time* of cultural displacement, and the *space* of the 'untranslatable'.

Homi K. Bhabha, *The Location of Culture* (1994)

Chapter 2
History and power, from below and above

African and Caribbean revolutionaries in Harlem, 1924

I am looking at a photograph. Three men are standing together, posing quite stiffly and staring seriously and thoughtfully into the camera. Each is wearing a stylish suit, with a waistcoat and fob watch. The man in a white suit and wing tips in the centre wears a hat, the other two are carrying them. The shorter, slightly portly man on the right leans on the back of a folding wooden chair. Though they are posing together, the men keep physically separate from each other, suggesting that they are acquaintances but not close friends. There is an odd disjunction between the opulence of their outfits, and the rather run-down brick building behind them. It looks as though they are outside the back of an old tenement house or office building. The window behind has one shutter hanging to its right, but there is no corresponding shutter on the other side.

The photograph, taken by the famous photographer of the Harlem Renaissance James Van Der Zee, is of Marcus Garvey with George O. Marke and Prince Kojo Tovalou-Houénou, taken in August 1924. Garvey was from Jamaica, Marke from Sierre Leone, Tovalou-Houénou from Dahomey: they came together this day in New York City and are probably posing at the back of the former

6. Marcus Garvey with George O. Marke and Prince Kojo Tovalou-Houénou.

Black Star line offices at 56 West 135th Street in Harlem. Marke was supreme deputy potentate of the United Negro Improvement Association (UNIA): educated in Freetown and at the universities of Aberdeen and Edinburgh, Scotland, he had come to New York as a Sierre Leonean delegate to the 1920 UNIA convention. In 1922, he was appointed minister plenipotentiary to the UNIA delegation to the League of Nations, which petitioned the League to turn the former German colonies in Africa over to black settlement under the direction of the UNIA. The request was refused. The colonies were mandated to Britain and South Africa instead.

Garvey, founder of the UNIA, had by 1924 already been convicted on mail fraud charges by an FBI eager for an excuse to deport him. Having early joined Jamaica's 'National Club', which sought independence from Britain, Garvey had travelled widely in Central America and then gone to London, where his sister Adriana was a governess. In London, he learned of the Pan-African movement, which had held its first conference there in 1900, and read Booker T. Washington's *Up From Slavery*. Most significantly, he met and became friends with the great Sudanese-Egyptian nationalist Duse Mohammed Ali, and worked with him on his radical nationalist newspaper, the *African Times and Orient Review*. When he returned to Jamaica to found the United Negro Improvement Associationt in 1914, Garvey's political philosophy, based on a simple, powerful message of black power and pride, was already formed. Two years later, he was invited to the United States by Booker T. Washington himself. Probably no black immigrant to the United States has ever had more political impact. He translated anti-colonial rhetoric into the language of civil rights and black empowerment, and throughout the 20th century the two would move forward, inalienably bound together, propelling each other. This photograph records one such vector, one such enabling moment.

Prince Tovalou-Houénou, for his part, had just arrived in New York from France to speak at the 1924 UNIA Convention at Harlem's Liberty Hall. Tovalou-Houénou was president of the *Ligue Universelle de Défense de la Race Noire* (LDRN, the Universal League for the Defence of the Black Race), which he had founded in Paris after a famous incident in which some visiting white Americans had tried to have him thrown out of a café in Paris, on account of his being black. Looking at this aristocratic man, the nephew of the exiled King of Dahomey, it is easy to see why he resented such treatment so forcefully that he aroused the sympathy of the entire French press, as a result of which Paris for many years had the reputation of being the western city most sympathetic to black artists and intellectuals. Josephine Baker, Langston Hughes, James Baldwin, Chester Himes, Sidney Bechet: the French loved them – just as long as they weren't Arabs.

At that 1924 Convention, Garvey was able to announce that there were now some 14,000 branches of the UNIA movement. Half of them were in North America, the rest spread throughout the Caribbean, Central and South America, and Africa; total membership was estimated at 6 million. That extraordinary globalized constituency was mirrored in the title of Tovalou-Houénou's newspaper, *Les Continents*. Revolutionary movements across the Black Atlantic; three revolutionaries coming together in the United States from French and British colonies in Africa and the Caribbean in order to establish intercultural networks of activism and transnational solidarity.

Garvey's movements around the Caribbean, the United States, and England, make him an early example of what Salman Rushdie characterizes as the state of being a 'translated man', that is, someone who is 'translated' across cultures. This is not something that people necessarily experience in a passive way: Garvey's call for the restitution of the dignity of the black man was a call to self-translation. Translation is a way of thinking about how languages, people, and cultures are transformed as they move between different places. It can also be used more metaphorically, as a way of describing how the individual or the group can be transformed by changing their sense of their own place in society.

Here, standing in New York with each other, ready to speak to the assembled audience of the UNIA at Liberty Hall, were three men who had not simply made the journey to Harlem from Jamaica, Dahomey, and Sierre Leone. They were themselves active cultural translators in the process of refiguring American culture too, and beyond that cultures right across the globe. Their meeting marks a moment of the translation of revolutionary ideologies between nations of the oppressed. Tovalou-Houénou was subsequently persecuted by the French colonial authorities, and Garvey was required by the FBI to leave the United States. For decades afterwards, the links between American civil rights activists, such as the singer Paul Robeson, and Caribbean and African anti-colonial leaders, would be the subject of surveillance by the FBI, MI5, and MI6. But it was too late – Garvey's intervention had already been made. Caribbean radicalism had come to New York and London, and the cause of black empowerment would grow ever stronger. Generations of Caribbean radicals would follow in their footsteps to African-America: C. L. R. James, Claude McKay, George Padmore.

The most celebrated moment in this long history came in 1960 when Fidel Castro, having been mistreated in his midtown hotel,

7. Fidel Castro returns to Harlem, 1995.

Castro revisits Harlem

On his visit to Harlem in 1960, Castro met with Malcolm X as large crowds gathered to greet the Cuban leader, while in Cuba huge rallies denounced the racism of the United States. 'To Harlem's oppressed ghetto-dwellers, Castro was that bearded revolutionary who had thrown the nation's rascals out and who had told white America to go to hell,' reported the *New York Citizen Call*, a black newspaper.

This time around, the crowd that stood patiently in line waiting to hear the Cuban leader's September 2000 speech seemed equally as appreciative of Castro's solidarity with black causes. 'Harlem is home for Castro. We love him, he's our brother,' said real estate broker and Harlem native Jabir El-Amin. 'People of African descent have an affinity for him. He believes in true freedom for all peoples, for all Cubans and particularly for Africans and people of African descent. And he has stood steadfast in his beliefs, and kept his dignity and the dignity of his people despite the sanctions and pressures put on his people.'

Hisham Aidi, *www.africana.com*

was invited by Malcolm X to move up to Harlem to stay at the Hotel Theresa. Castro later recalled, 'I immediately decided: "I will go to Harlem because that is where my best friends are."' Castro's first visit to Harlem marked the beginning of a long history of Cuban solidarity with African-America, of a warmth and a sympathy generated between, as Castro put it, two peoples of the third world – the people of Cuba and the people of the third world of the United States.

Bombing Iraq – since 1920

> **The West won the world not by the superiority of its ideas or values or religion but rather by its superiority in applying organized violence. Westerners often forget this fact, non-Westerners never do.**
>
> **Samuel P. Huntington, cited on the 'Where is Raed?' website, a day-to-day journal of everyday life in Baghdad under bombardment**

I was standing on the balcony looking out over the skyline of yellow houses towards the dark limestone mountains of the North, which rose steeply into the evening sky. I could still make out the vast flag of Cyprus' Turkish Republic hanging across the mountainside, an enormous mosaic of bright painted stones laid out to make a crescent and star between two horizontal stripes, all red against a white background. Wherever you are in Nicosia, whenever you look North, you see that flag, floating defiantly across the skyline, with its uncompromising message written beside it: 'Ne mutlu turkum diyene' – 'How happy to be a Turk'. It is over 25 years since the island was partitioned. The barbed wire on the United Nations line dividing the two sides is rusty, many of the command and lookout posts seem to have been long deserted. Yet still virtually nothing moves across it; still the two sides stare at each other across walls, wire, and invisible mines of the divide, remembering their abandoned homes, the people in their families still missing, the nights when whole villages were massacred. One more lingering colonial effect that, coming after a hard-won independence struggle, could be safely blamed on the people themselves.

I watched the lingering light fading on the hills, listening to the *adhān al-maghrib*, the evening call to prayer, from the other side of the city. In the background, I could hear the sound of the Reuters emails coming in on the PC inside, as everyone all over the region filed in their evening reports. I looked back at the desk and saw there was a message from Khaled, who had recently been posted to Baghdad. I double-clicked the cursor on his name and his message came up.

From: Khaled   Sent: Wed 22/01/2003 23:08

To: Shayan

Cc:

Subject: Re. Report

Assalam alaikum. I managed to meet up at last tonight with that man I told you about. It was hard to get in touch with everything that was going on at the office, and at his office too, where they're busy trying to move the treasures of the collection to somewhere safer – the Museum is right by the main telephone exchange and the Foreign Ministry. Anyway, eventually we arranged to meet up at Al-Haj-Muhammad's, at the corner of Mustansír St. The conversation took an unexpected turn. Don't send this to the news desk – can you file it to features please? Also, ask Nick if he can get it syndicated. Thanks. K.

'The right to bomb': Baghdad, 21 January 2003

As I walked in, I saw him from the other side of the room, staring abstractedly at the diamond-patterned tiles on the floor, his hands wrapped together at the end of his thin arms. I sat down and he ordered coffee for us both. We spoke warmly of old mutual friends, and of his years in Paris and in London. Sadiq is a senior deputy to the director-general of antiquities in Baghdad, specializing in Mesopotamian books of the Seljuk era (12th–13th centuries CE). Some years ago, he published an impressive scholarly account of Dioscorides' *De Materia Medica* (1224 CE) on the strength of his Ph.D. research, and is now well known as an authority on medical treatises of that era. He spent over a year in Paris studying the *Kitab ad-Diryak* (*The Book of Antidotes*, 1199 CE) at the Bibliothèque

Nationale, and had sent me an article of his in which he analysed the exquisite illustrations in that book of the cultivation of plants for their medicinal properties. I wanted to know much more about the extraordinary role of plants and herbs in medicine at that time, and I began to explain to him why I had come. All of a sudden, the dust rose up from the floor and we heard a dull explosion in the distance. He caught my eye and rolled his tongue round his dry mouth. At first he said nothing, the natural instinct of a man who has survived against the odds through the turbulent, sometimes terrible decades of the regime. His scholarship, safely focused on the glorious artefacts created when Baghdad was the centre of the Islamic world eight centuries ago, has helped him to achieve a certain political invisibility. Then he looked me in the eye again and began to speak.

> It's the British again. They have been bombing my family for over 80 years now. Four generations have lived and died with these unwanted visitors from Britain who come to pour explosives on us from the skies. It first began in 1920. My great grandfather, Abd Al Rahman, was walking into our village for his last-born son's wedding when a two-winged plane suddenly came over the horizon and dropped a fireball amongst the celebrations. The guests were divided into separate areas for men and women, as they used to be in the villages in those days. The bomb fell on the men gathered inside, and killed or maimed half the men in our family – the first-born son, three uncles, two cousins, four sons of my grandmother's father's brother. Since then, whenever it has suited them, the bombers come again.
>
> Now their big brothers from America do most of it, but you can still see the RAF planes streaking across our skies flying their familiar routes, which they first charted in the 1920s. The flights began in earnest when they were preparing to leave finally (again) after the Second World War. They mapped every metre of our territory, laboriously, meticulously, took photographs of every square centimetre of our country. My cousin who studied there told me that

at Keele University in England there are millions of reconnaissance photographs on microfilm of Iraq and Iran taken by RAF 680 squadron before they left. You never know when we might need them, they said with a smile. When they look for oil, or decide to bomb us when they want to make sure they will have more of our oil for the future. Probably they still use them today when they sit in their operation rooms in England and plan which target amongst us to hit next.

Every square centimetre of our country photographed, from Al Basrah on the Gulf to Amādīyah in the mountains to the north. Our country! In a sense, though, it has hardly been our country at all – even if it has always been our land. Like most of the states in the Middle East it was invented by two men, one French, one English, during the First World War. Georges Sykes and Sir Mark Picot, they were called. You know, they just met up in London and decided in secret between the two of them how it would all be. The defeated Ottoman Empire would be dismembered, and new countries – Palestine, Transjordan, Iraq, Syria, Lebanon – simply invented out of the bits for the convenience of the two colonial powers that would rule them. The British, of course, already controlled Egypt and Sudan. Iraq was made out of three leftover *vilayat* (provinces) of the Ottoman Empire. In 1920, they said they would give the Kurds an independent state, Kurdistan; in 1923, they just forgot all about it, according to the whim of the moment. They created states that were no nations, just sets of lines drawn on the map according to their interests. There had been no borders or boundaries between us all. The whole of the Empire was open from one end to the other. There were different regions, of course, ours was Upper and Lower Mesopotamia, as it always had been. Then their boundaries, drawn in the fluid sand with their barbed wire, marked out their new 'protectorates', empty they said except for a few nameless tribesmen like my great grandfather and grandfather who did not need to be consulted about what was good for them. Nomads have no rights. They are not really there at all.

> Not like the oil company that came quickly afterwards. Or the soldiers. Those French quickly landed their Senegalese troops in Beirut when the war ended and occupied the whole northern coastal area. The British, with their Indian troops, controlled Palestine, put in advisers elsewhere in Syria, and occupied the whole of Mesopotamia. All their Middle Eastern colonies in those days were run by Anglo-Indian administrations. They were not British colonies you know – they were 'dependencies of British India'.

He stopped for a moment, looked hard at the floor, and fell into silence. I offered him a cigarette. He smoked it for a while, watching the blue smoke rise to the ceiling.

'So what happened then?' I asked. 'After they had taken over?' He breathed hard, and shook his head.

> Well. Between the two of them, they occupied the whole of the old territories of the Empire. At the same time, the British made several public statements to international forums that all 'liberated' territories would be governed on the principle of what they called the 'consent of the governed', by their own national administrations. The Arabs took them at their word: had they not already been induced to fight with the British against the Turks on that very promise? Remember that so-called Lawrence of Arabia they still make so much of. So, in March 1920, the General Syrian Congress in Damascus passed a resolution proclaiming independence for Syria, Palestine, and the Lebanon. Iraqi leaders immediately declared Iraq's independence too, with Amir Abdullah their king. Those British and French responded by going straight to the League of Nations, which obligingly gave them mandates over the whole territory. Not surprising, since they controlled it anyway. Mandate from whom? They said themselves that the term 'mandate' was just a piece of legal fiction to legitimate their new colonies.
>
> We didn't just accept it all, though. King Faisal's troops attacked the French on the Lebanon border, the Arabs rose against the Jews in

Palestine, and our people of the Middle Euphrates rose against the British. The French responded by occupying the whole of Syria. In Iraq, the British did not use their Indian troops: instead they used the newly formed Royal Air Force to bomb us. My great grandfather's wedding, remember? They had already used the RAF in Somaliland. In a two-month joint operation with the British Camel Corps they had overthrown the Dervish leader Mohammed bin Abdullah Hassan – whom the British characteristically just called the 'Mad Mullah'. Mad because he wanted to get rid of them, of course. It was generally thought that the air force bombing and strafing against the nationalists had been the key to the operation's success.

Their new colonial secretary, Winston Churchill, he recognized early on the advantages of airpower for maintaining imperial control over his vast British territories. Before the uprising had even begun, he had enquired about the possibility of using airpower to take control of Iraq. This would involve, he said, using 'some kind of asphyxiating bombs calculated to cause disablement of some kind but not death . . . for use in preliminary operations against turbulent tribes'. You can't forget words like that. Nor the ones that followed. 'I do not understand this squeamishness about the use of gas', he said. 'I am strongly in favour of using poison gas against uncivilized tribes.' So, after the Somaliland success, Churchill ordered a similar RAF operation in Iraq. The result was predictable. The rebellious Iraqis were also successfully 'pacified'. They made war and called it peace. Does it make any difference for them? Churchill came to Cairo the next year, with his Lawrence of Arabia, for a conference on the future of the British mandates. No Arabs were invited. They installed Faisal, whom the French had thrown out of Syria, as King of Iraq. Despite fierce resistance in Baghdad, a plebiscite was arranged to vote him in.

Yes, the new RAF had been out to prove its use. It had only just been set up as a separate section of their armed forces. Anyone could see the advantages of technology like that for controlling far-away peoples. Wing-Commander Sir Arthur Harris, that notorious 'Bomber Harris', put it this way: 'The Arab and Kurd now know what real bombing means in casualties and damage. Within 45 minutes a full-size village can be practically wiped out and a third of its inhabitants killed or injured.' Just 45 minutes a village – not bad. So the British established five RAF squadrons in Britain, five in Egypt, four in Iraq and in India, and one in the Far East. From now on we would never see their faces when we were fighting. Yes, after they had got rid of the Turks, when some of us had fought alongside them, they returned from the air like demons. For months RAF 30 Squadron flew over us, killing our men and our families until it was safe for the Indian soldiers and their British officers to set up their camps nearby. British control was restored.

I still have one of the propaganda photographs they produced at the time of our first 'liberation' from the Turks. It's a picture of the 'Peace Review'. This Peace Review was just the first, for another defeat and triumph followed – this time that of the British over the Iraqis. Look at that de Havilland 9 flying overhead, with its machine-gunner facing backwards ready to spray bullets on anyone below, with its 450 pounds of bombs tucked beneath its wings. Doesn't leave you many illusions about who is in charge. Power comes from above. Look.

He rummaged in his briefcase, took out an old, dog-eared postcard, and handed it to me. I peered at it for a while, trying to make it all out. From the shadows, it must have been evening. A big circle of Arab spectators was watching a military parade. In the centre, British officers were standing opposite a line of ranked Camel Corps. Huge flags were flapping above them, while an old two-winged aircraft was flying prominently overhead. I could make out the French flag and the Union Jack.

'What's the flag at the front?' I asked.

8. Peace review, Baghdad, 1918.

It's the Italian navy ensign. They fought on the side of the British in that war, remember. Keep it! A souvenir, for you, to remember all this when you leave. They will only stay a while, my grandfather had heard. Indeed, they did go away eventually, in 1932, but as in Egypt, this did not mean that we became really independent. Some independence! We were made to sign a treaty in which we agreed to let Britain control our foreign policy, keep its two air bases at Habbaniyya near Baghdad and Shu'aiba near Basra, use Iraq freely for its troops in time of war, and maintain its complete monopoly of the Iraq Petroleum Company. It may have been called the Iraq Petroleum Company, but the British government controlled it. There was no Iraqi ownership at all. According to the independence treaty, the IPC was given exclusive exploration rights in Iraq. These were revoked in 1961, but the company itself did not come under Iraqi control until it was nationalized by Hasan al-Bakr and Saddam Hussein in 1972. That was a popular move. No wonder they don't like him! They want to get their oil back. They are already talking about which of their companies will get the rights to it when they have occupied our country again.

He smiled for a moment, and then sunk back into his chair as if he was thinking ahead to the prospect of another occupation. He had stopped looking at me, and was going over it all in his mind, as if it was a story that once started, he could not stop himself from telling right through to the end, however many times he would have to backtrack and retrace the pattern of its compulsive, sinuous repetitions.

So the British left, but only in name. We were to govern ourselves, we were told, under their guidance and control. Things came to a head during the Second World War, when many of us looked to the Axis powers to deliver us from submission to Britain. When Prime Minister Rashid 'Ali al-Kailani got a bit awkward about giving permission for British troops to land in Iraq, they made it known that he would have to go, and he was forced to resign. Rashid 'Ali responded by organizing a *coup d'état* against the anglophile Prince

Regent. The British refused to recognize his government, and demanded their right to more troop landings. Their commander at Habbaniyya then attacked Iraqi troops that had surrounded the base. Soon they occupied Basra, took Baghdad, and reinstated the Prince Regent on the throne. Their brute force had won control once more. Directed by the British Embassy, the new regime instituted a purge of the armed forces and government administration, and sent nationalist sympathizers for execution or to the Al-Faw detention camp. That's where they put my father, Abu Karim. He was in there all the time I was growing up as a young boy.

That cosy relationship between the British and their tame Iraqi dynasty (just like the one they had with the Shah of Persia and the King of Jordan, whom they'd also put on their thrones) continued right up to the Baghdad Pact in 1955, the last fawning agreement of a Hashemite monarch with the British. The next year it was Suez! The British were beaten! And before long, in 1958, there was a second army *coup d'état*, which brought the end of the hated Hashemite regime, and with it the end of British influence in Iraq. But not the end of British intervention. At first we thought we had seen the last of them. No tame monarchy, no bases, no canal, but still getting the oil they wanted. Why would they ever come back? They had left with their tails between their legs, and the freed world had asserted itself at Bandung. But then they lost Iran, and Saddam was encouraged to take them out. We were dying again. They were back.

Now they are saying that we are 'a threat' to them. But hasn't it always been they who have threatened us? Oh yes, they certainly constitute a threat to us. They have been developing nuclear weapons since the 1940s. They were bombing us with chemicals long before then. It was Churchill himself who ordered the use of mustard gas against the Kurds in Northern Iraq in 1923, when they rebelled on hearing that the British had abandoned their promise of a Kurdish state. It took almost a year and a half of repeated RAF attacks on the Kurdish city of Sulaimaniyya before they were finally repressed. Well, hardly finally. The RAF was bombing the Kurds again in 1931 when the British were preparing Iraq for 'independence', which they were about to grant without any reference to the special position of the Kurds in Iraq. You can still meet Kurds today who can remember being machine-gunned and bombed by the RAF in the 1920s. My friend Ibrahim was visiting the Korak mountains a while ago and came across an old man who could still recall it all. 'They were bombing here in the Kaniya Khoran', he told him. 'Sometimes they raided three times a day.'

Of course, it's the Iraqis who are branded 'irresponsible'. After all, didn't Saddam invade Kuwait? Well, that was a mistake, though of course many of us Iraqis do feel strongly that historically Kuwait has always been part of Iraq. Anyway, you know very well how the Allies quickly mobilized in 1992 to restore Kuwait's sovereignty and reclaim their oil. 'How come they didn't do the same for the Occupied Territories?', people asked. Only a few amongst us were old enough to remember the stories of how in 1920 British planes and armoured cars had been mobilized against the Saudi kabals, 'tribes', who were invading Britain's new 'sovereign' territories of Iraq and Transjordan. The British then gave a large part of Saudi territory to the new state of Iraq, and in compensation they handed over to Ibn Saud, Sultan of Nejd (Saudi Arabia, that is) – yes, they gave him two-thirds of Kuwait.

When the British government was practising that kind of arbitrary territorial fluidity, the Iraqi claim to the remainder was inevitable. Kuwait had, after all, originally been a part of the Ottoman province out of which Iraq was created, and without it, our access to the waters of the Gulf was made almost impossible. The British themselves took the strip of land between Maan and Aqaba from Ibn Saud in 1924, on the grounds that it had once formed part of the Ottoman province of Damascus and therefore ought to be part of Palestine. So it was the British who set up the authority of the argument. It was their Hashemite monarch, King Ghazi, who in the late 1930s first championed Iraq's claim to Kuwait, which at that time was a British colony, on the same grounds. The British, though, had signed a treaty of protection with the Sheikh of Kuwait as early as 1899, which is why, on the break-up of the Ottoman Empire, it was created as a separate puppet state and separated from the Ottoman province of Basra to which it had belonged. When the Iraqi general 'Abd al-Karim Qasim once again made a claim to Kuwait on its independence from Britain in 1961, the British immediately responded by landing troops. Thirty years later they would be back. The bombs would begin again.

Yes, we are a threat to them. Every time we break bread, thousands of them are at risk from each munch of our teeth. Every time I chew a grape or a sugared date, suck a mulberry or an apricot, someone in England must shudder in fear. Every time my son climbs a tree to find a fig, the fine imperial gentlemen of England are put at risk. Yet all we have ever wanted to do is to live our own lives without them. The other night on TV I heard an old Iraqi layman saying, 'They have everything, we have nothing. We don't want anything from them – but they still want more from us'. All we ask is for them to stop interfering with us. We have not been bombing them since 1920. It is they who have been bombing us. Do they never think of that? It never bothers them. They seem to think of it as their god-given right. Or is it another of their human rights – the right to bomb? Not by our God, *alhamdo lillah*. Bombing us ever since their air force was formed, whenever they chose. And still they claim that it is we who are a threat to them. So much so that they have been killing us over the decades, bomb after bomb after bomb, whenever we displeased them or went against their interests. Our problem, though, I suppose, is that we have never been an easy catch. We didn't just go along with everything they wanted, like some countries in the Middle East. So they keep coming and bombing, but we keep slipping out of their grasp, again and again! They will never subdue us, you will see, never 'pacify' us – even if they keep at it for all eternity.

It was a few years ago, in 1998, two days before Ramadan. My family were all sleeping in our flat in Baghdad, in the high apartment building that looks down Mansur St, towards Zawra' Park. A couple of hours before we were to rise for the early-morning prayer, the *fajr*, the sirens suddenly sounded and bombs began to fall around us, lighting the sky with their sinister firework explosions. The white powdery fronts of buildings and bridges were dropping away like sandcastles collapsing before the tide. Since then, and their invention of their 'no-fly zones', they have never really stopped. Except for when they vanish so that the Turks can fly in and bomb the Kurds – the very people that their no-fly zone is supposed to be protecting. The British themselves admit that they have bombed us at least once every other day over the past year. It is their longest bombing campaign since the Second World War. Now they say they are coming again, to destroy our families once more and to change our government just as they did so many times before. Why do they come out of the skies at us for so many years from so far away? Why are we of such interest to them? Because we have 'their' oil. That is the real threat that has never gone away, from 1920 until today.

I often wonder how they would feel if we had been bombing them in England every now and then from one generation to the next, if we changed their governments when it suited us, destroyed their hospitals, made sure they had no clean water, and killed their children and their families. How many children is it that have died now? I can't even bring myself to think how many. They say that their imperial era is over now. It does not feel that way when you hear the staccato crack of their fireballs from the air. Or when the building shakes around you and your children from their bombs as you lie in your bed. It is then that you dream of real freedom – *in shaa' allah* – freedom from the RAF.

Chapter 3
Space and land

Landlessness: 'Morte e vida severina'

According to the Oxford English Dictionary, the term landlessness has only been written once in English, by Herman Melville in 1851, when he wrote: 'In landlessness alone resides the highest truth'. Not an Anglo-Saxon problem, therefore, it would seem. For other societies, however, many other societies, in fact, including some of those living in Anglo-Saxon countries, the problem of landlessness is one of the most immediate and significant issues faced every day by ordinary people. In many colonized countries, settlers created vast farms and estates by driving off those who had traditionally lived on that land, some of whose descendants continue to this day to live in an impoverished landless limbo. Without land to cultivate, the only alternative is to drift to the slums of the big cities. Even the sanctuary of the slum is itself vulnerable, as in apartheid South Africa, or contemporary Mumbai.

Take Brazil, for example – a country which has the ninth-largest gross national product in the world but which also holds the world record for the country with the most unequal distribution of income. It is a country where 3% of the population own two-thirds of cultivable land, and in which 60% of the land lies idle. The deprivation of people living in such conditions, particularly in the state of Recife, the poorest in Brazil, has produced many rebellions,

9. Maria da Silva stands with four of the eight children who live with her and her husband Valdemar in Nova Canudos, the squatter camp set up by the Landless Workers' Movement in Anhembi, 130 miles from Sao Paulo, Brazil, 30 July 1999.

peasant leagues, revolutionary impulses, and guerrilla movements. More recently, a different political response has developed: the *Movimento Sem Terra* (Movement of Landless Rural Workers). Faced with the vast estates, *latifundia*, held by a tiny minority of landowners, the *Movimento Sem Terra* (MST) not only campaigns against the injustice of this situation, but, with a slogan of 'Occupy, Resist, and Produce', encourages the 12 million landless workers in Brazil to occupy uncultivated areas of land. The MST is one of the largest grassroots organizations in the world, and today, after MST land takeovers, more than 250,000 families have won land titles to over 15 million acres. Many more thousands of families are awaiting official recognition of their settlements. In the meantime, there have been often violent clashes between peasant farmers, landowners, and police.

The MST always works on a principle of collectivity and

community: from the first, the MST established food cooperatives, primary schools, and literacy programmes in their settlements. All farms are run with respect for environmental issues: the MST produces the only organic seeds in Latin America. The MST also places great emphasis on health care, seen from a holistic perspective in which health involves not just a question of access to medicines and clinics, but is also concerned with the environment, hygiene, and the well-being of everyone in society. This concept of health includes a person's social environment: as the MST puts it:

> Thus, health is how and where you live, what you eat, and how you make a living. It is feeling well physically, being mentally at peace, living in a family setting where there is respect, affection, and equality among all, respecting nature, and living in a society in which justice and equality go hand in hand.

What is remarkable is not just that this is a politics of health that any postcolonial activist would be proud to share. It is also that the MST sees it as part of its goal to develop such a holistic view of the life of the people who make up its communities.

In 1997, in an attempt to regain the political initiative and control land reform through the traditional channels of power, and with $150 million of special aid provided by the World Bank, the Brazilian government challenged the MST by initiating an alternative 'market-based' land reform programme, known as 'Cedula da Terra'. The scheme involves lending money at high rates of interest to the landless to buy land; it is administered by local regional councils who work with the landowners. The programme has been widely criticized as an example of the World Bank intervening in domestic politics on the side of the landowners. Opposition to it, however, has enabled the MST to go from strength to strength. A significant sign of the unintended effects of World Bank intervention in Brazilian politics came with the election of Luiz Inácio da Silva – known to everyone as Lula – as president of Brazil in November 2002. Born into extreme poverty in Recife, Lula never got past elementary school but then rose to become a trade union leader and founder of the Workers' Party. He greeted the news of his election with an announcement in which he made clear his political priorities:

> My first year will focus on combating hunger. It's an appeal of solidarity with the Brazilians who have nothing to eat.

In many ways, the MST figures as a model for a postcolonial politics: a grassroots movement formed to fight a system of injustice and gross material inequality that is sustained by powerful local interests and international power structures of banks, businesses, and investment funds that want to maintain the status quo of the global economic market. The movement is organized on a collective basis on behalf of the well-being of ordinary people, and, as we have seen, extends its care from the appropriation of land to wide social issues including the status of women, the well-being of children, health care, education, and the promotion of a healthy environment. In this way, the MST must work at a local level: but encountering its opponents not only amongst the landowners, and in local and national government, but also directly in the World Bank means that it must also consider a larger perspective, and fight for its arguments on a wide range of platforms and in public spaces. It is for this reason that movements such as MST link up with comparable peasant movements in other countries – such as the *Kilusang Magbubukid ng Pilipinas* (KMP), a nationwide federation of Philippine organizations of landless peasants, small farmers, farm workers, subsistence fishermen, peasant women, and rural youth – as well as with larger global social movements – such as People's Global Action (PGA), a broad alliance of resistance movements that campaign against the forcibly imposed inequalities of the World Trade Organization (WTO). The PGA's 'Global Action Days', intended to highlight resistance to a globalized capitalism and 'the dictatorship of the markets' and organized in Geneva, Seattle, and Prague at meetings of the WTO, G8, and World Bank, have been highly successful in bypassing the conventional channels according to which it would fall to representatives of their own governments to intervene on their behalf. Since third-world governments appear powerless to intervene against the interests of the G8 powers, the PGA has taken direct populist action which has already achieved considerable impact.

The MST also works alongside tribal movements in which native peoples, such as the Guarani, Makuxi, and Xucuru in Brazil, are attempting to reassert their rights to land that has been taken from them by ranchers and goldminers. The problem of landlessness remains central to the politics of many millions across the world, and has long been the main focus of much political opposition and peasant unrest amongst those who make up the wretched of the earth. In Mexico, the current Zapatista movement works in a line of direct continuity that goes back to the 1910 Zapatista revolution of the peasantry against the big landowners, the *hacendados*, who had expropriated their land. The South Africa Native Land Act of 1913 made it illegal for African people to possess or occupy land outside the 'Scheduled Native Areas', except as farm labourers. As a result, many lost their homes and means of subsistence. In India, peasant or tribal movements and rebellions, and acts of resistance against the *zamindari* landholding system, have continued uninterrupted from the colonial to the independence period, from the Gandhian Kisan peasant movement to the Maoist Naxalites.

The experience of dispossession and landlessness is also typical of settler colonialism, and is historically most difficult to resolve. It was in 1972 that Aborigines and Torres Strait Islanders established their famous 'Tent Embassy', a tin shack on the lawns of Capital Hill in Canberra, as a highly effective strategy to publicize their claim for land rights. The struggle for 'native title' has also been a major concern for native Americans in North America, for aboriginals in India, and for the dispossessed African farmers in Zimbabwe who have campaigned for the basic land rights embodied in the Abuja Declaration, while dispossession from family land and the claim for the right of return represents the central issue in Palestine.

These are all postcolonial struggles, typically dealing with the aftermath of one of the most banal but fundamentally important features of colonial power: the appropriation of land. It is striking that the so-called 'agrarian question', which cut little ice with western revolutionaries, was always a major political theme for those with a tricontinental perspective – Mao, Fanon, Guevara,

This toiling humanity, inhumanly exploited, these paupers, controlled by the whip and overseer, have not reckoned with or have been little reckoned with. From the dawn of independence their fate has been the same: Indians, gauchos, mestizos, zambos, quadroons, whites without property or income, all this human mass which formed the ranks of the 'nation', which never reaped any benefits . . . which continued to die of hunger, curable diseases and neglect, because for them there were never enough essentials of life – ordinary bread, a hospital bed, the medicine which cures, the hand which aids – their fate has been all the same.

But now . . . this anonymous mass, this America of colour, sombre, taciturn America, which all over the continent sings with the same sadness and disillusionment, now this mass is beginning to enter conclusively into its own history, is beginning to write it with its own blood, is beginning to suffer and die for it . . .

Yes, now history will have to take the poor of America into account, the exploited and spurned of Latin America, who have decided to begin writing history for themselves for all time.

'Second Declaration of Havana', The People of Cuba, Havana, Cuba, Free Territory of America, 4 February 1962

Subcommandante Marcos. To think about landlessness is to think about the peasantry and the whole spectrum of needs of the world's poorest people. It is doubtless a mark of the present state of things that today we think of the landless peasant rather than the 1960s figure of the rural guerrilla. Either way, the necessity of agrarian reform has always been central for the continuing revolutionary peasant movements, from Columbia to Peru, from Nepal to Assam.

Nomads

> **The colonial state in South Asia was very unlike and indeed fundamentally different from the metropolitan bourgeois state which had sired it. The difference consisted in the fact that the metropolitan state was hegemonic in character with its claim to dominance based on a power relation in which the moment of persuasion outweighed that of coercion, whereas the colonial state was non-hegemonic with persuasion outweighed by coercion in its structure of dominance . . . And since it was non-hegemonic, it was not possible for that state to assimilate the civil society of the colonized to itself. We have defined the character of the colonial state therefore as a *dominance without hegemony*.**
>
> **Ranajit Guha, *Dominance without Hegemony* (1997)**

The concept of landlessness implies a person who has become landless, exiled from their land. Landless means land loss, land lost. 'Becoming' landless depends on your relation to the land. Nomadic people were never in possession of the land in a European sense, which is how colonists were able, following the 17th-century English philosopher John Locke, to declare the land empty, '*terra nulla*'. It is for this reason that 'native title' represents a claim of extraordinary complexity. At war, here, are not simply two different peoples but also epistemologies, where the European, as the critic and legal historian Eric Cheyfitz has so effectively shown, brings with him and her a notion of property and the proper, of ownership and possession, that are fundamentally at odds with those who cannot be assimilated into such a system. The nomad works the land, has an intimate relation to the land, but does not affiliate him- or herself to it in a relation of property or ownership. The relationship is rather a sacred and ancestral one.

The French philosophers Gilles Deleuze and Félix Guattari have conceptualized the process of the appropriation of land and its confiscation from those who have formerly worked it, with or without legal title, through the concepts of what they call 'territorialization' and 'deterritorialization'. A third moment of 'reterritorialization' describes the violent dynamics of the colonial or imperial propagation of economic, cultural, and social transformation of the indigenous culture, at the same time as characterizing the successful process of resistance to deterritorialization through the anti-colonial movements. Other forms of resistance have developed in the postcolonial state: combative negotiation with the state, as in the case of the MST, or even, as is happening in the American Midwest, the simple repurchase of lands which were appropriated as part of the homesteading colonization of the land by settlers in the 19th century, but which are now being abandoned as virtually worthless, in part because of the slump in farming, in part because the land itself is not as fertile for intensive agriculture as the American government had originally assumed.

Deleuze and Guattari have further developed the idea of the nomad as a strategic concept, arguing that the nomad is the person who most effectively resists the controlling institutions of the state. Any account of gypsies or 'travellers' in Europe, from Spain to Switzerland, will provide graphic instances of the ways in which, for the past hundred years, the state has regarded those whose life involves a permanent state of migrancy as a serious threat that requires heavy-handed intervention, stabilization, and control.

The idea of nomadism, Deleuze and Guattari argue, can be extended to include all forms of cultural and political activity that transgress or dissolve the boundaries of contemporary social codes. Less metaphorically, nomadism involves the practice of movement across territories, operating as lateral resistance across borders in acts of defiance of assertions of hegemonic control. 'Terrorism', now being rapidly codified as operating through transnational networks, would be an extreme example of the characteristic political activity that such nomadism involves. Landlessness reminds us, however, that nomadism cannot be celebrated simply as an anti-capitalist strategy, for the simple reason that nomadism is rather one brutal characteristic mode of capitalism itself. The history of capitalism has involved the closure of land and the resulting enforced movement of its inhabitants to the only available, if available, work in the cities. In anti-colonial and postcolonial history, nomads have not just been those who still live in a precapitalist mode of subsistence: in the past two centuries, nomadism has been the state of existence forced upon millions. Landlessness constitutes the central problem for many peasant communities around the world, as well as for the world's 20 million refugees, who have no land in a material sense, but are also landless in terms of their own state – stateless, homeless, without a land.

Some western postmodernists have tried to characterize nomadism and migration as examples of the most productive forms of cultural identity, emphasizing the creative performativity of identity, as opposed to an identity derived from the physical affiliations of family and place. This may be all very well for cosmopolitan intellectuals. But how could this postmodern 'migratory' identity be celebrated in the refugee camps of Qetta, Jalozai, and elsewhere in Pakistan, with their 2.5 million Afghan refugees (about 12% of all the world's refugees), in the West Bank, in the former Sangatte camp in France? How can a migratory identity be celebrated by the

460 mainly Afghan refugees who were cooped up for eight days on a Norwegian cargo ship, the *Tampa*, having been refused permission to land by the Australian government, and then sent to the tiny, barren Pacific island of Nauru, the world's smallest republic, a 300-metre strip of palm trees and disused phosphate mines, where they landed, each carrying one black plastic bin liner containing their possessions? The Australians have given Nauru about A$15 million in order to avoid admitting the 460 refugees into Australia (which works out at about A$360,000 a person).

Perhaps they were the lucky ones. At least they were not imprisoned in Australia's notorious Woomera Detention Centre, which is located 300 miles from the nearest city in the middle of the desert, and is subject to daytime temperatures of up to 42 degrees Celsius. In January 2002, hundreds of Afghan refugees who had been sent there went on hunger strike. At least 70 of them began sewing up their lips to draw attention to their plight. Others, including children, attempted simultaneous suicide. A 12-year-old girl told investigators,

> I am getting crazy, I cut my hand. I can't talk to my mother. I can't talk to anyone and I am very tired. There is no solution for me – I just have to commit suicide – there is no choice.

The detention centre at Woomera is run by Australasian Correctional Management Ltd, an offshoot of US-based Wackenhut Corrections Corporation.

Humans, caught in a cave

> 'We'll smoke 'em out.'
>
> George Bush on the American pursuit of al-Qaeda in Afghanistan

1840: Paris

Theatregoers are flocking to enjoy a new performance of Corneille's *L'illusion comique* at the *Comédie Française*. It is a play very much indebted to Shakespeare's *The Tempest*, transposing the action from a Caribbean island to a cave somewhere in France. Corneille is invoking Plato's famous image invented to illustrate his argument that all that we see on earth, material reality, is in fact an illusion covering or masking the ideal world beyond. To illustrate his point, Plato invokes the analogy of humans standing in a cave. They stand with their backs to the reality of the world outside, and what they believe to be real is really only the shifting, subdued reflection of the real world outside on the cave wall. In *L'illusion comique* Corneille used the analogy for comic effect; the stage becomes the cave, and the audience the real. Or is it vice versa? The main character Pridamant is fooled by a spectral illusion shown to him by Alcandre the musician, in which he sees his lost son as a rich man, dressed like a prince: to Pridamant's horror, however, in the final act he finds himself watching his son being murdered. In the depth of despair, he is then shown his son apparently alive again, dividing up a pile of gold with his murderers. In fact, Alcandre tells him, his son is not a wealthy prince but an actor and what he has been watching has been his performance in a play. The audience leave the theatre amused and tickled by Corneille's evident mastery in staging such a self-conscious yet convincing hall-of-mirrors illusion of the real. They have been equally fooled! The magic aesthetics of the theatre, the creative power of the imagination and its ability to make the real and the illusion interchangeable, have been memorably demonstrated to the audience as they return home to their comfortable houses and apartments across Paris. In their dreams, they relish the power of their poetic imaginations, the airy pageants of Prospero, 'a spectacle to which there is no end'.

1840: 900 miles south of Paris, in the countryside south of Algiers

They move slowly in a line of flight across invisible desert paths, their ankles torn red by the tiny spikes of the stunted bushes in the scrub, then blanched again by the dust of the sand. They climb up through the steep gorges, and then finally find the cave. They walk quickly inside. Its darkness enfolds each one of them, its dampness steams in their nostrils as they breathe in the cold air. Their eyes accustom to the dark, and they begin to make out glints and gleams in the gloom. The surfaces glimmer and glisten, and haunting shapes begin to form before their eyes. The dark, cold cave feels damp, but there is no apparent source of water. Their throats are parched with sharp, stabbing pains. Some walk in deeper in search of moisture, sure that somewhere they can hear a faint ringing of slow drips. Others move back nervously to the entrance, scanning the horizon for movement, their eyes alternately moving downwards over the land and then raised to the sky. There is nothing, no noise except the strong wind and the thrashing of the loose scrub. They move back inside, and find the others making a fire and a place to lie down. Some are already asleep.

When they wake, it is still dark. It is so dark, they cannot see. They begin to smell fresh smoke, and the air becomes increasingly acrid. The oldest man gets up and walks to the entrance. He walks forward, but he cannot find the exit. He scrambles over rubble that is now lying on the floor. He climbs to the top and finds his head against the roof. The entrance to the cave has been blocked up, the smoke is pouring in through the rocks like waves of water, heavy and thick. Asphyxiation is slow. The eyes smart, the lungs pant for breath, which only brings them more acrid, burning smoke.

General Bugeaud is in charge of the task of subduing Algeria. Ten years after the French first invaded, it still requires pacification. Bugeaud's method is *razzia*, scorched earth, slash and burn. Anyone who resists, or is suspected of resisting, is killed. Today he has pursued a group of troublesome tribesmen up into a cave. He seals it up, and then asphyxiates those inside with smoke. He writes in his journal:

> I have all the exits hermetically sealed and I make a huge cemetery. The earth will cover the corpses of these fanatics for all time. No one went down into the caves; no one . . . other than myself knows that

> there are 500 brigands under there who will no longer cut the throat of Frenchmen.

By the 1950s, a century later, little had changed since the days of Bugeaud. During the war of independence, the French would still be cheerfully burying Algerians alive, this time by pushing earth on top of them with bulldozers.

2002: Afghanistan

There is a report on the BBC news webpage that American forces in Afghanistan have come up against heavy resistance:

> Saturday, 2 March, 2002, 23:42 GMT
>
> Afghan caves hit with pressure bombs
>
> The US forces have dropped two devastating high-pressure blast bombs on suspected Taleban and al–Qaeda positions in the mountains of eastern Afghanistan after a ground offensive ran into difficulty.
>
> US defence sources said two 2,000-pound (907-kg) 'thermobaric' bombs, which send suffocating blasts through cave complexes, were aimed at mountain caves where enemy fighters were hiding.
>
> Thermobaric bombs were tested by the US in December and officials said in January that they would be rushed to Afghanistan for the campaign to root out supporters of Saudi-born dissident Osama Bin Laden.
>
> Laser-guided, it is filled with a special explosive mixture that creates a high-pressure blast, driving all of the air out of a cave and potentially choking those inside.
>
> Russia has used similar fuel-air bombs in Chechnya, causing international protests.

'A spectacle to which there is no end'

From 1840 to the present, then, the cave has often been the site of western intervention against the peoples of the Islamic world: 'A spectacle to which there is no end'. This burying, this suppression, this suffocation, literally sucking the air out of the lungs of men, women, and children, becomes a metaphor for the suppression of the colonized world itself – the air that it breathes sucked out in the moment that the west likes to describe innocuously as 'the colonial encounter': now the memory and memorial of asphyxiation and colonial violence.

Meanwhile, westerners carry on going to the theatre. Art and politics don't mix, they always say. The very division of the world on which aesthetics rests is a product of the Manichean, or dualistic, colonial, patriarchal mentality isolated by the revolutionary psychologist Frantz Fanon at the opening of his *The Wretched of the Earth* (1961). Through their 'aesthetic expressions of respect for the established order', says Fanon, 'in the capitalist countries a multitude of moral teachers, professors, counsellors and "disorientators" (*désorientateurs*, literally, bewilderers) separate the exploited from those in power'. As an intellectual, an artist, a consumer or producer of culture, you either collude with the aestheticized structure that enforces apartness, or you contest it – by turning the theatre into a site of resistance, for example.

The recognition of these sorts of disjunctions, the articulation of the aesthetic life of the west with the brutal military power that has sustained its wealth and interests; the recognition that, from a different perspective, caves may not necessarily involve the imaginative excitement of *King Solomon's Mines* (1885), or even the spiritual and sexual cultural confusion of the Marabar Caves in *A Passage to India* (1924), but reek with the memory of asphyxiation and colonial violence: all this represents the fundamental reorientation involved in postcolonial critique. The death of Katharine at the end of Michael Ondaatje's *The English Patient*

(1992) stages this dissonance in reverse: beneath the sublime aesthetics of the ancient figure paintings that adorn the walls of the Cave of Swimmers in the Gilf Kebir at Uweinat, the English woman lies dying, wrapped in a parachute in the cold darkness, the victim of the brutal European war being played out in the desert all around her.

> **What I am interested in doing now is suggesting how the general liberal consensus that 'true' knowledge is fundamentally non-political (and conversely, that overtly political knowledge is not 'true' knowledge) obscures the highly if obscurely organized political circumstances obtaining when knowledge is produced. No one is helped in understanding this today when the adjective 'political' is used as a label to discredit any work for daring to violate the protocol of pretended suprapolitical objectivity.**
>
> **Edward W. Said, *Orientalism* (1978)**

Unsettled states: nations and their borders

> **The government of India states that 'the external boundaries of India are neither correct nor authenticated'.**
>
> **Legend on all maps of India**

Does anything really make up a nation apart from its borders? There are 'nations' without physical borders: the first nations of Canada (a title chosen by indigenous North Americans for themselves, in preference to the usual term 'fourth world'); the 'Nation of Islam', although it could be said the Nation polices its own borders with some care. The border creates the limit of the nation, and produces the space in which the nation's infrastructional machinery, its government, its tax collectors, can operate. The nation is a kind of corporation. It is the border that allows another nation to recognize it as a nation, to send its representatives there, so that it can participate in the global community of nations. A community without communal values.

The territory of the earth is a mosaic of nations: or is it simply a mosaic of states? What makes a state a nation? Does it need to be one? The problem for the state, unless it possesses a monarch endowed with divine authority, is the question of what legitimates its authority. As the French discovered in 1789, the idea of the nation fulfils this function in an ideal way. As a larger corporation, to which its citizens necessarily belong without choice, the nation becomes an empty space in which all forms of potential identification can be filled: race, religion, language, culture, history, the land: what makes you a part of your nation?

It always used to be assumed that in order to become a nation, the people of a nation should resemble each other as closely as possible. If they looked different, spoke a different language, followed a different religion, then this was considered a threat to what the political theorist Benedict Anderson has characterized as the 'imagined community' of the nation. Many people, languages, cultures, have been repressed for this reason. The United States, a nation of immigrants, makes an interesting test case in its attempt to deal with this problem of how to make the many one. First of all, everyone in the US has something in common, that they or their ancestors came as immigrants – though awkwardly this does not apply to the first nations of native Americans who were displaced or exterminated in order to make room for the new arrivals. Secondly, unlike most countries, more like an old dynastic empire in fact, even the landmass of the US is not attached, but dispersed with other countries and oceans in between (this is probably not why Americans use the term 'the world' to mean the US, as in the so-called World Series). The absence of traditional links to land, history, and culture explains why the US has to make an identity for itself out of its liberal state ideology (democracy, liberty, free enterprise capitalism), and why it has to create demonic enemies which are alleged to threaten its very existence (successively: witchcraft, Chinese immigrants, communism, Hispanics who won't speak the state's official language English, African-Americans who speak Ebonics, African killer bees, Islam . . .). These enemies serve to make all its different people feel collectively threatened, and therefore to bond with each other.

All these common values are symbolized by the American flag, which flies everywhere across the country, planted in every conceivable, possible, and even impossible place: front lawns, car windows, the sides of buildings, corporate websites. Its ideology is materialized through the common lifestyle that keeps the US coherent as a nation, the proliferation of monopoly capitalism that makes most American cities very similar to all others: not just the ubiquitous McDonalds, which has spread around the world, but Wallmart, JC Penney, Rich's, Chick-fil-A, Dunkin' Donuts, IHOP, Friendly's, Staples, Office-Max, and so on. You always know where you are when you are on the road in the US. The uniformity of American life is such that since the 1960s it has been able to allow the expression of minorities who proclaim the 'difference' of their identities; albeit permitted to the extent that anyone who lives in the US has to become absorbed in the relentless conformity of becoming 'American'. There is one significant kind of difference in the US, however, and that is an economic one: there are a lot of rich people in the US, but also a lot of poor people, many, many more poor people in fact. Hanging on to cultural differences masks over the cracks and successfully naturalizes the fact that some groups are rich, and other groups are poor.

And yet, this homogenizing approach to national identity has been very successful in the US. It does permit certain kinds of difference. The mistake of the postcolonial state was often that it took the alternative German Romantic account of the nation, developed at state level in Europe by Nazi Germany, as the only possible way in which a nation could be constructed: a holistic people with a common language, history, culture, and race. Though this model worked well for constructing a sense of solidarity and a goal for which people were fighting in the anti-colonial movements, the attempt to stabilize it and impose it by means of state control after independence has in general had disastrous consequences. Nationalism is Janus-faced: before independence, good; after independence, bad. This ambivalence means that postcolonialism itself can be appropriated in the name of a variety of contemporary cultural nationalisms, despite its theoretical orientation against them.

The Hindutva movement in India, with its ideology of a return to the authenticity of the golden age, of the wonder that was India, and its inalienable attachment to land that is peopled by minorities who wish to be independent (India administered Kashmir, obviously, but also those 'restricted areas' excepted in all foreigners' tourist visas, all along the northeastern frontier), has been the most recent national movement to pursue the illusions of national homogeneity derived from 19th-century Germanic ideas of authenticity. If you doubt the link, ask why newly printed copies of Hitler's *Mein Kampf* can be found for sale on street bookstalls all over northern India and Maharashtra. The project is the quest for authentic Indian-ness, for a *Hindu Rasthra*, an ethnically pure Hindu nation, which will eliminate or exclude minorities such as Muslims or Christians, and fix Dalits (untouchables) and Adivasis (tribals) into its eternal racial hierarchy of caste. The Hindutva movement mimics the history of its neighbour Sri Lanka, still caught in the grip of a frozen civil war that erupted after the homogenizing, but in practice exclusionary, 'Sinhala only' movement that was initiated against the Tamil minority after S. W. R. D. Bandaranaike's massive general election victory in 1956. People in the west always automatically assume that the western system of democracy must be the best political system for all countries of the world. However, in countries with well-defined, different ethnic groups, where one is in the large majority, democracy can become a form of popularly, democratically agreed tyranny and oppression. In such countries, the minority have no legitimate political means of resistance against the tyranny of the majority. Make your own list.

These repressive nationalist projects are not necessarily generated internally, however: nationalism, as Benedict Anderson has suggested, is often the creation of those who have left the country, and who, in safe and prosperous exile, fondly fund at long distance future recreations of idealized memories of their past. Is it the diasporic spread of a people beyond its borders that creates the nation? These nostalgic cultural imaginings are an effect of globalization, produced from afar by those who now never have to encounter the nation's everyday realities. According to an extensively documented report published in 2002, the explosive growth of Hindutva in India, which has under-girded much of the sectarian communal violence of the last decades, has been amply funded by a US charity, the India Development and Relief Fund, based in Maryland, despite US laws prohibiting such charities from engaging in political activities. Money from non-resident Indians in the US creates the link between the idealized past and its violent production by state governments and non-governmental organizations in the present. The racism and intolerance to which such holistic conceptions of the nation inevitably lead means that postcolonial intellectuals, particularly from India, have tried to think of the nation differently, to propose alternative accounts of the nation which begin not with an idealized version of how it might be, but with how it is, highlighting the ways in which the nation can work as a force of oppression. This means thinking of the postcolonial, or the postimperial, nation in terms of its fragments, those parts and those peoples who do not easily belong to it, who exist at the margins and peripheries of society. They are the means through which the nation relates to itself.

The ideal of the nation is often imaged as a woman, and the ideology of nationalism often invests the nation's core identity upon an idealized, patriarchal image of ideal womanhood. When this happens, women, as Virginia Woolf put it, effectively have no nation. Woman, refugee, asylum seeker . . . Throughout the 20th century, women have striven to resist patriarchal nationalism by forming transnational organizations. The uprising that was to topple the Russian Czar in 1917 began with demonstrations on International Women's Day. The great suffragette Sylvia Pankhurst affiliated to the First International Working Women's Congress held in Moscow in 1920. If many international women's and trade union movements during the first half of the 20th century were organized within the framework of the Soviet Comintern, in later decades the growth of women's movements was spearheaded by the United Nations Decade for Women between 1975 and 1985. Many transnational women's movements were then developed within the framework of the UN, of which the International Alliance of Women (IAW) has been the most prominent. Many others have grown independently, for example Development Alternatives with Women for a New Era (DAWN), which has branches in Latin America, the Caribbean, and Asia; the Women Living Under Muslim Laws International Solidarity Network (WLUML); or the Association of Women of the Mediterranean Region (AWMR), whose members come largely from North Africa and the eastern Mediterranean. Transnational movements and transnational links between resistance movements have been the most effective response to patriarchal national imperialisms throughout the century.

Resistance to the oppression of the colony or the nation can best be broken by cutting through its boundaries and reaching out beyond them.

While some nations try to sweep away their fragments, others are invented out of fragments: Indonesia, for example, was created by the Dutch, the Japanese, and the Javanese from uncontainable diversity that still threatens to tear it apart. Other nations live and die every day as fragments: take Palestine. The map of Palestine

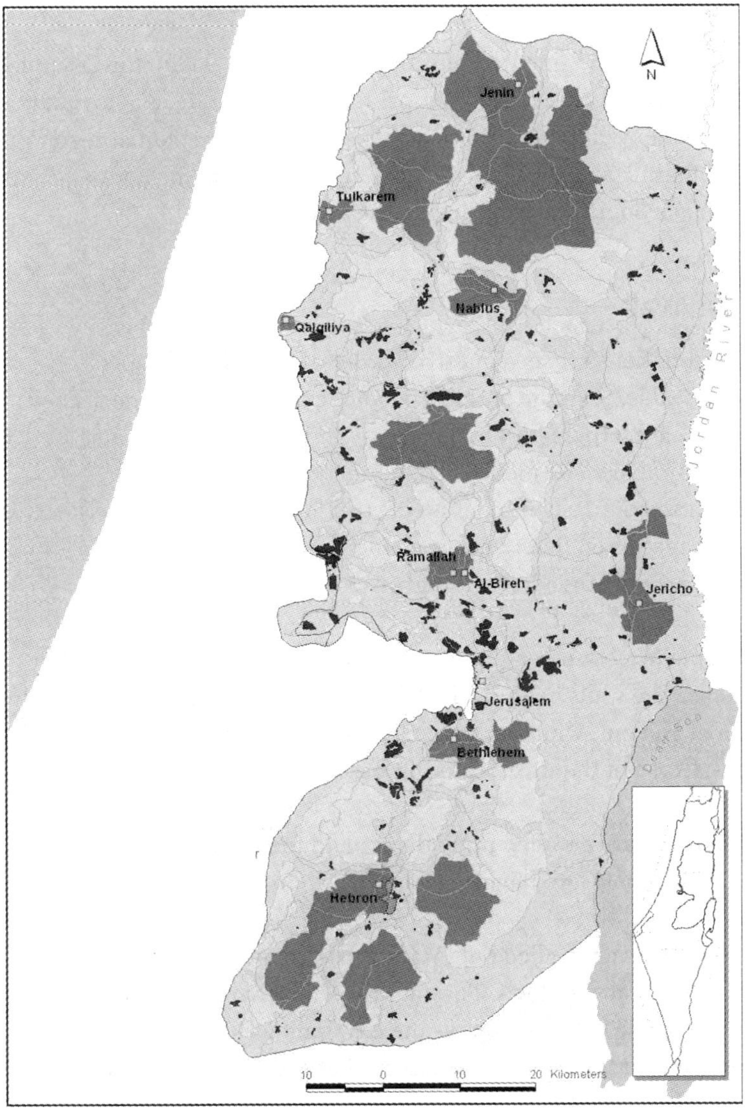

10. 'Palestine Bantustan': Map of the West Bank after the Oslo Agreement.

after the Oslo Agreement looks like the night sky on a cloudy night. Whereas the stars have space between them, and the thousands of Indonesian islands have sea, Palestine has military checkpoints and Israeli-controlled territory in between its stars on its map.

Could these fragmented bits and pieces that make up the Occupied Territories ever seriously comprise a nation, a state, a homeland? This map vividly recalls other maps of an earlier colonial regime: the Bantustans, the tiny so-called independent homelands allocated to black South Africans during the apartheid era .

The wall

Most nations rely on cohesive borders. If borders are open, permeable, then the nation's peoples cannot be controlled. They may leave, others may enter illicitly: migrants, immigrants, undesirables. The modern state functions by means of a contradiction: a combination of strict border controls together with tolerance, even quiet encouragement, of illegal immigration – by workers who then have no rights.

So, make a boundary, build a wall. We are always surrounded by walls. The walls behind which people live have doors, entrances to go in and out, windows to see in and out, to open for fresh air and the stroke of the warm summer breeze.

Some of us are walled in. Walls around the cantonment, the prison compounds. 'Gated living' in the US, or South Africa: barricades.

Some of us are walled out. Many walls are no home. These are the ones with no windows. They are the walls that stretch through the countryside or zigzag across the city, built as border fences to keep people and things out. The limits of liberalism. To defend the state.

The virtual wall. Vietnam. 'The Virtual Wall™'. 'The faces of freedom™'. 'Clicking a photo on these indexes will display that person's complete memorial page.' Looking at their bright faces, reading the messages of their families, brings home so painfully the costs of trying to defend the state by encircling the earth. Not for the first time. The Great Wall of China, built to keep the Mongols out. Hadrian's Wall, built by the Romans to keep out the Picts. The Great Hedge of India, grown from Leia in the Punjab to the south of Burhanpur on the Maharashtran border to enforce the British Salt Tax that was eventually to be destroyed so effectively by Gandhi's Dandhi March in 1930. The rabbit-proof fence in Australia, built to keep rabbits from migrating and the stolen children of aboriginals from returning home across the countryside. The Berlin Wall, built to keep people in, in the anomaly of a divided city. The walls and fences now being built in the West Bank, across the middle of Palestinian farms, to keep the illegal Israeli settlers from the hostile Palestinians.

Border cities, especially those at the pressure points of direct contact between the first and third worlds: Ceuta and Melilla, the two Spanish colonies on the North African mainland. Like Martinique in the Caribbean, they are part of the European Union. With funds from Brussels, the two cities are surrounded by a ten-foot-high fence, with double razor-wire, electronic sensors, and infra-red cameras on top. Still the migrants, from Morocco, Algeria, and especially West Africa, try to climb in. Many of them are unaccompanied children. If caught, the Spanish authorities keep the children in residential centres, where they are often abused, and then illegally returned to Morocco, where they are then often beaten and abused again as a punishment by the Moroccan police, before being abandoned on unfamiliar streets late at night. Rather than risk being entangled in the razor-wire of the fence, many others pay large sums of money to risk a journey on rickety boats known as *pateras* to sail the nine-mile stretch across the treacherous waters to Spain. No one knows how many drown – somewhere between 1,000 and 2,000 people a year perhaps. Under pressure from the EU, the Spanish government has now installed a $120 million radar system that forms an electronic wall across the straits of Gibraltar. The migrants resort to taking more dangerous, longer routes across the water.

Tijuana, Mexico, is a city that has founded its relative prosperity on being a border town. The long street lines of the Avenida Revoluccion could be anywhere in the US. Only the colours give it away: compared to the pastels of California, they are wildly out of control. At the main intersection, the yellow and red of the Sara store faces the sky blue of the Lobster Club, which looks on to the bright purple of the 'Bar, Grill, Dance', opposite the pink and red of Le Drug Store. Any language but Spanish for this border town, a town turned inside out. Outside the city, late at night, young men, prospective migrants, gather by the River Levy. Operation Gatekeeper has been successful at keeping them out, its closed door producing what is called the Bonzai Run. Migrants run head-on into the traffic on Interstate 5 to avoid border control – it is simply so dangerous that the guards will not chase them. Or they swim the Rio Grande to be picked up and roughed up at gunpoint by local vigilante patrols in Eagle Pass, Texas. These are people slipping across into a land that was once theirs, from which they are now excluded. The busiest section of the border is called Imperial Beach.

Touch of Evil: cars parked at right angles all the way down the long stretch of the main street. Famously the film opens with an audacious crane-tracking shot that lasts three minutes as the camera works its way down four blocks of flashing neon lights interspersed with crumbling darkness towards the Mexican/US border, producing a seamlessness, a cinema without breaks, people without borders, borderless infiltration. A large convertible car driven by a wealthy American man and his blonde companion drives through the barrier checkpoint into the US. A moment later, the car explodes.

Chapter 4
Hybridity

Raï and Islamic social space

Much of this book has been inspired by, and the course of its writing frequently ripped apart by, the pulsating, energizing sounds of Algerian raï. Ideally, the book should also be read against the hoarse, pining pounding of 'Chabrassi', 'Guendozi Mama', or 'Wahlaich', the songs of Cheb Khaled, Cheikha Remitti, and Haïm. After the appalling experiences of the Algerian War of Independence – the widespread torture of men, women, and children; the million and a half Algerians killed by the French in their desperate attempt to retain their own privileges, won by imperial military conquest in the 19th century; the arbitrary occupation of a land whose people were never subdued – the emergence of raï music in the 1970s in Algeria was a particularly heartening phenomenon. Raï is often described as raw, rough, earthy (*trab*): it is also defiant, assertive, passionate. The singers throw themselves at its rhythms with an unimaginable fury that gives raï its unique energizing passion.

Raï began during the explosive population growth of the first generation of Algerians born after the end of the Algerian War of Independence in 1962. It came into its own in the late 1970s when singers from that generation, such as Sahraoui and Fadela, and Cheb Khaled, began to produce their own dynamic form of raï at

It's something very powerful that I can't really explain. When I'm on stage, I don't cheat. I give everything I have in my soul and my spirit.

Cheikha Remitti, 2000

once closer to western rock and reminiscent in its haunting self-expression of reggae and African-American blues. The emergence of raï is also associated with the migration of people throughout Algeria to the cities, and in that sense marks a syncretic musical form that epitomizes the economic imperatives of modernity. This involved much more than a process of fusion, synthesis, or intermixture. People and cultures do not flow unimpeded and unchanged in the way that capital does. The social production of raï was not a single process at all in fact, but rather involved histories of contested relations at every level of its production and consumption in Algerian society. To that extent raï can work too as a broader metaphor for thinking about the complex relations of cultures to the forces of modernity.

In the first place, raï does not consist of one kind of music that can easily be described in general terms. It has always been mobile and shifting as it changes its functions and locations, its instruments and its audiences. Its production is often casual and can be adapted easily according to specific needs. Its impromptu nature means that it will never become fixed, that it will always be flexible and able to incorporate new elements. At one level, it entails a spontaneous modernization (according to some, inevitably, a degeneration) of the traditional Arabic Maghrebian form of the *malhūn*, a traditional elaborate form of sung poetry performed by the *shīkhs*, learned, cultured religious men accorded high status for their art. In many ways, however, raï is more directly derived from the profane songs of the more transgressive and vibrant woman singers, the *shīkhas* who catered to the masculine spaces of the public bars and brothels of pre-Independence Algeria, performing also at weddings, parties, and even religious festivals. The great Cheikha Remitti, generally accorded the title 'The Queen of Raï', began as, and in spirit has always remained, a *shīkha*, as her title suggests. Some women raï singers, on the other hand, started out as *maddāhas*, women poets who sing both religious and profane songs at gatherings exclusively for women at events such as circumcisions or *mendhis* prior to weddings.

As a musical form, raï originally developed soon after independence in the cosmopolitan port city of Wahrān (Oran), in western Algeria, where, particularly from the mid-1970s onwards, the young *chebs* (male singers such as Cheikh Meftah and Cheikh Djelloul Remchaoui) or *chabas* (women singers), singing in cabarets or at weddings, created new songs marked by radically honest lyrics about their own contemporary political and cultural situations. The titles *cheb/chab* that the performers were given, or gave themselves, marked their difference from traditional singers, suggesting their youthful audience, their lower social and artistic status, as well as signalling their innovative modern musical style. Musically, raï was in part adapted from the songs sung by the *shīkhs* in the *badawi*, or traditional Bedouin tradition, and in part from the more modern *wahrāni* music already developed in the cities since the 1930s from the *malhūn* and *andalus*, the classical city music of North Africa. *Wahrāni* music had already begun the process of transforming traditional Arabic musical forms to the demands of modern mass-produced music and electric instruments, beginning with the accordion, absorbing influences from Moroccan (*chaabi*) and Egyptian (especially Umm Kulthum, *Kawkab al-Sharq*, the Star of the Orient) dance and wedding music. This was now combined with elements of western rock, disco, and jazz, and West African music, together with songs from further afield such as Latin America and Bollywood – a range of sources that has no formal limits.

Raï performers originally began by using distinctive local acoustic instruments – string instruments such as the *'uud* (the Arabic lute); wind instruments such as the *gaṣba* and *nāy*, throaty haunting reed flutes; percussion instruments such as the *banndīr* (tambourine), *gallāl* (drone), *qarqabu* (castanet), *darbūka*, *ṭbal*, and *ṭbila* (drums); together with the violin, accordion, and trumpet. From the earliest days, however, some musicians, such as the Qada and the Baba brothers, adapted their material for western electronic instruments and created 'electric' raï. In a similar way in linguistic terms, raï is sung in the local dialect, but a dialect inflected with running allusions and streetwise borrowings from Spanish, French, and Arabic. The development of raï was also precipitated by technological change: in some respects, it rose in its modern form in response to the specific demands of the local cassette-recording industry after the end of the vinyl record. The invention of cassettes for the first time put local entrepreneurs in control of music production, and much of raï's international success is owed to the producers and middlemen in Algeria and then France who have imposed their own needs and preferences in the recording studio on to the musical forms. It was never an 'authentic' music outside these motors of production; it developed through being played increasingly on radio stations abroad, primarily in Morocco and France. Although these commercialized conditions have been criticized in Algeria, at the same time this new situation allowed the music to emerge as an independent form and force, breaking established conventions within the musical and social culture of Algeria. It has always been, literally and metaphorically, multi-track.

The term 'raï' literally means 'an opinion', 'a point of view', 'a way of seeing things'; it can also mean 'an aim'. In terms of asserting its own perspectives, its own subversive will-to-power, therefore, raï encapsulates many of the qualities that are fundamental to postcolonialism itself. Beginning as the expression of those who found themselves on the periphery of their societies, immigrants to the cities who lived in deprived conditions of poverty, poor housing, and unemployment, raï's musical culture was quickly transformed out of the margins into the major popular expression for young people of social conditions within Algerian society. The speed with which raï spread in popularity across Algeria and North Africa was testimony to the degree to which it provided points of recognition that had never previously been articulated. It was quickly identified with 'the word of the people' (*shaab*), and to that degree became fundamentally articulated with the political message of the radical Islamist party *Front Islamique du Salut* (FIS). Raï's popular appeal lay in its recompositions of recognizable but destructured elements from the perspective of those at the margins through mass-produced popular modes. Raï singers took elements from a wide range of existent cultural forms – sacred, secular, classical, popular – and represented them in ways that took them out of their conventional contexts into new kinds of cultural expression. In invoking a range of complex cultural codes in forms that allowed spontaneous invention and elaboration, raï singers were able to express their own relations of contradiction and ambivalence towards the society around them, which was at once rapidly changing in economic terms and caught within rigid social structures. Raï stands in the contested space between modern interpretations of what constitute traditional Muslim values, and the traditional responses of accommodation and resistance to forces of historical change by Muslim societies.

These raï did not necessarily offer a way forward that had been thought through in political or ideological terms. Rather, they represented the emotional expression of those who found themselves at the points of disruption within Algerian society and on the wrong side of its forms of legitimation. Raï's popularity can be seen as a mark of its success in providing forms of identification to which many could immediately respond, particularly the *hittistes* ('those who prop up the wall'), whose primary adult experience was one of unemployment, boredom, and disillusion with the government. In political terms, raï, like many postcolonial cultural forms, was first of all concerned to articulate problems and situations, as a necessary first stage in moving towards any possible resolutions.

I divide my career into three periods: the period of 78 records, the period of 45s, and the period of cassettes. Throughout all these periods, I have always sung the ordinary problems of life, social problems, yes, rebellion. The problems I saw were common problems, ever since the age of fifteen or sixteen. I still haven't got it all out. It's a matter of observing and reflecting. Rai music has always been a music of rebellion, a music that looks ahead.

Cheikha Remitti, 2000

A hybrid genre of this kind says something about contemporary social problems, social contradictions: its politics are in its articulations, even its articulations of inarticulate states of being – it has no quick solutions, and may well have no immediate solutions at all. Like postcolonialism itself, it offers challenge rather than solution in the first instance, and allows its audiences themselves to interpret its new spaces with relevant meanings of their own. It does not arrive delivering its meaning already fully-formed – rather it enables new meanings to be created and projected in dialogic encounters. And like postcolonialism, because it articulates the raw, the rough, the vulgar, social and sexual tensions in a changing, torn social milieu that no longer adds up to a coherent civil society, it is criticized for its lack of respectability, for the impurity of its politics – as well as, in the case of raï, for the profanity of its language. For this reason, raï is also credited, or criticized, for its disruptive, destabilizing effects on its listeners as well as its performers – in other words, for producing the very effects that it names.

Rrāy l-ghaddār talaftli rrāy w khalītli d-dār

(Treacherous raï, you made me change my ways; you made me lose my home)

Cheb Khaled, 'Nti, nti'

Clearly what raï does do is encourage forms of self-expression and identification in ways that in musical terms replicate some of the social tensions that it enunciates, particularly in the subversive borrowings from the traditional *shīkhs* set against electric sounds taken from commercial western rock, which express ambivalence between traditional cultural forms and aspirations towards the west. For at the same time, it continues to refuse the west by maintaining the distinctive Arabic fluid tonal sounds and rhythms: whereas western music, for example, is restricted by its notation system to half tones, Arabic music does not limit itself to set intervals, and freely moves amongst quarter and eighth tones. Its rhythms flow in an equally inventive pattern against the beat – only jazz since the 1950s comes remotely close to the musical inventiveness of Arabic music. In both cases, it is the extempore creativity of the performing musician that calls the music into being. In the same way, the singer's lyrics will forge traditional lines and refrains with references that incorporate the particular social world of his or her audience. By articulating within the songs recognizable local topics and cryptic allusions to places of transgressive love, such as the forest, as well as to the family and the sacred, raï forges a medium that speaks specifically to everyday forms and difficulties of Maghrebian experience, while itself being given meanings within the contexts of contemporary social life. The meanings are enacted through the performance. Raï does not represent either a search for, or a creation of, a new cultural identity. It is rather part of a process in which novel kinds of perceptions relating to cultural identity are staged, debated, and negotiated in challenging ways that were not previously possible.

At independence in 1962 the initial position of the state towards Algerian music was to patronize the traditional culture of *andalus*, the national classical music enjoyed primarily by the Algerian elite, and to dismiss the raï that was exploding from the streets in its synthesis of traditional and modern popular forms. From the mid-1980s, however, as raï rose to international prominence, government attitudes changed dramatically, and raï began to be patronized by official channels of the state, with raï concerts promoted by the ruling FLN elite. At this point, the identity of raï as the word of the people began to be contested more actively by Islamists, and it was denounced by the FIS as morally decadent. After one of raï's most famous singers, Cheb Hasni, was assassinated in October 1994, many others have sought refuge, ironically, in France. Despite the civil war that began in 1988 and the increasing dominance of the Islamist party, raï remains the dominant popular musical form amongst young Algerians, and continues to mediate their interests in the west with their strong attraction to Islamism.

From the mid-1980s raï was also promoted within France, and achieved a wide following across the Maghreb as well as in North African communities in France, Spain, and elsewhere. It was one of the first examples of so-called 'world music'. This concept, which emerged in the late 1980s, is often described in terms of 'fusion': a fusion of western elements, of rock and jazz, with the tonal harmonics, rhythms, and particular sounds of local music. Fusion marks a phenomenon of globalization in which the cultural channels of communication have been opened for all by technology, which intersects different musical sounds with ease – quite literally, in fact, on the synthesizer. In some cases, the simple idea that these elements have fused together into new mixed modes may well be accurate, though it is notable that some raï songs, such as Haïm's 'Wahlaich', were simultaneously produced in Arab and French versions. It is also striking that apparently homogenizing tendencies can lead to very specific local forms. The sound of Raïna Raï, who come from Algiers, for example, is distinctly different from the traditional earthy or popular forms of raï that first emerged along the Wahrān coastline.

In contrast to its varied and ambivalent role in Algerian society, in its presentation to the west, raï has been brought in to tell a familiar story – the story that the west always wants to hear about other cultures that appear to operate according to norms significantly different to its own, and which resist accommodation and incorporation into western economic and ideological models. As reported in the French and world press, raï has been turned into a western-style Algerian youth revolt, and presented as a second, postcolonial war of liberation and modernity against paternalist tradition, a revolution against the social rigidities and disparities of wealth under the current Algerian regime, and as a secularist revolt by Algerian youth against the strictures of Islamism in Algeria, above all breaking through social and religious taboos on sexuality, alcohol, and drugs. Raï singers have been profiled as bohemian rebels who aspire to express a free individualism that emulates the commercial individualism of the west and allies them to international pop icons of rebellion such as James Dean, to punk, rap, and reggae. As the sleeve of a raï anthology puts it:

> Raï stars . . . love to state what time it is. Not that they like to waste words on religious or political issues – rising from the town of Oran in west Algerian in the '80s, raï was a celebration of good times in a place where good times were desperately hard to find. Sex 'n' drugs 'n' raï 'n' roll. Right on said Algeria's disaffected youth massive. Ruled out said Algeria's fundamentalist Islamic Front and military government, united in a hatred of raï's striving for freedom.

Here raï has been accommodated to the strict protocols of western youth culture – whose demands would not tolerate stories of its active promotion by the Algerian government, for example. In the versions produced for the French and British record labels, moreover, the music itself has been adapted to suit western tastes. In Khaled's songs, recorded with American musicians in Los Angeles for the 1992 album *Khaled* (the transition to the west was formally marked by his dropping the title Cheb), the distinctive and infinitely flexible three-beat rhythm of raï (triplets, in which the singer often freely extemporizes after the first beat) has been replaced by the mechanical fixed four-beat rhythm of western disco, with the addition of a recognizable western-style harmonized chorus. Khaled's voice, meanwhile, seems to refuse all smoothed-out fusion, rasping out its Arabic on a separate track far off in its own orbit, living altogether in another spatial rhythm and temporality. The commercial processes have also been westernized: whereas raï songs in Algeria were produced spontaneously from a shifting range of communal sources, freely adaptable by all, Khaled's record company have registered him with the copyright authorities in France as the writer of all the songs he had previously recorded in Algeria, even when they were old songs of Cheikha Remitti and others that in Algeria had never been regarded as anyone's private property. It is unlikely, of course, that raï would ever have become popular in the west without some modifications, any more than western music gets appropriated straight in the Maghreb. Moreover, as has been suggested, raï is itself a complex, changing musical form that remains adaptable and flexible: 'French' raï by Johanne Hayat or Malik is also popular in Algeria, while Algerian singers increasingly sing only *rrāy nqī* (clean raï) – with all its Islamic implications of propriety. At the same time, raï in the west was not just designed for consumption by the regular western pop market: it was always driven by diasporic North African communities in France, Britain, and North America who demanded none of the requirements of western conventions.

The CD cover picture in Figure 11 conveys some important elements of raï rather better than its sleeve notes: its vibrancy and energy, its relations to masculinity, to the everyday experience of young Algerians on the streets, its continued active and positive relations to Islam, here signalled in the prominent prayer *Bismillāh-ir-Rahmānir Rahīm* (in the name of Allah, the gracious, the merciful), that closes and supports the whole image in the lower right corner. The montage thus gives something of a visual equivalent of raï's mixed social and religious identity. Raï has often been described as 'hybrid'. In fact, it encapsulates many of the qualities that the term 'hybridity' in postcolonial writing attempts to locate. Like raï, hybridity does not involve a single process, though it can sometimes be discussed in unimaginative abstract terms far from any consideration of the dynamic dimensions of cultural formation and

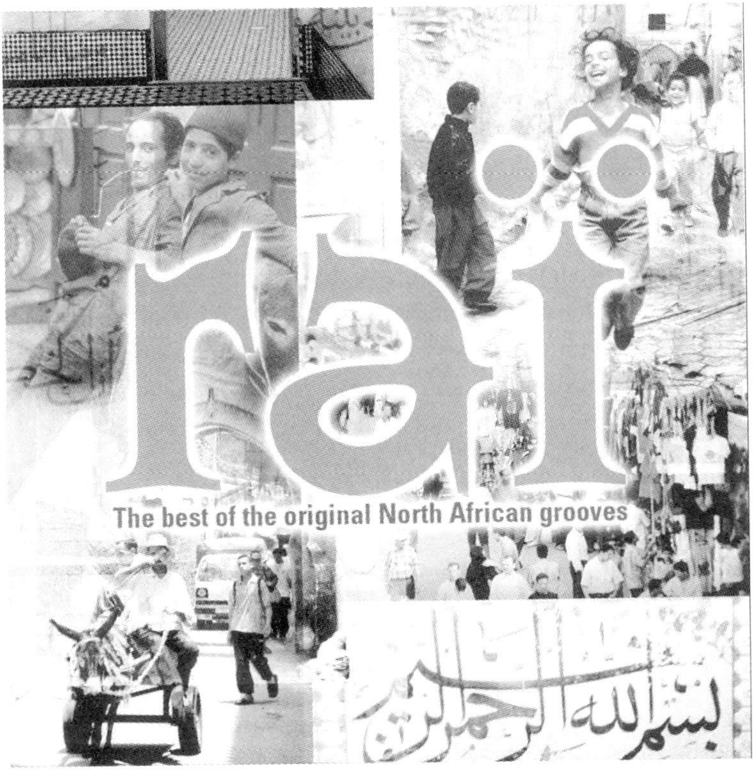

11. Cover of raï compilation CD, Manteca World Music, 2000.

contestation such as to be found in raï. Hybridity works in different ways at the same time, according to the cultural, economic, and political demands of specific situations. It involves processes of interaction that create new social spaces to which new meanings are given. These relations enable the articulation of experiences of change in societies splintered by modernity, and they facilitate consequent demands for social transformation. So it is with raï. As a hybrid popular form, often working in complex and sometimes covert ways by allusion and inference, raï has offered a creative space of articulation and demand, revolt and resistance, innovation and negotiation, for many of the contradictory social and economic channels operating and developing within contemporary Algerian society.

The ambivalence of the veil

Nothing symbolizes the differences between the western and the Muslim worlds more than the veil. Few items of clothing throughout history can have been given more meanings and political significances. For Europeans, the veil used to symbolize the erotic mysteries of the east. For Muslims, it signified social status. Today, the meaning of the veil has changed dramatically. For many westerners, the veil is a symbol of patriarchal Islamic societies in which women are assumed to be oppressed, subordinated, and made invisible. On the other hand, in Islamic societies, and among many Muslim women in non-Islamic societies, the veil (*hijab*) has come to symbolize a cultural and religious identity, and women have increasingly chosen to cover themselves as a matter of choice. As a result, the veil is more widely worn today than ever before. Today, depending who you are, the veil symbolizes control or defiance, oppression or autonomy, patriarchy or non-western communal values. How can we understand the veil, catch its meanings, and at the same time take hold of and interrogate our own automated responses? No one can read the veil from a neutral, disinterested space. Let us try by first looking at an image (Figure 12) that typifies the kind of European stereotypical representations of the east in the colonial period, of the kind characterized by Edward Said as 'Orientalism'.

The image is entitled simply 'Arab woman'. A colour postcard, dating from around 1910, the high noon of imperialism, it was produced in Egypt by one of the many German photographic firms based in the Middle East at that time. The representation has objectified the woman it depicts. A real Egyptian woman, with a name, a family, a voice, and a history, has been transformed into an 'Oriental', a universal, generic 'Arab Woman'. The woman has been specially constructed for the eye of power suspended in the westerner's gaze, and precipitated into the one-way street of 'the politics of recognition'.

12. 'Arab woman'.

Is this a photograph or a painting? She wears a brown veil, with a yellow lining that falls over her shoulders and a cloth of bluish-green. A *burqa* of black wrinkled cotton, held up by a *basma*, a piece of cloth that runs through the protruding '*oqla*, made from a piece of a special kind of bamboo called *Farsi*, covers the lower part of her face, but leaves much of her forehead and upper cheekbones exposed. She is looking away from the camera, thus increasing her modesty while at the same time giving her a thoughtful, distracted look. Looking at the coarse bluish cloth of her *galabiya* that falls in folds over the rest of her body, it seems that the artist has subliminally cast her in the pose of the Virgin Mary. A Virgin Mary, decently veiled, as no doubt she was, and it might seem predominantly passive, receptive. All she lacks is the halo, but the aura of quietude around this woman is so strong that she hardly needs one. With her averted gaze, and her arms lowered and folded around her body, it is as if she could never speak, or act, for herself.

Or is it we as viewers who assume this? Does this representation of a woman give us what the artist wanted us to see, a certain image of 'the Arab woman', an exotic oriental woman who can stand for all Arab women, as opposed to the reality of what this particular woman was really like? The image never asks us to think of her as a living human being in a social environment. It is constructed for a certain kind of western viewer who already knows from many other representations what an 'Arab woman' ought to look like – modest, pining, above all veiled. The European knows her instantly, just as today we recognize a picture of a cosy snow-covered scene as an image of Christmas. A representation of Christmas has to show us a snow-covered scene if it is going to evoke Christmas properly. This is the case even though in many, if not most, places of the world, Christmas actually never looks like that. In England, for example, it is generally a mild day with a bit of sunshine and drizzle. There is very rarely any snow. To show a drizzly day on a card, however, would not evoke 'Christmas' in the way a snow-scene does – even when we know that, in terms of our experience, the mythical White Christmas is completely untrue.

> **What does need to be questioned, however, is the *mode of representation of otherness.***
>
> **Homi K. Bhabha, *The Location of Culture* (1994)**

So too with this woman. Though her veiling here is not as extreme as in the full *burqa*, the tubular *'oqla* sticking out so prominently on the forehead, and the tightly drawn long black cloth round the cheekbones over the mouth, narrowing as it descends towards the waist like an enormous beak, give a strong impression to western eyes of imprisonment. She seems literally confined, caged, exhibiting every quality that many western women and men have considered that Muslim women need freeing from by the enlightened, unveiled west – the undressed west, which demands that women uncover themselves, whether they want to or not. In the 19th century, the west considered the wearing of clothes as the mark of civilization; it was 'savages' who went naked. In the 20th and 21st centuries, however, semi-nudity became the signifier of western superiority.

The two layers of colour of the chromolithograph have not been swept over her eyes, leaving them almost matt, so that if you look closely at the pupils they are printed in black and white, staring out from behind the colours that veil her. You begin to see that her eyes are resourceful, strong, empowered, despite the aesthetic frame that has been put around her – which is far more repressive of what she really is than any veil could ever be. The stereotypical image becomes increasingly difficult to read. The woman who has been objectified seems to turn the tables and reassert herself against the power of the western gaze.

In the course of the 20th century, the veil increasingly became a focus for those who sought to secularize Islamic societies. The French in Algeria and elsewhere initiated the 'Battle of the Veil', carrying out forced unveilings of local women. As part of his attempt to westernize Iran, the western-imposed Shah of Iran banned the *chador*, the black head-to-toe body wrap worn by rural and traditional urban women. In direct response, after the Islamic Revolution of 1978/79, women were required to wear it. If some women can be considered to be persecuted by being forced to wear the veil, as westerners generally assume, then other women are equally persecuted by secular laws that oblige them not to wear it. In France and Spain, for example, girls have to fight in the courts to go to school with their heads covered. Here, we are not talking about a veil like the one the Egyptian woman is wearing, where a few curls on the forehead are allowed to break the severity of the veil's boundary, but a veil that completely covers the hair (just as, until fairly recently, European Catholic women used to wear a mantle over their heads when going to church). In Turkey, the enlightened legislation of a secular state in a Muslim country at present prohibits the wearing of any kind of veil in public institutions such as schools, universities, and even hospitals. As a result, many women who have chosen to dress as 'covered women' are prevented from going to university at all. Ways round it can, of course, always be found. One woman, who is a doctor, appropriates an old Jewish custom for married women, and obeys the letter of the law by always wearing a wig, thus revealing hair but at the same time keeping her own hair hidden and out of sight. In the most recent Turkish election, an Islamic party gained power that promised finally to reverse this law that drives Turkish women to study in universities in Berlin, London, and Vienna (in Turkey, they joke that this second Siege of Vienna has been more successful than the first). Men can attend university in Turkey because there is no parallel law demanding that all male university students be hatless and clean-shaven so as to reveal all of their heads and faces. Having said that, it remains the case that Kemal Attaturk, the founder of modern Turkey, did ban the *fez*, and historically much of the legislation about dress in Turkey and Iran was focused on male dress.

When people talk about 'the veil', they often end up talking about it as if it were a fixed thing, like a piece of uniform. There is not just 'the veil' – there are many kinds of veil, and in most societies at any given moment different women will be wearing a great variety of them, in untroubled heterogeneity. The veil itself is a fluid, ambivalent garment. There are the body veils, the *abaya*, the *burqa*, the *chador*, the *chadri*, the *carsaf* or *khimar*, the *haik*, and the *sitara*. Then there are the face or head veils, the *batula*, the *boushiya*, the *burko*, the *dupatta*, the *hijab*, the *niqaab*, the *rouband*, and the *yasmak*, to name only some of the most popular. While there are many different kinds of veil, and many different ways in which women wear any particular veil at different times, like any clothing, veils also change, shift, modify, and are adapted to different needs and new circumstances.

Such as colonial occupation, for example. Fanon emphasized the 'historic dynamism of the veil', the ways in which it can be changed strategically and used instrumentally according to circumstance. This was particularly apparent during the Algerian War of Independence, when the division between the *colons* (settlers) and the natives was such that a woman affiliated herself to either side according to her style of dress. As in the famous scenes in Pontecorvo's film *Battle of Algiers* (1965), Algerian women could then be sent as invisible couriers to carry weapons or plant bombs in the European parts of the city.

> The protective mantle of the Casbah, the almost organic curtain of safety that the Arab town weaves round the native, withdrew, and the Algerian woman, exposed, was sent forth into the conqueror's city.
>
> Frantz Fanon

By turns, Algeria veiled and unveiled itself, playing against the assumptions of the colonial occupier. Although the French soldiers were officially given leaflets telling them to respect Muslim women, there were plenty of other well-documented occasions when the demands of their investigative processes, *la torture*, resulted in the rape, torture, and killing of suspects. Sometimes these women were paraded bound and naked by their captors, and photographed in that state before their death. Algeria unveiled – for the cruel eyes of French 'civilization'.

'This woman who sees without being seen frustrates the colonizer', says Fanon. She asserts a resisting refusal of knowledge comparable only to the impenetrability of the Casbah, the fortress in whose steep, narrow alleyways the ambivalent veiled woman is often pictured. The nature of the western response to the veil is to demand and desire its removal, so that strategies of liberation in the name of saving women supposedly forced to wear the veil coincide uncomfortably with the colonial violence of the veil's forcible removal. Fanon himself had to learn that despite his emphasis on community in his psychiatric hospital at Blida in northern Algeria, he had to allow the creation of a separate section in the hospital canteen for women.

Is it veiling or unveiling that constitutes the radical assertive move against institutionalized forms of power? It is only recently, when it has been made clear that many women choose to wear the veil and will fight for the right to do so, that veiling has been associated with militancy amongst women. For men, by contrast, to wear the face veiled carries completely different connotations from those associated with the Arab woman. Take the photograph in Figure 13, for example, of Subcommandante Marcos of the Zapatistas riding triumphantly into Mexico City in 2001. Marcos has just criss-crossed the country in a 15-day march gathering support for his bill to increase rights of autonomy and land ownership for Mexico's still impoverished indigenous Indians. The government has finally agreed to negotiate with him, and Marcos rides into the city. It is a moment of popular frenzy. He is masked, garlanded, a popular hero. Notice, too, the homely, fatherly touch of the pipe, which emerges mysteriously from his hidden lips.

13. Subcommandante Marcos arriving in Mexico City, 10 March 2001.

To cover the face, for a man, carries all the connotations of wearing a masque – of romantic banditry, of being outlawed, adopting a disguise as a means of self-protection against the odds of the authority in power. The Zapatistas' war against the Mexican state on behalf of the indigenous peasantry of southern Mexico, who, despite rebellions throughout their history, have won few rights of land and property, has famously been one in which indigenous rights have been asserted through the most modern forms of technology. Marcos used to fax his demands to the government and the papers: now he sends them by email. At the same time, the Zapatistas have employed as their hallmark the balaclava helmet, a veil that, like the masks of the Intifada fighters in Palestine, both guards their identity from the security forces and gives them a militant uniform. The very uniformity that the veil appears to impose on the woman here increases the masculine subversive resonance. The male veil is assertive. Whereas the Arab woman keeps demurely still, the garlanded Marcos raises his open hand triumphantly high in the air, and though he too looks to the side of the camera, he is clearly saluting a crowd, not averting his eyes from the viewer. We, as onlookers, are reduced to being part of the spectacle of which he is the centre. Why does the veil appear to disempower a woman, but empower a man?

The answer is that this is not intrinsically a gender issue but a situational one. There are also examples of veiling of Arab men, such as among the Berber Hamitic-speaking Tuareg, who regard the veil as an instrument of social status and masculinity. Tuareg men wear a white or blue veil called the *tegelmoust*. The Egyptian-born anthropologist Fadwa El Guindi writes,

> The veil is worn continually by men – at home, travelling, during the evening or day, eating or smoking, sleeping and even, according to some sources, during sexual intercourse.

Tuareg women, on the other hand, are not face-veiled at all, though they use their shawls to cover the lower part of the face rather as older women in South Asia use the *dupatta*. What is striking about Tuareg male veiling is the way that it is also used as a mobile signifier to denote meanings in everyday ordinary social intercourse. The veil is drawn up to the eyes before women, strangers, or prestigious persons, lowered amongst those for whom the wearer feels less respect. Rather as with the *dhoti* in southern India, which men unconsciously adjust, fold, wrap, and hitch up to knee length, then unfold and drop, as they stand talking to each other, Tuareg men are continually adjusting and readjusting their veils, heightening and tightening them, lowering and slackening, tugging and straightening them, as they go about their daily business.

The veil, in other words, can only be read in terms of its local meanings, which are generated within its own social space. A reading from outside will always tend to impose meanings from the social space of the viewer. For westerners, the veil is about the subordination and oppression of women. In Arabic societies, as El Guindi comments, 'the veil is about privacy, identity, kinship status, rank and class'. Whereas the western viewer, therefore, typically sees the photograph of the veiled Arab woman as a symbol of women's oppression under Islam, for an Egyptian looking at her image in 1910, the veil would have symbolized the woman's social rank. Women of the lowest class, particularly the peasantry in the countryside and the bedouin women of the desert, would not have worn a veil at all. Within the cities, women of different classes wore different kinds of veil. Upper-class Egyptian women wore the Turkish-style *bisha*, made of white muslin. The woman in the postcard, by contrast, wears a traditional black face-veil and *'oqla*, which, together with her *galabiya*, suggests that she belongs to the lower classes of artisans, labourers, or market women. While to the western viewer, therefore, her image may suggest either biblical resonances or an oppressive patriarchal social system, to an Egyptian, her veil first and foremost would have defined her social status. The western viewer, in other words, with no local cultural knowledge, would give a completely different interpretation of the photograph to that of the contemporary Egyptian woman whom it represented.

Nowadays the veil involves a different kind of cultural power, particularly with respect to western societies. Take Figure 14, for example, in which the veiled black woman clearly communicates her challenge directly to the viewer. Her eyes are wide open, and she looks straight at the camera. Notice, too, how the image is taken close up, in an in-your-face way, rather than inviting the aesthetic distance through which we saw the Arab woman. Our response is mediated by the information provided by the title, which tells us that she is a Muslim woman photographed in Brooklyn, New York. The fact that she is in New York encourages the viewer to assume that she is an African-American woman who is probably a member of the Nation of Islam. She has chosen the veil, in the society in which it currently has the most confrontational meaning.

Veil, mask: compliance or defiance? And agency: who chooses to veil themselves? In fact, the women's and the Zapatistas' choice of veiling are responses to the society in which they live. It might seem that the Egyptian woman has no option within a patriarchal system but to veil herself, while Marcos has been a free agent who makes a choice. However, as we have seen, in fact in Egypt in the earlier part of the 20th century, veiling for a woman was generally a mark of status, and in that sense was therefore regarded as empowering rather than disempowering. One reason veiling became more widespread was because more and more women wanted to assert social status, particularly to other women.

For Marcos, as a revolutionary fighting his government, his anonymity is a strategic requirement. He chose to wear the balaclava, but not as an act of free choice. In modern times, covering the face has become a widespread means of avoiding identification by police cameras, a device always used, for example, at IRA funerals. It also represents an act of defiance and assertion, as veiling increasingly does for Islamic women today. The meaning of

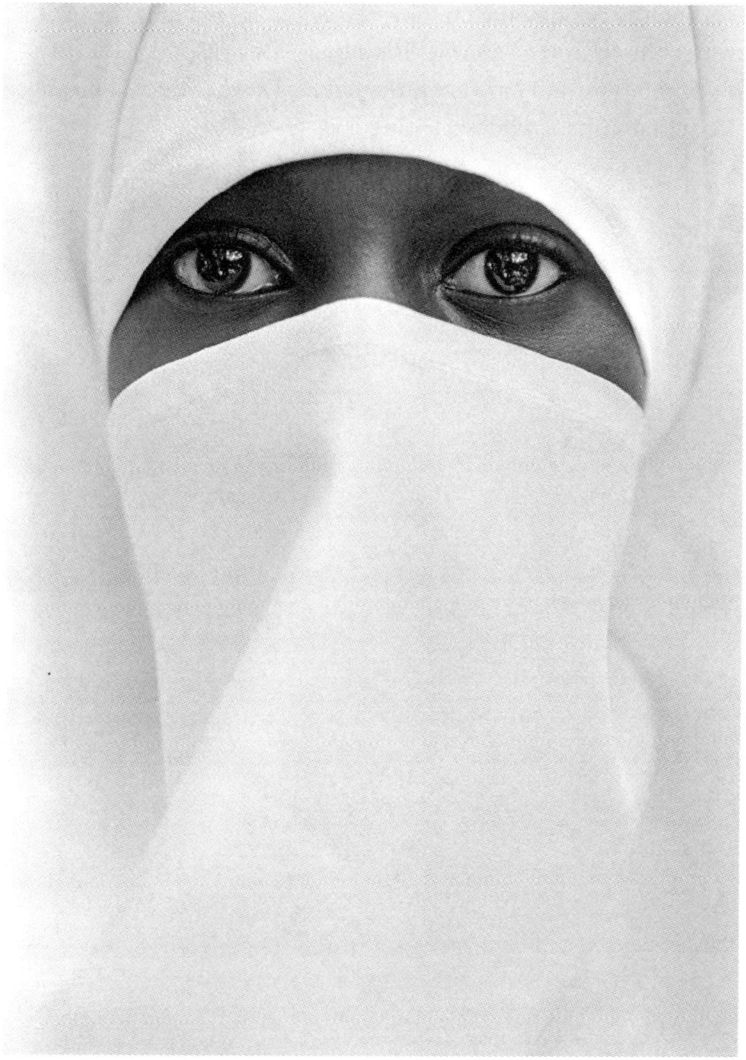

14. 'Muslim woman in Brooklyn' by Chester Higgins Jr.

the veil, when it has one, is never stable. Fanon recalls how under colonial rule Moroccan women changed the colour of their veil from white to black to express solidarity with their exiled king: they chose to give the veil a meaning by transforming its colour. More often, reading the veil amounts to how the veil looks out of its own social context, to what the exterior viewer puts into his or her interpretation, and has very little to do with what the veil means for the actual woman who is wearing it.

Chapter 5
Postcolonial feminism

Gendering politics in India

The women were furious with him when he left the ashram. It had all been so carefully planned. The route, the places they would eat, the places they would sleep, the beaches where they would finally break the law. Why did he refuse to allow any women to go with him? He who had done so much to put women at the centre of his politics, of his style of campaigning, of his very definition of what makes the political. He actively encouraged the political participation of women, identified with many feminist causes, and recognized the potential of feminist political strategies. He used to say that his politics were above all inspired by the tactics of the British suffragettes and Sinn Féin: moral rather than physical force. The violence only of the fast, the hunger strike, and the march. Gandhi was by no means the first to politicize the weapons of the weak, weapons that anyone could share.

Still, he absolutely refused to allow it, however much Sarojini Naidu and even Mira Behn remonstrated with him. The men set off that morning for the sea, in their starched *kurtas* and caps, all supplied with a long walking stick that the women had cut for them. The women were left behind once again, waiting for news, denied political agency once more. The whole world was watching, the film crews were at the ready. Not a woman would be seen. Yet it was he himself who, while in South Africa in 1913, had asked the Transvaal sisters to volunteer to sacrifice themselves at Phoenix Farm by undertaking a *satyagraha* that would lead them to run the risk of a jail sentence, which indeed they duly received, at the cost of the life of one of them, a 16-year-old girl from Johannesburg. The imprisoning of Indian women in South Africa, he noticed, 'stirred the hearts of the Indians not only in South Africa but also in the motherland to its very depths'. He saw how 'passive resistance', as Sri Aurobindo had originally called it, could work more effectively with women as its agents, and considered women most suited to *satyagraha* technique. The Civil Disobedience campaigns brought the participation of women to the centre of political activism; in the Bardoli campaign women such as Bhaktiba, Sharda Mehta, and Mithiben Petit were particularly prominent. It was he who identified not with the political urban elite, but with those at the margins, peasant men and women, the indigo workers in Bihar, as well as women more generally. By championing *khādī*, homegrown cloth, against cheap imported cotton from Lancashire, he initiated the whole means by which women and men could make a political statement simply through their dress (those who could afford it at least).

It was Gandhi who symbolized his entire political and cultural campaign by the act of spinning – a traditionally feminine activity, as the term 'spinster' suggests. He often even projected himself as a woman, and not just as an androgynous spinster:

> I knew, and so did the children, that I loved them with a mother's love . . . My eye always followed the girls as a mother's eye would follow a daughter.

When their sexuality threatened to arouse the boys, however, his response was more that of the puritanical male:

> In the morning I gently suggested to the girls that they might let me cut off their fine long hair.

Gandhi was always very keen on giving things up, on renunciation – which was all very fine if you had had it in the first place. He preferred his feminine principle *shakti* ('soul power') to be androgynized, fearing women's sexuality, and so favoured the spinster and the sister ('behn') over the wife – which is indeed what he made his own wife become. Even while himself appropriating 'feminized' modes of struggle, Gandhi tended to project women in traditional roles. His ideas about sexuality and the domestic role of women in many ways simply reinforced traditional Hindu and puritanical Victorian concepts of women and femininity: Gandhi always promulgated traditional values such as Sita's loyalty to her husband. He was a reformer, but not as automatically sympathetic to progressive ideas about women's rights in the way Nehru was. But then Nehru came out of a communist tradition in which women's rights were an unquestioned part of the removal of all institutional structures of inequality.

All the same, Gandhi was prescient, and recognized that anti-colonial politics were of limited use without more radical social reform. He was no regular anti-colonial nationalist. Gandhi wanted to reform Indian society, its castism, its social and gender inequalities, as well as getting rid of the British. To that extent he anticipated many of the political strategies of postcolonial feminist activism, fighting for women's rights in a whole range of ways. His doctrine of non-violence was not just a strategy for dealing with the British: it also marked the basis for equitable relations between men and women, for a sustainable relationship to the environment, and a practice of diet and natural medicine that encouraged non-violent forms of intervention with respect to our own bodies. He was in that sense the first Green politician. He saw how women's politics were more radical than most nationalisms, how their denial of the divisions between public and private space transgressed the masculine political authority of the colonial regime.

Gender and modernity

At the same time, Gandhi's critique of modernity could be problematic for women, for whom the politics of modernity were more advantageous. Many characteristics of modernity, in fact, were themselves the invention of women. Modernity is defined by both by its technology and its political concepts of equality and democracy, which necessarily involve the end of patriarchy and the institution of equal rights for women. For many male nationalists, on the other hand, modernity was a matter of re-orienting the economy, the state, the public sphere. Even today, as the Indian novelist Arundhati Roy has acerbically pointed out, the Hindutva quest for authentic Indianness would not go so far as dispensing with the mobile phone, the railways, aeroplanes, or rockets that deliver atomic bombs. Gandhi was in fact much more radical than modern Hindutva ideologues in extending his critique of western civilization to science and technology, rejecting the railways and other aspects of colonial modernity in *Hind Swaraj* ('Indian Home Rule', published in 1909) His ideas were the forerunner of contemporary notions of 'sustainable development', the art of the possible.

When nationalism moved from reform movements to cultural revival, feminists began to part company from it, while continuing

> **Thus, to simply denounce Third World women's oppression with notions and terms made to reflect or fit into Euro-American women's criteria of equality is to abide by ethnographic ideology . . . which depends on the representation of a coherent cultural subject as source of scientific knowledge to explain a native culture and reduces every gendered activity to a sex-role stereotype. Feminism in such a context may well mean 'westernization'.**
>
> **Trin T. Minh-ha, *Woman, Native, Other* (1990)**

to appropriate elements of modernity for their own political goals. Cultural nationalists tended to define themselves not against modernity in terms of technology, but against its implications for women. Women are often taken to represent the mainstay of the cultural identity of the nation, retrieved for the present from the society of the past. For macho-nationalists, home and the domestic sphere, relatively free from colonial control, was the best guardian of the traditional values, culture, and identity of the new phenomenon they were creating on the European model against their European masters, 'the nation'. Women and modernity came to be regarded as antithetical entities, with the result that the goal of national emancipation involved a betrayal of all prospect of progressive change for women. This was spectacularly dramatized in India and Africa on the occasions when the colonial government attempted to outlaw practices such as child marriage, widow-burning, and female genital mutilation. The preservation of these practices became celebrated causes for nationalist resistance (though not by Gandhi or Nehru).

These interventions by the colonial state against social practices that oppressed women have been described as 'colonial feminism', that is where the colonial government intervened on behalf of women, claiming it was doing so on humanitarian grounds. Sometimes these measures operated simultaneously as forms of colonial control. The colonial authorities were often sympathetic to those interventions that they regarded as a way of transforming the values of societies whose traditions resisted their rule. This was clearest with respect to the French colonial policy of forced unveiling in the Maghreb. In all cases, it was entirely predictable that such legislative acts would become the focus for nationalist resistance. Yet paradoxically, for women colonial ideology could represent new forms of freedom. As a result, women were much more ambivalently placed in relation both to colonialism and anti-colonial nationalism. This has also meant that while women struggle with the legacies of colonialism in the postcolonial era, they are repeatedly accused of importing western ideas. Well-meaning interventions by western feminists, human rights groups, and Ford Foundation-funded non-governmental organizations can at times end up by making life more complicated for local feminists. Development of all kinds comes best from below rather than being imposed from above.

At the same time, if you argue that feminism is a western idea then you would have to claim that modernity itself is exclusively western. Historically, it is true that feminism was a western political movement that began in the 18th century. Its beginnings were indistinguishable from those of modernity itself. Modernity, we would now argue, was not a western invention as such but itself a product of the west's interaction with the rest of the world, including the economic exploitation of colonialism which first provided the surplus gold that was the motor for modern capitalism. Since then modernity has developed in different ways and according to different temporalities in different places, and the same is true of feminism. Like other aspects of modernity, its development over the past two centuries within non-western worlds has transformed and nuanced its precepts. All political programmes of today, whether feminist or fundamentalist, are products of their own age and therefore very much part of modernity. The debate is not between modernity and its opponents, but rather between different versions of modernity, some of which offer alternatives to what is regarded, not always very accurately, as the western model.

Women's movements after independence

Many of these differences remained relatively suppressed while men and women worked together for the common aims of the anti-colonial movements. It was after independence that fundamental tensions emerged more clearly. 'The role of women does not end with peace' was the simple but astute title of an article by Amina al-Sa'id about Egyptian women volunteering for the army in 1956. For all feminists, the transfer of power at independence and the achievement of national sovereignty, though desirable, was not the

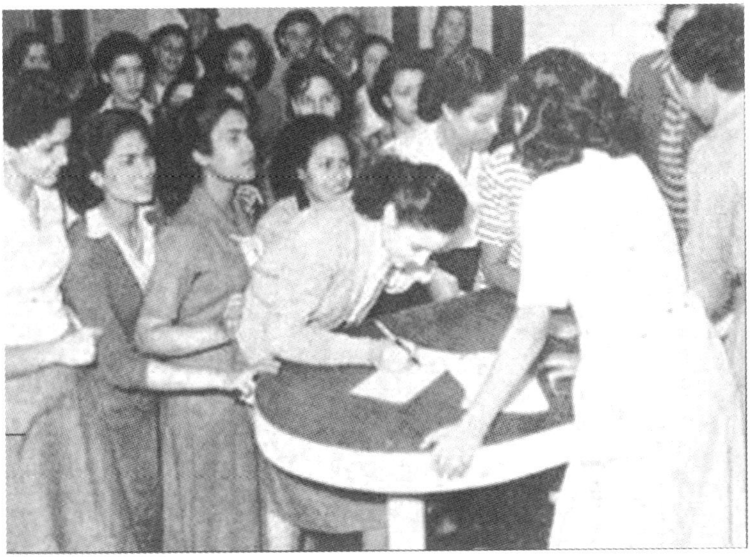

15. Egyptian women volunteer for popular resistance movements against British occupation.

end. It was simply a stage along the way. Whereas from a masculine perspective, independence ushered in the defining new condition of postcoloniality, for women there was no such break: the struggle continued, now against a patriarchal sphere that no longer required women's support. Independence very often involved a transfer of power not to the people of the newly sovereign country, but to local elites who inherited the whole colonial system of the army, the police, the judiciary and the law, government bureaucracy, and development agencies. In many states, after the bulk of energy had been dedicated to achieving national sovereignty, at independence women's political objectives had to be reasserted and a second liberation struggle begun. For this reason, postcolonial politics has often more in common with women's than men's struggles of the colonial era, with a politics of egalitarianism that supports diversity rather than the cultural uniformity demanded for nationalism.

The striking development of religious nationalisms in the postcolonial era – which in certain respects has even defined the postcolonial era – has actually placed women in a situation comparable to that in which they found themselves during colonialism. It is not, however, simply that women in Islamic countries are oppressed by fundamentalism or by Islam, as liberals in the west often assume. There is no single Islam, nor a single Islamic fundamentalism. Women in Islamic countries are positioned in relation to the specificities of their own cultures, their own histories, their own relations to the west and to western colonial power, their own struggles over the interpretation of Islam and of Islamic law, and their relation to the role of women in contemporary society.

Conversely, contrary to the violent polemics against it that can be found in many tricontinental countries around the globe, there is no single undifferentiated 'west' either. The fractures within the west were seen very clearly by Gandhi, and he exploited them actively for India's political advantage.

Feminism and ecology

Although Gandhi's influence has now waned dramatically in India, some elements of his political philosophy continue in a straightforward way. The Chipko movement in India, for example, which is largely organized by women, has been traced back directly by Vandana Shiva to beginnings initiated by Mira Behn, one of the women closest to Gandhi. Shiva has argued that national colonization brought with it a colonization of living natural resources such as the forests, and then a mental colonization in its prescription of technological and market-oriented responses to farming and environmental issues. Resistance by peasants and tribals to the appropriation of forests began in the colonial period, when timber was exploited for military and industrial purposes without thought to the longer-term effects of deforestation and desertification or for the consequence of the destruction of closely interrelated local economies and ecologies.

In the late 1940s, shortly before Gandhi's assassination, Mira Behn moved to a farm in the foothills of the Himalayas. There she became increasingly concerned with the devastating annual flooding that occurred in the region, the causes of which, as she discovered, were both deforestation and the planting of new kinds of non-indigenous trees, particularly pines. Mira Behn established a new ashram, Gopal Ashram, in order to concentrate on the forest problem. She studied the local environment and, particularly, spent time acquiring knowledge about it from the local people who knew it intimately. Listening to their songs and folktales, Mira Behn noticed the many references to trees and plants that had more or less disappeared. She concluded that the ecological problems experienced in the area were the result of the disappearance of the forests of oak (*banj*). Whereas oak contributed positively to the ecological environment and the local economy, the pine, which had been more recently planted for purely commercial reasons, was an evergreen that contributed nothing to the local ecological economy, providing only cash crops of resin and wood pulp. Soon other Gandhians such as Sarala Behn and Sunderlal Bahuguna joined Mira Behn in her work and established new ashrams.

As the movement grew, a significant division developed which was essentially a gendered one. Initially the focus of many local Gandhian organizations was on establishing cooperatives and asserting the rights of local people rather than big commercial firms to exploit the wood of the forest as a commercial cash crop. This, Shiva suggests, was essentially a masculist perspective. The women, who were responsible for cultivation of food crops and for fetching fuel and fodder, were not seduced by short-term advantages of

> **As usual, in every scheme that worsens the position of the poor, it is the poor who are invoked as beneficiaries.**
>
> **Vandana Shiva**

monocultural cash crops. They rather emphasized the need for a sustainable local ecology in which vegetation, soil, and water formed a complex interrelated ecosystem. The divisions, therefore, were not only between the outsiders and the locals, but between the women and the men of the villages. The women challenged the principles of the whole system, charging that the men had been ideologically colonized by the short-term commercial values of the market place, trying to take control of nature just as patriarchy tries to control women. The women's perspective was not driven by the prospect of immediate gain through employing science to dominate nature but by the objective of a supportive, self-renewing forest system that preserved water and food resources. Their long-standing role of being the cultivators, of producing sustenance enabling their families to survive within this system, meant that the women possessed repositories of intimate knowledge both of husbandry and of the medicinal and nutritional value of a wide variety of plants.

It was therefore the women, together with men such as Bahuguna who were persuaded by the women's arguments, who provided the foundation of the Chipko movement. It began in 1972–3 in the Chamoli district of northwest India, when local people successfully organized in order to protest against the sale by auction of 300 ash trees to a sports goods manufacturer. By contrast, the local cooperative, which wanted to make agricultural implements, was forbidden by the government to cut even a small number of trees. The movement spread to other districts, such as Karnataka, and soon there was widespread resistance to the felling of forest trees that had been sold to commercial companies. Chipko means 'hugging': the name invoked a method first employed by the Bishnoi community in Rajasthan 300 years before. The Bishnoi, led by Amrita Devi, resisted the felling of their sacred *khejri* trees by embracing them, and gave up their lives in the struggle. In fact, there have been very few modern instances where villagers have literally hugged the trees to prevent the axe-men from cutting them down. The name of the movement, however, always works to

16. Chipko tree-huggers, Northern India, 1997.

suggest that in the last instance its activists may resort to hugging, as they have on occasion threatened. The idea of hugging trees also represents powerfully at a symbolic level the relationship of the people to the trees amongst which they live. In the face of increased landslides and flooding, activists in the Chipko movement pushed the campaign to a more radical level inspired by Mira Behn's early work. They agitated for a complete ban on the commercial exploitation of the forests in Uttar Pradesh, and subsequently agitated against central government development projects initiated with little understanding of local needs and the local environment.

These campaigns were formed and carried out by local grassroots organizations; individuals such as Hima Devi and Sunderlal Bahuguna moved from village to village, spreading the word and advising on methods. Although some people moved into leadership roles, as in most grassroots movements they did not achieve a public prominence comparable to the party leaders of conventional political organizations. The Chipko movement was the product of collectives of activists. Together they achieved widespread and remarkable successes in preventing deforestation in their own areas throughout the Garhwal Himalayas. From then on, the Chipko movement moved deliberately towards the conservation of the forest as an ecosystem as well as a social system. Gradually, the focus on the preservation of forestation developed into a wider political philosophy of a sustainable ecology that formed a central part of local community values.

That political philosophy could be said to be fundamentally Gandhian, though a Gandhianism that is oriented towards material, practical, and social needs, and which pushes Gandhi's ideas further in response to contemporary conditions. As defined by Sarala Behn, at a broader level it involves the pursuit of justice, of moral principles that are higher than those utilized by governments, of non-violent methods in relation to the environment as well as the community, of self-sufficiency and the empowerment of local knowledges: a resistance to centralization, corruption, exploitation, deprivation, hunger. An end to the split between private ethics of the family, and the public ethos of the values of the market place.

The Chipko movement believes that forestation programmes run by central or state government bureaucrats based on the criteria of forest science destroy both the diversity of the forest ecoculture and the resource of commons and forest as a provider of food, fuel, building materials, medicines, and so on for local people. A typical example of how this works would be the disregard of local species of trees and the widespread planting of a single non-indigenous species, such as eucalyptus, which produces no humus and therefore fails to conserve water in the soil, destroying the food system supporting plant, animal, and human life. Colonization of common land through privatization, and colonization through the introduction of exotic tree species, work in the same direction against the interests of local people, making their lives literally unsustainable by taking away their means of livelihood. Finally, such schemes are usually administered through local bureaucratic organizations, which propel the local peasantry into the clutches of a corrupt alliance of the forces of power, privilege, and property.

Since the 1970s, the struggles of women, local villagers, and tribals in Chamoli, Karnataka, Jharkhand, and elsewhere have successfully arrested many of these practices and projects, as well as enabling the formulation of a whole environmental political philosophy. Vandana Shiva and other ecofeminists have pushed these fundamental principles further towards a critique of the practices of what they call 'maldevelopment', the industrial-development model which they characterize as a neo-colonial (that is, continuing colonialism after 'independence') imposition. Such 'development' is typically organized at a state level, with international funding from the World Bank, and carried out according to the latest western ideas of what crops (genetically modified) or trees should be grown, what (chemical) fertilizers used. Market-oriented ideas of how local land should be redistributed focus on the few who are able to take on substantial debt for land purchase, while the common land on which the poorest depend for food and fuel is privatized. The many attested failures of these projects, either directly or in terms of the production of unanticipated destructive side effects, has led even development economists to begin to take seriously the local knowledges so long rejected as primitive and lacking the status of real, 'scientific' knowledge. This unauthorized knowledge empowers a politics of resistance: resisting the centralized control of the postcolonial state, resisting ideological colonization of the ethics and practices of the market place, and, most literally, resisting the colonization of local land by exotic, unsuitable plant species.

These kinds of political struggles by peasant movements have gone on in many places in India and elsewhere, and it is striking that it is women who have often been at the forefront of them. It is in India that they have been developed most fully from what has been described as a feminist sustainable development framework. Single examples such as the Chipko movement cannot be generalized to the level of a universal model: the conditions of hill and forest dwellers in India are clearly specific to a particular society, and the women of these communities cannot be the basis for a unitary category of woman, third world or otherwise. Nevertheless, given that it is rural women supporting families who are most directly affected by any degradation of their environment, the gendered force of these struggles remains prominent. Different threats can often be countered with similar methods of activism. For example, the Narmada Bachao Andolan's (NBA) extraordinarily brave and persistent populist campaign against the Sardar Sarovar Dam, part of the vast Narmada Valley Development Project, which has brought much publicized support from the writer-activist Arundhati Roy, clearly operates according to similar principles. Here, a vast infrastructural project, costing billions of rupees, is displacing 200,000 Adivasi villagers and nomadic forest dwellers at enormous human and environmental cost. The disregard for the people affected is callous in the extreme. After a long campaign, the NBA succeeded in getting the World Bank, which was funding the project, to withdraw on the grounds of its adverse human and

17. 'Damn You Dam Makers'. Local women protest against the construction of the Narmada Dam, Maheshwar, India, 1999.

environmental impact. The state of Gujarat then announced that it would contribute the lost funds. After a ruling in the Supreme Court in October 2000 that dismissed the NBA's attempt to block it through legal challenge, the project resumed its desultory, demented, destructive course. The struggle continues.

Other comparable examples would include movements of resistance to the destruction of the Amazon rainforest, or the Greenbelt Movement in Kenya started by Wangari Maathai in 1977 after she had listened to local women expressing their concerns at the degradation of their environment. Their complaints involved issues all too common for peasant peoples across the world: whereas they had formerly been able to collect firewood locally, they now had to travel for miles to find it; their seeds no longer produced adequate crops with the result that their children suffered from malnutrition; their sources of clean water had dried up. Wangari Maathai began a campaign of planting seedlings to grow trees that would provide firewood, shade, humus for crops, and prevent soil erosion. By 2000, over 15 million trees had been planted. At the same time, she led opposition to the destruction of the forest for construction development and the planting of non-sustaining export crops. The Greenbelt Movement has now spread to other African countries and around the world.

Ecology movements of these kinds tend inevitably to emerge from contexts that mean that certain elements are emphasized at the expense of others, for example, in the case of the Chipko movement, the role of inequalities of class and caste. It is here that comparable projects can usefully be brought together in relation to the priorities of a postcolonial politics. Conditions and needs will be very different for forest dwellers in northern India than for immigrant slum dwellers in East London; nevertheless, their campaigns are motivated by a similar demand for the rights and needs of all subaltern peoples (not just those industrial workers classified as the working class), a transformational politics dedicated to the ending of inequality and injustice, together with the recognition of the principle of cultural, social, and ecological diversity. These campaigns are typically organized at grassroots level rather than through a national party or international organization, though some make the transition from one to the other. The growing links between such movements increase the political effectiveness of each: despite the general distrust of technology, it remains the case that the Internet is now allowing grassroots organizations to plan and campaign much more effectively. It also offers a means of linking up and remaining in daily contact with international agencies, charities, and organizations such as Survival, Greenpeace, Oxfam, Human Rights Watch, and Amnesty. These can provide financial aid, legal advice for action in local and international courts, outside monitoring of repression, or worldwide publicity at strategic moments. Globalization operates from below in a way that contests the forces of domination and globalization from above with increasing effect.

What makes postcolonial feminism 'postcolonial'?

Can postcolonial feminism be distinguished from such categories as 'third-world feminism' or 'women in third-world politics'? At its most general, postcolonial feminism involves any challenge to dominant patriarchal ideologies by women of the third world. Such political activism may consist of contesting local power structures, or it may be a question of challenging racist or Eurocentric views of men and women (including feminists) in the first world. In the postcolonial state, postcolonial feminism begins from the perception that its politics are framed by the active legacies of colonialism, by the institutional infrastructures that were handed over by the colonial powers to elite groups, or appropriated by later elites. All women working for equality against the many obstacles embedded in such a framework engage with these kind of realities in the postcolony. Women's struggles make clearest the fact that while the anti-colonial campaigns were directed against the colonial regime towards the political goal of sovereignty, postcolonial struggles are directed against the postcolonial state as well as against the western interests that enforce its neo-colonial status. In much academic writing about postcolonialism, more emphasis has been placed on historical analysis of the processes of combating colonialism than on the political philosophy of the movements that challenge contemporary forms of power in the postcolonial state. With feminists, it has all been the other way around.

The general use of the term 'postcolonial' to mean, literally, in an historical sense, post-colonial may be applied to a whole range of different politics. Any political act in a postcolonial state may by definition technically be able to claim the term postcolonial, but this does not mean that such acts involve the politics of the postcolonial, any more than mass political movements in which many women are involved necessarily incorporate gender perspectives. Even those women whose activities can properly be described as postcolonial from a situational and ideological point of view cannot be characterized as operating according to the same paradigm. Take

How, then, can one learn from and speak to the millions of illiterate rural and urban Indian women who live 'in the pores of' capitalism, inaccessible to the capitalist dynamics that allow us our shared channels of communication, the definition of common enemies? The pioneering books that bring First World feminists news from the Third World are written by privileged informants and can only be deciphered by a trained readership . . .

This is not the tired nationalist claim that only a native can know the scene. The point that I am trying to make is that, in order to learn enough about Third World women and to develop a different readership, the immense heterogeneity of the field must be appreciated, and the First World woman must learn to stop feeling privileged *as a woman*.

Gayatri Chakravorty Spivak, *In Other Worlds* (1987)

the difference, for example, between the work of two prominent Tunisian lawyers, Radia Nasraoui and Gisèle Halimi. Nasraoui remains in Tunisia to fight the human rights abuses of the postcolonial Tunisian state, without any specific feminist agenda. Halimi moved from Tunisia to France but has a history of contesting the colonial and postcolonial French state on anti-colonial and women's issues. The work of both women can be described as postcolonial, but as women activists their politics remain distinct.

11 February 1998. An ordinary morning in Tunis. A photographer takes a photograph of the lawyer Radia Nasraoui, standing in her empty office where her office equipment, her files, her computer used to be. It is not moving day. Overnight, the Tunisian security forces have raided the office and removed all her files, her legal papers, her books, and her computer.

Four years earlier, her husband Hamma Hammami, who had been in hiding and tried *in absentia* on a charge of belonging to the Communist Party of Tunisian Workers (PCOT), was arrested in Sousse, tortured by the police, and subsequently sent to the *Bagne* of Naador, a penitentiary. Twenty-one months later, after Amnesty International had adopted his case, he was released. February 1998 brought strikes and student demonstrations at the universities. Several students and the usual suspects, including Hammami together with his nine-year-old daughter, were briefly arrested. Hammami went into hiding again, and was duly given another prison sentence *in absentia*. After sustained harassment of his immediate and extended family, he came out of hiding on 15 January 2002, and his prison sentence was confirmed.

Radia Nasraoui struggles against the injustices of a corrupt postcolonial state, in which arbitrary and unjust imprisonment and harassment are meted out to political opponents of the regime. As a lawyer, Nasraoui defends the rights of those imprisoned, above all those of her husband Hamma Hammami, one of the founders of the PCOT, an unauthorized political party, and managing editor of the banned newspaper *El Badil*. On 26 June 2002, World Day against Torture, Nasraoui announced that she was beginning a hunger strike. The object of the hunger strike was to demand the immediate release of her husband, to protest against the physical and moral torture to which he had been subjected since President Zine al-Abidine Ben Ali came to power, as well as to protest against 'the constant mental torture' suffered by her daughters through police harassment. The hunger strike, which lasted 38 days, gained wide publicity outside Tunisia, creating greater awareness in the Francophone world both of her husband's case and of human rights abuses in Tunisia generally. Doubtless as a result of this pressure, on 4 September Hamma Hammami was conditionally freed by the Tunisian authorities. Radia Nasraoui's courageous work can certainly be described as postcolonial in its fundamental engagement with the injustices of the Tunisian state, which she continues to fight, and refuses to leave. In this situation, she focuses on the main form of abuse being perpetrated by the state, choosing, as Mao Zedong would put it, to fight at the level of the principal contradiction of state oppression and human rights. Such an agenda is by no means incompatible with postcolonial politics, but it does not in itself emerge from a postcolonial feminist perspective in the way that the Egyptian feminist Nawal el Sa'adawi writes of her prison experiences. The same might be said of Aung San Suu Kyi's fight for democracy and human rights in Myanmar (Burma), although her attempt to establish western liberal ideology in a country organized according to very different cultural and moral principles is certainly conducted according to the Gandhian principles of moral force combined with legal challenge.

Gisèle Halimi, though born in Tunisia, was educated and qualified as a lawyer in 1956 in France. She immediately began to act as a lawyer for the Algerian *Front de Libération Nationale* (FLN) and came to prominence with respect to her legal campaign on behalf of Djamila Boupacha, a young Algerian girl tortured by the police in French Algeria in 1961. Since this *cause célèbre*, which brought her the friendship of Simone de Beauvoir and of Sartre, Halimi has defended Basque terrorists in court, and also worked as a lawyer on issues relating to women, particularly the Bobigny abortion trial of 1972. In 1971 she founded the group *Choisir*, which was formed to defend women who deliberately made public the fact that they had had illegal abortions. *Choisir*'s ensuing campaign was a major factor in the decision by the French government to make abortion legal in France in 1974. Halimi went on to become a deputy in the French National Assembly and a French delegate to UNESCO. She returned to wider public prominence in October 2000 as one of the signatories of the manifesto demanding that the French people admit and face up to the history of the systematic use of torture by the French authorities against the Algerian people, and calling for the condemnation of such practices in a public statement by the president and prime minister. Halimi has been one of the major instigators of the memory work of forcing France to confront the postcolonial legacies of its colonial history. This has initiated a profound rethinking, reworking, and re-estimation of the ethics of the ruthless French campaign to suppress Algerian independence, the effects of which continue to reverberate in both countries.

The specific conditions, therefore, for women in postcolonial states, or the postcolonial conditions in metropolitan states for migrants, vary according to location, with the result that there cannot be a single form of postcolonial politics. What makes a politics postcolonial is a broader shared political philosophy that guides its ethics and its practical aims. Postcolonialism as a political philosophy means first and foremost the right to autonomous self-government of those who still find themselves in a situation of being controlled politically and administratively by a foreign power. With sovereignty achieved, postcolonialism seeks to change the basis of the state itself, actively transforming the restrictive, centralizing hegemony of the cultural nationalism that may have been required for the struggle against colonialism. It stands for empowering the poor, the dispossessed, and the disadvantaged, for tolerance of difference and diversity, for the establishment of minorities' rights, women's rights, and cultural rights within a broad framework of democratic egalitarianism that refuses to impose alienating western ways of thinking on tricontinental societies. It resists all forms of exploitation (environmental as well as human) and all oppressive conditions that have been developed solely for the interests of corporate capitalism. It challenges corporate capitalism's commodification of social relations and the doctrine of individualism that functions as the means through which this is achieved. It resists all exploitation that results from comparative poverty or powerlessness – from the appropriation of natural resources, to unjust prices for commodities and crops, to the international sex trade. Postcolonialism stands for the right to basic amenities – security, sanitation, health care, food, and education – for all peoples of the earth, young, adult, and aged; women and men. It champions the cause not only of industrial workers but also those underclasses, those groups marginalized according to gender or ethnicity, that have not hitherto been considered to qualify for radical class politics. While encouraging personal authenticity of sincerity and altruism, it questions attempts to return to national or cultural 'authenticity', which it regards as largely constructed for dubious political purposes. It considers the most productive forms of thought those that interact freely across disciplines and cultures in constructive dialogues that undo the hierarchies of power.

Postcolonialism, with its fundamental sympathies for the subaltern, for the peasantry, for the poor, for outcasts of all kinds, eschews the high culture of the elite and espouses subaltern cultures and knowledges which have historically been considered to be of little value but which it regards as rich repositories of culture and counter-knowledge. The sympathies and interests of postcolonialism are thus focused on those at the margins of society, those whose cultural identity has been dislocated or left uncertain by the forces of global capitalism – refugees, migrants who have moved from the countryside to the impoverished edges of the city, migrants who struggle in the first world for a better life while working at the lowest levels of those societies. At all times, postcolonialism stands for a transformational politics, for a politics dedicated to the removal of inequality – from the different degrees of wealth of the different states in the world system, to the class, ethnic, and other social hierarchies within individual states, to the gendered hierarchies that operate at every level of social and cultural relations. Postcolonialism combines and draws on elements from radical socialism, feminism, and environmentalism. Its difference from any of these as generally defined is that it begins from a fundamentally tricontinental, third-world, subaltern perspective and its priorities always remain there. For people in the west, postcolonialism amounts to nothing less than a world turned upside-down. It looks at and experiences the world from below rather than from above. Its eyes, ears, and mouth are those of the Ethiopian woman farmer, not the diplomat or the CEO.

The framework of postcolonial politics is such that gender constitutes one of its enabling conditions. The inseparable centrality of gender politics to postcolonialism can be simply illustrated by contrasting it to the phrase 'women in third-world politics', the title of a chapter in a well-known textbook on comparative third-world politics. The masculist assumption there is that there is a ready-made constituency, third-world politics, and that women can be adequately catered for by seeing how they operate within it. Politics by implication is a fundamentally masculine activity and social space: the chapter will look at how women operate within a world that is not of their making. A postcolonial perspective, on the other hand, starts from the premise that there is no third-world politics without women, and that women have broadly defined much of what constitutes the political. Women therefore not only operate as political activists, but also have typically constituted the political arena in which they work.

Whereas traditional Marxist analyses had always emphasized the role of women factory workers, western feminists argued from the 1960s onwards for the political significance of women's domestic work, and of the domestic sphere in general. This was then subsumed by greater emphasis on subjectivity and sexuality, with recourse to psychoanalysis and issues of identity. Postcolonial feminism is certainly concerned to analyse the nervous conditions of being a woman in a postcolonial environment, whether in the social oppression of the postcolony or the metropolis. Its concern is not in the first place with individual problems but with those that affect whole communities. For this reason, it places greater emphasis on social and political campaigns for material, cultural, and legal rights; equal treatment in the law, education, and the workplace; the environment; and the differences between the values that feminists outside the west may encounter and those that they may wish to stand by. As activism, it involves grassroots campaigns rather than party politics. This correlates with today's decline in interest in political parties and party organizations at a national level. Not that a postcolonial politics eschews political intervention in the traditional space of the political, though it does not necessarily stop at a national level, as such political spaces customarily do.

Postcolonial politics is fundamentally, in conception and practice, a transnational politics. The new Tricontinental of the postcolonial works not through cooperation of state organizations at a government level, but operates from below across the continents through alliances of ordinary people working together.

Postcolonial feminism has never operated as a separate entity from postcolonialism; rather it has directly inspired the forms and the force of postcolonial politics. Where its feminist focus is foregrounded, it comprises non-western feminisms which negotiate the political demands of nationalism, socialist-feminism, liberalism, and ecofeminism, alongside the social challenge of everyday patriarchy, typically supported by its institutional and legal discrimination: of domestic violence, sexual abuse, rape, honour killings, dowry deaths, female foeticide, child abuse. Feminism in a postcolonial frame begins with the situation of the ordinary woman in a particular place, while also thinking her situation through in relation to broader issues to give her the more powerful basis of collectivity. It will highlight the degree to which women are still working against a colonial legacy that was itself powerfully patriarchal – institutional, economic, political, and ideological.

Typically, writing about tricontinental women's political activism profiles movements and organizations rather than parties or individuals, or analyses the oppression of particular groups, for example migrant women workers, sweatshop workers, or sex workers. This is common to writing about other subaltern forms of resistance, peasant movements, or anti-capitalist organizations. In a comparable way, only rarely do subaltern postcolonials espousing active forms of postcolonial politics achieve access to mainstream forms of political power, as did the Brazilian Luiz Inácio da Silva (Lula) of the Workers' Party when he was elected president of Brazil in August 2002. Who knows, perhaps one day Subcommandante Marcos, or rather even Commandante Esther, will become president of Mexico.

Probably the best-known example of a subaltern woman activist who achieved political power was Phoolan Devi, the low-caste *dasyu sundari* ('beautiful bandit'), as she was called by local people in the Chambal region of India where she operated as the undisputed queen of the ravines. Devi became notorious after the massacre of 20 upper-caste *thakurs* (landowners) at Behmai in Uttar Pradesh in 1981, carried out in revenge for a *thakur*'s gang rape perpetrated on her (the worst of many abuses she had suffered). After her dramatic surrender in 1983, with which she renounced her own embittered violence and rough justice, she spent many years in jail. Eventually, however, she became an MP, announcing her desire to work for the poor, the downtrodden, the exploited, and the so-called 'most backward castes'. This indeed is what she proceeded to do, though far more media space has been taken up discussing the merits, or lapses, of the film about her early life, *Bandit Queen*, than has ever been devoted to her political work. Phoolan was a dramatic and highly visible symbol of the political assertion of subaltern women and the oppressed lower castes of India. Her very presence effected a continuing protest against the deeply entrenched, oppressive treatment of Dalits in India. Phoolan Devi was herself assassinated in July 2001. As popular hero, she became the first woman to join the symbolic iconography of champions of the poor and oppressed, alongside Che Guevara, Frantz Fanon, and Subcommandante Marcos.

The untouchables: caste

Phoolan Devi demonstrates dramatically that not every form of oppression against which the subaltern postcolonial is fighting is a postcolonial legacy, though historically they often became integrated at some point. Gandhi fought the British, but he also campaigned for women's rights and for the end of the caste system, particularly its doctrine of untouchability.

In India there are four main castes, and beneath them is a fifth group known as 'the Scheduled Caste', which in fact means that

18. Phoolan Devi, with her gang, on her way to the surrender ceremony at the village of Bhind, India, 12 February 1983 (*Yagdish Yadar*).

they have no caste. The effect of this is that they are considered literally untouchable, and are, predictably, the most oppressed and exploited group. Caste is defined at birth. A quarter of the Indian population is made up of such Dalits, as they call themselves (Dalit means 'the oppressed' or 'the broken'). They do the most menial jobs, cleaning toilets, roads, and the like, and live segregated from the rest of the population in separate areas, generally on the downhill side of the drainage ditch. They have little access to education or health care, and are forced to suffer daily the indignities of being considered unclean and polluting by the rest of the population (examples of discrimination include having to remove their shoes when they walk through the parts of the village where the higher castes live, not being allowed to sit on buses, to collect water from common wells, or enter many Hindu temples). At the same time, the upper castes exploit them economically, materially, and sexually, and subject them to constant mental and physical abuse. Women from lower castes were traditionally forbidden to cover their breasts with a blouse, so as to ensure their constant availability for predatory upper-caste men. Even today, robbery of, attacks on, or rapes of Dalits are rarely taken seriously as crimes by the police, who generally disregard them and decline to take action against the perpetrators. The status of the Dalits is an intrinsic part of Hinduism, to which the idea of caste is fundamental.

Throughout the 20th century, there were many Dalit political movements contesting the degradation to which they were born, the best known of which was led by the remarkable B. R. Ambedkar, who successfully negotiated for positive discrimination for Dalits in certain areas of Indian institutional practices. In the 1970s an organization of Dalit youth calling themselves the Dalit Panthers, on the analogy of the Black Panthers of the United States, was started in Mumbai, providing a spark for the development of other militant groups across the country. Today there is a national and international campaign for Dalit human rights. But despite all the campaigns, the situation has in many ways remained as it always was. After the Gujarat earthquake of 2000, there were widespread reports that Dalits were being discriminated against in the distribution of relief. Even emergency earthquake aid was organized so as to correlate with the human degradation of the caste system. As a result of their lowly place in Hinduism, where they are irrevocably consigned to the outside, being literally outcasts, many Dalits have converted to Christianity and Islam. Others, including some famous Dalits, such as Ambedkar and Phoolan Devi herself, have converted to Buddhism.

In Sri Lanka, however, where the dominant Sinhalese are Buddhist, there is a comparable outcast group, called the Rodiya (Rodi means 'filth'). Strangely, in this context, Rodiya women have traditionally been renowned for their extreme beauty, clearly evident in the erotic photographs taken of Rodiya women by local photographic firms and circulated on postcards for the European community from the early 20th century onwards. The Sinhala majority excluded the Rodiya from their villages and communities, obliged them to wear caste-specific clothes, and denied them access to any land or work. In a cruel gesture, the only activity that they were permitted to engage in was to beg for alms. Discrimination has been far worse than that against the Tamils, who have themselves suffered severe discrimination right up to the present. It should be noted, however, that as Hindus the Tamils in turn operate their own hierarchical caste system amongst themselves.

A postcolonial politics is equally opposed to discrimination by caste or race, wherever it may be practised. It seeks to turn difference from the basis of oppression into one of positive, intercultural social diversity.

Chapter 6
Globalization from a postcolonial perspective

Che reads *The Wretched of the Earth*

> **Self-government is our right – a thing no more to be doled out to us or withheld . . . than the right to feel the sun or smell the flowers or to love our kind.**
>
> **Sir Roger Casement, Irish nationalist during his trial for treason, 1916**

March 1965: a Britannia aircraft coming from Algiers via Prague breaks down while on a stopover at Shannon airport in the west of Ireland, and the passengers are forced to camp out there for a couple of days. They are on their way to Cuba. One night, having run out of cigars, they go into Shannon to try to see a cowboy film, but can't find one. So instead, they drop into a pub and order some beers. In the jostle of the packed bar, a local Irishman bumps into one of the Cubans and slops his beer all over his bearded companion. It was Che Guevara.

The wet but warm Irish welcome produced a few characteristic wisecracks from Che, whose great grandfather Patrick Lynch had emigrated from Mayo in the west of Ireland in the 18th century. In time-honoured ancestral fashion, Che cheerfully just ordered another beer. Much of the time in the pub, and while they waited at Shannon, Che spent talking to one of the other Cubans, the great poet and critic Roberto Fernández Retamar, who at the time was director of the famous Cuban publishing house Casa de las Americas. Che recommended to Retamar that he have a book translated for Cuban publication that had increasingly preoccupied him on the tour of Africa from which he was just returning. The book was Frantz Fanon's *The Wretched of the Earth*.

Revolutionary Africa had infiltrated into revolutionary Latin America, except of course that if the revolutionary Africa was represented by Fanon, he had come from Latin America in the first place. You could say that there have been not one but three revolutionary Africas in the 20th century: the revolutionary Africa of the Maghreb, notably the Algerian War of Independence; then there was the revolutionary sub-Saharan Africa whose insurrectional impulses were encouraged by Fanon and directly aided by Guevara in his Congo campaign; and finally the revolutionary Africa from which Fanon came – the revolutionary, or more properly militant, African-American tradition which was historically always inextricably mixed with Caribbean interventions. The famous Che-Lumumba Club, the militant all-black collective of the Communist Party in Los Angeles in the 1960s, was one iconic manifestation of that revolutionary African-Caribbean impulse, as was the revival of a black socialism, self-consciously affiliated to tricontinental revolutionary struggle, by Stokely Carmichael, Leroi Jones, and Huey P. Newton, leader of the Black Panthers. What's so striking here is that half of the name of that militant all-black collective should have been that of a white man: Che. But as a Hispanic, after all, in the United States Che was not quite white.

Che's writings and speeches show a marked change in this period – as his focus shifts from building socialism in Cuba, to a Fanonian vision of a world split between the exploitative imperialist and the progressive socialist countries. The murder of Patrice Lumumba, the talented president of the newly liberated Congo, as a part of 'Project Wizard', a CIA 'covert action program' which took place under the condoning eye of the United Nations, together with the war being waged by the United States against the Vietnamese, gave a new sense that formal independence was only the beginning of a new era of a different kind of domination by the west. The extraordinarily powerful *Wretched of the Earth* was the inspiration of that anti-imperialist moment. The book's most difficult aspect comes with Fanon's argument for the use of violence in anti-colonial struggle. He justified this on the grounds that violence, not civilization or the rule of law, was the constitutive condition of colonialism itself. Colonial rule, he suggested, was merely an attempt to legitimate and normalize the acts of colonial violence by which the country had been occupied in the first place and by which colonial rule was subsequently maintained.

After its publication in 1961, *The Wretched of the Earth* very rapidly became the bible of decolonization, inspiring many different kinds of struggle against domination and oppression across the world. When the first English translation of *Les damnés de la terre* was published by Présence Africaine in Paris in 1963, it was called simply *The Damned.* Two years later, when it was published in London, it was renamed and given the title by which it is now known, *The Wretched of the Earth.* The following year it was published in the United States, with a new subtitle: 'a Negro Psychoanalyst's Study of the Problems of Racism & Colonialism in the World Today'. By the time the book was reissued in 1968 as an African-American mass-market paperback, the subtitle had changed. Now it was 'The Handbook for the Black Revolution that is Changing the Shape of the World'. Well, it was 1968 – and why not? Think of the reversal of agency that the book itself achieved in five years: from *The Damned* to 'The Handbook for the Black Revolution that is Changing the Shape of the World'.

Fanon himself, like many of those fighting for Republican Spain was an international combatant. In many respects, his cosmopolitanism, his tendency to identify with oppression and injustice in its many forms universally rather than locally, his powerfully expressed humanism, his Maoist emphasis on the revolutionary primacy of the peasantry, align Fanon with another famous internationalist revolutionary and committed activist, another déraciné man of routes, who was almost his exact contemporary and who died similarly young: Che Guevara (their respective dates are 1925–61, 1928–67). Guevara first visited Algiers in July 1963, on the first anniversary of independence, travelling around the country for three weeks, and while he was there, he struck up an immediate rapport with the Algerian leftist FLN president Ben Bella. Cuba and Algeria had already developed close relations, but Guevara and Ben Bella were particularly close in ideological terms.

In December 1964, Guevara went to the United States and delivered his devastating denunciation of imperialism to the United Nations, to the consternation of the US government. It was during this visit that Che was invited up to Harlem by Malcolm X, like Castro before him, but felt unable to go given that the US government was already incensed by his UN speech – Che judged that to speak in Harlem would be seen as an intervention in US internal affairs. So instead he sent a message of solidarity, which Malcolm X read out, adding:

> This is from Che Guevara. I'm happy to hear your warm round of applause in return because it lets the white man know that he's not just in a position to tell us who we should applaud for and who we shouldn't applaud for. And you don't see any anti-Castro Cubans around here – we eat them up.

True to this African solidarity, after his United Nations appearance, Guevara flew to Africa and embarked on a punishing round of conferences and diplomatic missions in Africa and the Middle East similar to those on which Fanon had travelled four years before – except that Guevara also followed the footsteps of the black

Pan-Africanist W. E. B. Du Bois and threw in a visit to China for good measure. It was during this trip around Africa that Guevara first read and lived the realities of *The Wretched of the Earth*. On his return to Algiers in 1965, he was interviewed by Josie Fanon, Fanon's widow, for *Révolution Africaine*, speaking to her of the importance of Africa as a field of struggle against imperialism, colonialism, and neo-colonialism. There were dangers, he said, but also many positive aspects, including, as he put it in an implicit reference to Fanon, 'the hate which colonialism has left in the minds of the people'. But in homage to Fanon's humanism, Guevara also wrote his greatest essay during this trip, 'Socialism and Man in Cuba' (1965), an eloquent, emotional argument for a society based on human values, that could only begin by changing consciousness itself. For Che, what he characterized as the new man and the new woman were inexorably part of the development of a new society. Socialism, he argued, cannot be imposed from above: it must be produced as an ethical as well as material value from the people themselves.

It was after that trip that Guevara was soon to lead the Cuban battalion's expedition to Central Africa, and subsequently his final, dispiriting expedition to Bolivia. In a sense, Guevara took over as the living figurehead of armed revolution from Fanon, but both men became far more famous, as iconic, dynamic legends, after their death. *Che vive*. The two were emblematically brought together in the 1966 reprint of *Les Damnés de la terre*, which, for the first time, had a photograph on its cover. The photo is not, however, as one might expect, of Algeria, but rather shows a group of African revolutionaries, men and women, engaged in a guerrilla campaign out in the bush, a photograph suggestively reminiscent of those of Che Guevara and his African-Cuban army in the Congo at that time.

Like Che, one of Fanon's greatest qualities was his ability to inspire others. His publisher, François Maspero, describes very powerfully the basis of Fanon's contemporary appeal in performative terms that could equally apply to Che.

19. Cover of the 1966 reprint of Fanon's *Les Damnés de la terre.*

> Fanon's book, *Towards the African Revolution* (1959), cornered those to whom it was addressed with a cruel simplicity. Once the message was heard and understood, it became necessary to *participate*, to take an active stand; remaining silent could only be interpreted as a new kind of disavowal.
>
> Numerous were those, who, like myself, discovered in *Towards the African Revolution* the basis of their commitment and the answer to 'why we are fighting', which, hitherto, had been so cruelly lacking. We saw in Fanon's appeal only an appeal to fraternity.

A similar response is given by Fanon's first publisher and editor, Francis Jeanson, author of the remarkable book *L'Algérie, hors la loi* (1955), who in his preface to the original edition of *Black Skin, White Masks* (1952) wrote:

> The Revolt might, perhaps, never attain its end but its only chance of doing so resides in those men who are too impatient to accommodate themselves to the rhythm of History, too demanding to admit that they have nothing else to do in this world – which by chance is also theirs – but to prepare, in the resignation of their own failure, the triumph of a distant humanity.

In the name of this distant humanity, there is a strong commitment to internationalism evident in Che's work as well as in Fanon's articles for the FLN newspaper, *El Moudjahid*. This is what Fanon was trying to achieve by the universalism of *The Wretched of the Earth*, and Che himself sensed this, I think, by speaking to Josie Fanon of his plan to establish 'a continental front of struggle against imperialism and its internal allies', by allying what, in the language of the left, used to be termed the colonial and semi-colonial nations, across Africa, Asia, and Latin America. Everywhere that he spoke on his whirlwind trip around Africa, Che had emphasized Cuba's identification with African liberation struggles, and the need for unity not just in Africa, but also amongst all the world's anti-colonial and anti-imperial movements and socialist countries.

The intellectual background of the two men was remarkably similar, a heady mixture of Sartre, psychoanalysis, Marx, and Mao. Though Guevara was as sociable as Fanon was a difficult loner, they were both men of great physical as well as intellectual intensity. Fanon's emphasis on violence at times seems to describe nothing less than his own excessive ardour, his force, stress, fury, anger, and impatience, as well as the aggressivity of language and manner that was so distinctive a feature of his personality. Add the word 'haughty' and Fanon's description of the radical Cameroonian leader Félix Moumié (known as the Ho Chi Minh of the Cameroons) sounds like nothing other than Fanon himself:

> the most concrete, the most alive, the most impetuous man. Félix's tone was constantly high. Aggressive, violent, full of anger, in love with his country, hating cowards and maneuverers. Austere, hard, incorruptible. A bundle of revolutionary spirit packed into 60 kilos of muscle and bone.

Finally, they shared a further bond: neither Fanon nor Guevara were professional revolutionaries, nor even professional politicians – rather they were both professionals who became revolutionaries as a result of a conviction that the conditions which they treated were the product of social, rather than physical or individual, ills. Their humane tricontinental socialism came out of the realities of their own lived experience and their compassion for and sympathy with the oppressed.

In this connection it is important to recall that in fact, remarkably, both Fanon and Guevara were trained doctors, who continued to practise their healing skills whenever called on even as they simultaneously carried on their day-to-day commitments to violent revolution. This apparent paradox, an ethics of healing through revolutionary violence, remains at the heart of the lives and works of both Guevara and Fanon. They thought of this by analogy with the practices of medicine itself: to cure the open wound of colonial rule by surgical intervention rather than the earlier Gandhian strategy of a therapeutic ayurvedic medicine. The challenging ethics of their politics was best described by the Martinican poet and politician Aimé Césaire in his powerful tribute to Fanon after Fanon's death:

> If the word 'commitment' has any meaning, it was with Fanon that it acquired significance. A violent one, they said. And it is true that Fanon instituted himself as a theorist of violence, the only arm of the colonised that can be used against colonialist barbarity.
>
> But his violence, and this is not paradoxical, was that of the non-violent. By this I mean the violence of justice, of purity and intransigence. This must be understood about him: his revolt was ethical and his endeavour generous.

His revolt was ethical and his endeavour generous. Like Guevara's, Fanon's revolt was also one of indomitable will: 'Socialismo o muerte!'

Globalization and starvation

The postcolonial world is a place of mixture. Since McLuhan invented the concept of the global village in 1968, the cultures of the world have become increasingly interlayered, mixed, and juxtaposed. Largely a product of technology, of instantaneous media systems by means of which anything that happens in the world can instantly be seen everywhere else (were it not for the fact that, in practice, what we are allowed to see is carefully controlled), the inexorable forces of globalization have increasingly brought the world's economies into a single system, particularly after the fall of the Soviet Union and the so-called Eastern Block in the early 1990s. While multi- and transnational companies look to global markets for growth now impossible to achieve in the mature markets of the west, they simultaneously lower their cost base by outsourcing manufacturing, call centres, and so on to any country that is poor and reasonably politically stable (a dictatorial regime will do nicely). There are few societies today that have not felt the impact of their place, whatever it is, in the world economy and the international division of labour.

At one level, this means certain aspects of the world, particularly the production of commodities, are being standardized, so that everyone buys the same toothpaste or razor blades wherever they may be. This may not continue to work. McDonald's, whose name has become synonymous with McGlobalization, has come to symbolize everything against which anti-capitalists are struggling. It has been reporting falling profits for the past two years and, despite serving hamburgers to 46 million people every day in 121 countries, has recently reported a loss. Maybe people all over the world have begun to realize that, by and large, their local food is much tastier and probably healthier. In general, fatty beef is not necessarily the healthiest thing to be eating in an era of BSE and animals pumped with growth hormones. Why do people always grow taller in the United States? Think about it. The story is rather different in South America, where they inject female hormones into the beef to make it more tender.

McDonald's has now released its own 'Social Responsibility Report', which stakes its claim to an ideal of social responsibility while admitting that 'the Golden Arches may represent something different in many parts of the world'. The resistance to the spread of McDonald's was probably a watershed with respect to the history of US commercial globalization. Brand globalization of US goods worked well when people around the world associated the US itself with the prosperity and freedom of the American Dream. It is hardly a coincidence that the Mexicans, who long for the good life north of the border, drink more Coca-Cola per head than any other people on earth. If you get sent back by the border police, you can sit down and console yourself with a Coke. In Muslim countries, on the other hand, where the US has become widely associated with a violent, oppressive, and self-interested imperialism, things are rather different. While Coke itself is an ideal drink in hot countries where alcohol is forbidden and the food is spicy, thirsty Muslims now opt for 'Mecca Coke', a Muslim-produced alternative that donates its profits to Palestinian charities.

The impact of multi- or transnationals goes two ways. In recent years, it has become clear that it is easier to put pressure on such companies to end practices of exploitation or environmental degradation than it is with local maverick firms that may not be amenable to complaints from far away – take the logging or mining companies in the Amazon, for example. By contrast, companies such as Shell or Nike have eventually proved themselves susceptible to international pressure with regard to their local practices. Shell notoriously allowed its Nigerian subsidiary to continue for years in a whole range of activities that contributed to the oppression of the Ogoni people and degraded the local environment. After sustained campaigning by activists (led by the Nigerian novelist Ken Saro-Wiwa until his execution), it eventually changed its ways dramatically. This cannot be said for many of the other oil companies that operate in the Niger Delta.

'Good food – Nestlé – Good life'

Some multinationals continue to court bad publicity. Take, for example, the decision announced by Nestlé (which describes itself as 'the world's leading food company') in December 2002 to pursue an action for $6 million compensation from the Ethiopian government for a business that the previous government nationalized in 1975, but whose rights Nestlé itself only acquired in 1986 when it bought the firm's parent German company. The government of Ethiopia, the poorest nation on earth, suffering from its worst famine in 20 years with 6 million people who require emergency food aid, had offered $1.5 million. Nestlé, however, was seeking full compensation, at 1975 exchange rates. The effects of the famine have been intensified by the collapse of international coffee prices: coffee supports a quarter of the Ethiopian population. Ethiopia has the lowest income per person in the world, around

$100 a year, and more than one-tenth of its children die before their first birthday. Nestlé, the world's largest coffee producer, made an annual profit of $5.5 billion in 2001. Many Ethiopian farmers are now obliged to sell their crop for less than it costs to grow it. An average Ethiopian yearly income would buy just 50 grams of Nescafé a week from 'the world's leading food company'.

The news of Nestlé's action produced front-page headlines, coverage on radio and TV news, and such an avalanche of emailed global protest that the company quickly changed its position. On 19 December the Nestlé spokesperson had said the company had to take the Ethiopian government to court for its $6 million as a 'matter of principle'. By the very next day, the company offered to reinvest in Ethiopia all the proceeds that it received from the legal claim. As the London *Financial Times* put it bluntly,

> The Swiss company, one of the world's richest and most powerful, made the offer yesterday in a bid to reduce a damaging public outcry over its long-running compensation negotiations with one of the world's poorest countries.

Notice, though, that it took that global protest, and the realization that it was potentially losing billions of turnover from bad publicity, before Nestlé conceded there was anything odd about what it was doing. It naturally makes you wonder what else the company may do without thinking too much that we do not hear about.

Nestlé has also long been the target of a campaign by the International Baby Food Action Network (IBFAN) that claims that Nestlé and other companies are breaking the International Code of Marketing of Breastmilk Substitutes in developing countries. According to IBFAN, every 30 seconds a baby dies from unsafe bottle-feeding in the third world. Chocolate and coffee manufacturers such as Nestlé have already been particularly targeted by campaigners, charities, and environmental groups in the pursuit of the standards of fair trade, whereby the local farmers who grow crops such as coffee, tea, and chocolate are guaranteed a reasonable price for their goods so that they can live above subsistence level. One successful strategy has been the development of the international Fairtrade organization which provides an alternative outlet for local producers, and offers consumers the choice of buying products with the Fairtrade label. Fairtrade goods are typically agricultural produce such as coffee, tea, sugar, rice, and fruit, but the system is now also being extended to manufactured products.

Why Fairtrade?

International trade may seem a remote issue, but when commodity prices fall dramatically it has a catastrophic impact on the lives of millions of small-scale producers, forcing many into crippling debt and countless others to lose their land and their homes.

The Fairtrade Foundation exists to ensure a better deal for marginalized and disadvantaged third-world producers. Set up by *CAFOD, Christian Aid, New Consumer, Oxfam, Traidcraft*, and the *World Development Movement*, the Foundation awards a consumer label, the Fairtrade Mark, to products which meet internationally recognized standards of fair trade. The founding organizations were later joined by Britain's largest women's organization, the *Women's Institute*. Fairtrade makes a real difference to people's lives:

- **It challenges the conventional model of trade, and offers a progressive alternative for a sustainable future.**
- **It empowers consumers to take responsibility for the role they play when they buy products from the third world.**

Fairtrade Foundation website, *www.fairtrade.org.uk*

Few people outside the world of business and economics regard globalization as a particularly positive phenomenon; odium is frequently heaped on the institutions that facilitate that process, particularly the World Bank, the International Monetary Fund, and the World Trade Organization. The objection to the World Bank is that it tends to make stringent conditions that conform to its own precepts of what is economically desirable, not those of the country itself. This is exacerbated by the fact that it works with governments rather than the people. It never seems to learn. Again and again, its grand schemes are criticized because the local people affected are never involved. The World Bank's Planaforo Project in Brazil, for example, designed as a sustainable development substitute for its disastrous Polonoroeste Project of the 1980s, was not planned with the involvement of the local communities whom it affected. They were only consulted after pressure from western environmental groups. The World Trade Organization (WTO), for its part, seems to be an outfit designed to facilitate entry for western or transnational companies into other markets on the best terms, while ensuring that the favour is not reciprocated the other way around, and doing nothing to alleviate the sinking price paid for commodities to the non-western world.

Poverty and famine

On the other hand, always blaming the World Bank and the WTO makes things a bit too easy. At least some of the poverty, or at least suffering, of the people of the non-western world is also the direct result of actions by their own government. One example would be famine. In the case of Zimbabwe, the real issue was why it took President Mugabe so long to act in relation to land redistribution, and why he only did it when he had lost all other reasons for popularity in the country. The fact that it was carried out in such a way as to precipitate a famine in southern Africa cannot be excused. Even if the situation was a legacy of colonialism, that does not excuse the mismanagement of the redistribution.

For some time now, historians and economists have been considering the history of famine and the extent to which it has, historically, often been either manmade or dramatically exacerbated by governments or colonial rulers. The history of famine in India and elsewhere has been famously analysed by Amartya Sen. Sen has argued that famine is not so much caused by lack of the availability of food as by what he calls the relations of entitlement. The Bengal Famine of 1943, which took the lives of 3 million Bengalis, occurred at the very time that Bengal was producing the largest rice crop in its history. Similarly, it is now known that Ireland was actually exporting food during the Great Irish Famine of the 1840s. Modern famines are largely manmade. With regard to famine, history has a habit of repeating itself.

Contemporary famines in India also operate under different conditions from those that many assume: people starve to death in India today not because there is no food, but because they have no entitlement to the food that is there. Today, more people in India suffer chronic malnutrition than in the whole of sub-Saharan Africa, and more than half of all children in India are underweight. This occurs when in fact today India produces all the food it needs, and the government stockpile of rice and wheat comprises a quarter of the entire world food stocks. However, largely because of corruption and bureaucratic inefficiency, India's Public Distribution System, which controls these vast stores, appears to be completely powerless to help those, for example in Rajasthan and Orissa, who are starving to death. In order to get rid of its stocks, which cost half its annual food budget to maintain, India has taken to selling its rice at a loss on the international market. While its own people starve to death, Indian rice exports amount to a third of the total rice exports in the world. And why does India spend millions on a space programme when more than half its people do not have enough food?

Poverty and starvation, then, are often not the mark of an absolute lack of resources, but arise from a failure to distribute them equitably, or, in the case of India, a failure of will to distribute the food that is literally rotting in central government warehouses. It would be too simple to say that all that is needed are some army trucks, since, as Sen points out, from a longer perspective distribution is not only a transport problem but also one of purchasing power and exchange. As an emergency measure, however, it is hard not to believe that transport and an adequate infrastructure for food distribution would provide relief.

Sharing resources in an unequal world

The world is rich and the world is poor. There are 20 million refugees and 'internally displaced people' in the world today. The rest of the world's population live their lives somewhere along the long drawn-out spectrum from poverty to riches. The nation-states of the world make up a vast institution of inequality, of unequal access to resources and commodities. It has been calculated that if all the countries in the world were to consume resources in the same way as the United States, at least two more planets would be needed.

You can analyse the class-income differences within countries, or you can look at the differences between one country and another. The GNI (average annual income) figures make up a lengthy hierarchical table. At the top is Luxemburg, where the income is $44,340 per person. At the bottom of this table is Ethiopia, with $100 per person. Or you can just simplify it into two categories: the rich ('high-income') countries, with a combined population of 900 million, have an average annual income of $26,000 per person; in the poor countries ('the developing world'), 5.1 billion people live on an average annual income of $3,500 per person. Half of these people live in the poorest countries on an average annual income of $1,900 per person.

These are the differences that generate global action against the economic system in which we all live. Even global action against the practices of capitalism, however, turns out not to be so straightforward. The dialectical nature of capitalism has been shown to be even starker than anyone had imagined with the recent revelation that many anti-capitalist organizations – such as Global Exchange, which seeks to close the World Bank and the World Trade Organization, and the Ruckus Society, which organized the demonstrators who shut down the WTO meeting in Seattle in 1999 – have been funded by Unilever, through Ben and Jerry's Ice Cream, the EC, and even the British National Lottery. Why is capitalism funding the anti-capitalist movements that seek to destroy it? Why did the US fund Usama Bin Laden's al-Qaeda which devastated New York, effectively creating the very spectre with which it is now at war? These are the difficult questions that a radical postcolonial politics has to confront. The danger comes from the way in which there seems to be a new kind of self-deconstructive politics at work, designed to sustain the new world order by staging its own forms of dissent. Capitalism has apparently even managed to commodify resistance to itself to the extent that it also organizes and increases the production of that resistance.

Or it may rather mean that capitalism is as divided as always, and that there are openings available for strategic interventions in the name of our future.

Chapter 7
Translation

Translating – between cultures

> as the image wears away
> there is a wind in the heart
> the translated men
> disappear into what they have translated
> Robin Blaser, 'Image-Nation 5 (erasure)'

The strategy of this book has been to introduce postcolonialism without resorting to the abstractions of postcolonial theory. At this point, however, I want to try introducing a concept that helps to bring together some of the diverse issues and situations that we have encountered and make sense of the layered oppositional politics of the postcolonial: translation. Translation, of course, is not something abstract – it always involves a practice.

Nothing comes closer to the central activity and political dynamic of postcolonialism than the concept of translation. It may seem that the apparently neutral, technical activity of translating a text from one language into another operates in a realm very distinct from the highly charged political landscapes of the postcolonial world. Even at a technical level, however, the links can be significant. Literally, according to its Latin etymology, translation means to carry or to bear across. Its literal meaning is thus identical with that of metaphor, which, according to its Greek etymology, means to carry or to bear across. A colony begins as a translation, a copy of the original located elsewhere on the map. New England. New Spain. New Amsterdam. New York. Colonial clone. A far-away reproduction that will, inevitably, always turn out differently.

Translation is also a kind of metaphorical displacement of a text from one language to another. If metaphor involves a version of translation, it is because, as the Ancient Greek philosopher Aristotle pointed out, a metaphor is using a literal meaning in a figurative sense, so that it is no longer empirically true: 'Darling. You're an angel!' To create a metaphor is to engineer a creative lie, by saying, as Aristotle put it, what an object is by saying what it is not. Even truth, the 19th-century German philosopher Nietzsche suggested, is just a metaphor that we have forgotten is a metaphor. We could say that postcolonial analysis is centrally concerned with these kinds of linguistic, cultural, and geographical transfer, transformations of positive and negative kinds: changing things into things which they are not. Or showing that they were never that way in the first place.

In the case of translation, this change is also literally true: to translate a text from one language to another is to transform its material identity. With colonialism, the transformation of an indigenous culture into the subordinated culture of a colonial regime, or the superimposition of the colonial apparatus into which all aspects of the original culture have to be reconstructed, operate

Because it is a systematic negation of the other person and a furious determination to deny the other person all attributes of humanity, colonialism forces the people it dominates to ask themselves the question constantly: 'In reality, who am I?'

Frantz Fanon

as processes of translational dematerialization. At the same time, though, certain aspects of the indigenous culture may remain untranslatable.

As a practice, translation begins as a matter of intercultural communication, but it also always involves questions of power relations, and of forms of domination. It cannot therefore avoid political issues, or questions about its own links to current forms of power. No act of translation takes place in an entirely neutral space of absolute equality. Someone is translating something or someone. Someone or something is being translated, transformed from a subject to an object, like the Arab woman in the photograph in Figure 12. The Spaniard who goes to North America finds herself translated from a first-world individual to a third-world 'Latino'. The Ghanaian princess goes to the United States and finds that she has become a second-class citizen, treated as if she were just another African-American. The colonized person is also in the condition of being a translated man or woman.

Languages, like classes and nations, exist in a hierarchy: as does translation itself, traditionally thought of in terms of an original and an inferior copy. Under colonialism, the colonial copy becomes more powerful than the indigenous original that is devalued. It will even be claimed that the copy corrects deficiencies in the native version. The colonial language becomes culturally more powerful, devaluing the native language as it is brought into its domain, domesticated, and accommodated. The initial act in colonization was to translate significant indigenous written and oral texts into the colonizer's language. In this way, translation transformed oral cultures into the webs and snares of writing, into what the Latin American critic Angel Rama calls 'the lettered city', a proliferation of writing which, unlike the social construction of oral cultures, would be accessible only to a privileged few. Translation becomes part of the process of domination, of achieving control, a violence carried out on the language, culture, and people being translated. The close links between colonization and translation begin not with acts of exchange, but of violence and appropriation, of 'deterritorialization'. As the Irish dramatist Brian Friel has shown in his play *Translations* (1981), the act of naming and renaming geographical features in a landscape also constituted an act of power and appropriation, often desacralizing, as in Ireland or in Australia, where mapping became the necessary adjunct of imperialism.

However, it would be a mistake to assume that even colonial translation was always a one-way process. Travellers and conquerors were frequently dependent on the services of translators, and relied on them for understanding almost everything about the native peoples whom they encountered. The literal meaning of a large number of places still extant on today's maps is something like 'I don't know what the name of this place is' – which is the name it bore ever after. False translation has, for the most part, been considered under the framework of Orientalism, where it involves a representation of another culture without reference to the original, as, for example, in stereotyping, where the writer or artist even sometimes goes to the length of creating the image of what the colonizer expected to find – such as the fantasy of the colonial harem. False translation can also suggest the possibility of diplomacy and duplicity, what might be termed 'duplomacy', what the postcolonial theorist Homi K. Bhabha calls the 'sly civility' of different kinds of accommodation and evasion, often carried out as subtle everyday forms of resistance. This develops into a culture of lying, of the 'lying native', who translates him- or herself into the dominant culture by means of a mimicry that undoes the original.

If translation involves the power structure of acts of appropriation, it can also invoke power through acts of resistance. In a sense, this comes closer to traditional ideas about translation. Here, the aphorism '*tradutore, traditore*' – translator, traitor – moves out of the realm of betrayal. Where the indigenous culture is being opened up for appropriation by the conquering culture, any act of translation thus involving an act of treachery, the necessary, traditionally lamented failure of translation becomes a positive force of resistance, resisting the intruder.

There are other kinds of intruder: those who choose to migrate from the periphery to the centre. Translation becomes central to the migrant's experience in the metropolitan or postcolonial city, as she or he takes on the more active role of cultural translator. Having translated themselves, migrants then encounter there other translated men and women, other restless marginals, and translate their experiences to each other to form new languages of desire and affirmation: circuits of activism, circuits of desire. Take the revolutionary routes of Marcus Garvey, for example: from St Anne's Bay, Jamaica, to Costa Rica, Panama, Nicaragua, Guatemala, Ecuador, Venezuela, Colombia, to London, and then, in 1916, to New York City. Or think of Frantz Fanon in the 1950s, moving from Martinique to France to Algeria, to Tunis then to Accra.

The Caribbean has always been a space of translation as a two-way process, through its different languages and cultures. It even has its own term for it: creolization. As the word 'creole' implies, here translation involves displacement, the carrying over and transformation of the dominant culture into new identities that take on material elements from the culture of their new location. Both sides of the exchange get creolized, transformed, as a result. Caribbean creolization comes close to a foundational idea of postcolonialism: that the one-way process by which translation is customarily conceived can be rethought in terms of cultural interaction, and as a space of re-empowerment. How can such forms of empowering translation be activated?

Empowering Fanon

When you finally drive out from Algiers, from its long arcades, its dazzling sunlit sea and secret fragrances, you come in a little while to Boufarik. High in the air before you, on the wall of the factory of the Compagnie Française des Produits Orangina, shakes the blue and yellow logo of Orangina, the fizzy drink founded by a French settler in 1936, and now beloved of all those who find themselves anywhere enclosed in the searing, sealed volume of the heat of Europe or the Maghreb.

Ah! Orangina™!

Refreshed, you leave the lush orange groves and continue on to Blida, '*la ville des roses*', another city of flowers, and of football, dominated by the bright turquoise dome of the mosque with its four tiled minarets, and the strange inhospitable Blidean Atlas Mountains towering dark cedar blue beyond.

A couple of miles beyond the city as you turn back from the steep gorges that rise above the vast Mitidja plain, the invisible dry scents of Aleppo pines finally give way to the moist, sweet smells of vineyards and orchards. You turn a corner in the road and see in the distance, its high stone walls surrounded by huge wheat fields, the huge psychiatric hospital of Blida-Joinville. Its hundred or so buildings are laid out amongst landscaped walks, gardens, and rows of trees offering shade in the summer heat.

Inside a large, solid, stuccoed house, a young woman and her son play in the quiet of the afternoon. It is November 1953. A few hundred yards away, the new *chef de service* of the Psychiatry Department at the hospital stands with the single nurse in charge at the doorway of a ward in which he sees 69 inmates, *indigènes* natives, all chained to their beds in straitjackets. The forceful new *chef de service* stares angrily at the scene of quiet torture. He orders the nurse to release them all. The nurse stares at him, uncomprehending. In a fury, the new chief shouts his order out more insistently. One by one, the straitjackets start to be undone, unpeeled like an orange.

The patients lie there without moving, as Frantz Fanon explains to them that there will be no more straitjackets, no more chains, no more segregation in the wards between settlers and natives, that henceforth the patients will live and work together in and as groups.

Perhaps nothing in Fanon's life so decisively represented his politics of translation as his dramatic entrance to the hospital at Blida-Joinville, translating the patients from passive, victimized objects into subjects who began to recognize that they were in charge of their own destiny. From disempowerment to empowerment, from the experience of *Black Skin, White Masks* to the revolutionary *Wretched of the Earth.*

Fanon's two best-known books are themselves about translation, or, more accurately, retranslation. In *Black Skin, White Masks*, he argues that the black man and woman have already been translated not only as colonial subjects in the regime of French imperialism, but also internally, psychologically: their desires have been changed into another form, carried across into the desire for whiteness through a kind of metempsychosis. Their very desires have been transposed, though they have never, of course, actually become white. They have black skin, with a white mask.

Fanon's project is to understand this so as to find a way to translate them back again. This begins with a refusal of translation, of black into the values of white. Like psychoanalysis, it involves a detranslation, as a result of the failure of translation. In the same way, in *Wretched of the Earth*, Fanon writes of how the native has been created as, translated by colonialism into, 'a native', and inscribed with the schizoculture of colonialism as its devalued other. He states,

> If psychiatry is the medical technique that aims to enable man no longer to be a stranger to his environment . . . I owe it to myself to affirm that the Arab, permanently an alien in his own country, lives in a state of absolute depersonalization . . . . The events in Algeria

20. Frantz Fanon.

> are the logical consequence of an abortive attempt to decerebralize a people.

De-cerebralization: they have been made to see themselves as other, alienated from their own culture, language, land. In *Wretched of the Earth* the task Fanon sets himself is the gaining of self-respect through revolutionary anti-colonial violence, where violence for the colonized native is a form of self-translation, the act, the grasping of agency (for Gandhi, equally, it would be non-violence). As a doctor, Fanon was equally emphatic about the possibilities of auto-translation through a dynamic, dialogic model of education, a pedagogy of the oppressed, so that the translated became themselves, translators, activist writers. The subjects, not objects, of history. With Fanon, translation becomes a synonym for performative, activist writing, which seeks to produce direct bodily effects on the reader – of which his own writing is one of the greatest examples.

Performers, players, human beings freed from their straitjackets, mental or physical. A short time after Fanon's arrival at Blida-Joinville, one afternoon the hospital's director phones the police in panic, shouting down the phone that there has been a break-out of at least ten inmates from the hospital, and that the new *chef de service* is missing as well. A couple of hours later, the director is somewhat abashed when the hospital bus returns with Fanon, exuberant, accompanied by his victorious hospital football team.

Three years later, Fanon would resign his position, on the grounds that it was impossible to cure with psychiatry the psychic wounds that were the direct result of the continued oppression of the colonial system. He was ordered to leave Algeria within two days by the French authorities, and went on to join the FLN in its struggle against French colonial rule.

Fanon spent the rest of his short life with the FLN, working tirelessly towards the ends of political and social transformation of

Algeria. As an engaged intellectual, Fanon demonstrated how important political interventions could be achieved by developing the connections between his intellectual work, his medical practice, and his collective political activism. Postcolonialism remains irrevocably haunted and inspired by his analytical work and his impassioned example, as translator, empowerer, liberator.

References

Where sources have included material from the web, the webpage address has been cited.

Introduction

Walter Benjamin, 'Theses on the Philosophy of History', in *Illuminations*, tr. H. Zohn (London: Fontana, 1973)

Chapter 1

You find yourself a refugee

Oral communications

Médécins sans frontières, *http://www.doctorswithoutborders.org*

Guardian Unlimited Special Report, 'The Refugee Trail', *http://www.guardian.co.uk/graphics/0,9749,493873,00.html*

Sebastião Salgado, *Migrations: Humanity in Transition*, *http://www.terra.com.br/sebastiaosalgado/*

UN Refugee Agency, *http://www.unhcr.ch/cgi-bin/texis/vtx/home*

The United Nations Relief and Works Agency for Palestine Refugees in the Near East (UNRWA), *http://www.un.org/unrwa/*

Different kinds of knowledge

Aijaz Ahmad, *In Theory: Classes, Nations, Literatures* (London: Verso, 1992)

'Learning Under Shelling', *http://www.poica.org/casestudies/ayda1-9-01/*
Bloke Modisane, *Blame Me on History* (London: Thames and Hudson, 1963)

The Third World goes tricontinental
Tricontinental Bimonthly
Tricontinental Bulletin

Burning their books
Langston Hughes, *The Big Sea: An Autobiography* (London: Pluto Press, 1986)
Frantz Fanon, *Black Skin, White Masks*, tr. Charles Lam Markmann (London: Pluto, 1986)
Jean Rhys, 'The Day They Burned the Books', in *Tigers Are Better Looking* (London: André Deutsch, 1968)
Tsitsi Dangarembega, *Nervous Conditions* (London: The Women's Press, 1988)
Bookburning: *http://www.ala.org/bbooks/bookburning.html*
Burning of Jaffna University Library: Vilani Perid, World Socialist Website, 30 May 2001, *http://www.wsws.org/articles/2001/may2001/sri-m30.shtml*
Attack on Oriental Institute (Orijentalni institut) in Sarajevo, *http://www.kakarigi.net/manu/ingather.htm*

Chapter 2

African and Caribbean revolutionaries in Harlem, 1924
Official UNIA-ACL website, *http://www.unia-acl.org*
Robert A. Hill et al. (eds.), *The Marcus Garvey and Universal Negro Improvement Association Papers*, 10 vols (Berkeley: University of California Press, 1983—)
Salman Rushdie, *Imaginary Homelands: Essays and Criticism 1981–1991* (London: Granta, 1991)
'Paul Robeson was tracked by MI5. Empire Inquiry linked black US star with anti-colonial politicians', *Guardian*, 7 March 2003

Fidel Castro, A Speech in Harlem, 8 September 2000, *http://www.earth22.com/castro.html*
'Castro revisits Harlem', *www.Africana.com*

Bombing Iraq – since 1920
Oral communications
Geoff Simons, *Iraq: From Sumer to Saddam* (London: St Martins Press, 1994)
Peter Mansfield, *A History of the Middle East* (London: Penguin, 1992)
Philip Guedalla, *Middle East 1940–1942. A Study in Air Power* (London: Hodder and Stoughton, 1944)
John Pilger, 'The Secret War on Iraq', *Daily Mirror*, 3 January 2003
Charles Tripp, *A History of Iraq*, 2nd edn. (Cambridge: Cambridge University Press, 2000)

Chapter 3

Landlessness
Movimento sem terra (MST) website, *http://www.mstbrazil.org/*
The Landless Voices web archive, *http://www.landless-voices.org/*
'Brazil: President-Elect Lula Elucidates Goals', 31 October 2002, *http://www.worldpress.org/article_model.cfm?article_id = 886*
Julio García Luis (ed.), *Cuban Revolution Reader. A Documentary History of 40 Key Moments of the Cuban Revolution* (Melbourne: Ocean Press, 2001)
Jane M. Jacobs, 'Resisting Reconciliation: The Secret Geographies of (Post)colonial Australia', in *Geographies of Resistance*, ed. Steve Pile and Michael Keith (London: Routledge, 1997), pp. 201–18

Nomads
Eric Cheyfitz, *The Poetics of Imperialism: Translation and Colonization from The Tempest to Tarzan* (New York: Oxford University Press, 1991)
Gilles Deleuze and Félix Guattari, *A Thousand Plateaus: Capitalism and Schizophrenia*, Vol. II, tr. Brian Massumi (London: Athlone, 1988)

Ranajit Guha, *Dominance without Hegemony: History and Power in Colonial India* (Cambridge, Mass.: Harvard University Press, 1997)
Nauru: 'Paradise lost awaits asylum seekers', *Guardian*, 11 September 2001
'Afghani refugees stage desperate hunger strike in Australia', World Socialist website, *www.wsws.org*
'Woomera detention centre: "an atmosphere of despair"', Green Left Weekly (Australia), 13 February 2002, *http://www.greenleft.org.au/back/2002/480/480p10.htm*

Humans, caught in a cave
Plato, *Republic* (various editions), *http://plato.evansville.edu/texts/jowett/republic29.htm*
Tzvetan Todorov, *On Human Diversity: Nationalism, Racism, and Exoticism in French Thought* (Cambridge, Mass.: Harvard University Press, 1993)
BBC News 2 March 2002, 'Afghan caves hit with pressure bombs', *http://news.bbc.co.uk/1/hi/world/south_asia/1850219.stm*
Frantz Fanon, *The Wretched of the Earth* [1961], trans. Constance Farrington (London: MacGibbon & Kee, 1965)
Augusto Boal, *Theater of the Oppressed*, trans. Charles A. & Maria-Odilia Leal McBride (London: Pluto Press, 1979)
Michael Ondaatje, *The English Patient* (London: Bloomsbury, 1992)

Unsettled states: nations and their borders
Benedict Anderson, *Imaginary Communities: Reflections on the Origin and Spread of Nationalism* (London: Verso, 1983)
Benedict Anderson, *The Spectre of Comparisons: Nationalism, Southeast Asia, and the World* (London: Verso, 1998)
Film:
Bowling for Columbine, dir. Michael Moore (2002)
The Foreign Exchange of Hate. IDRF and the American Funding of Hindutva (Mumbai: Sabrang Communications and Publishing, 2002)
Development Alternatives with Women for a New Era (DAWN), *http://www.dawn.org.fj/*

The wall
http://www.thevirtualwall.org
Roy Moxham, *The Great Hedge of India* (London: Constable, 2001)
'Nowhere to Turn: State Abuses of Unaccompanied Migrant Children by Spain and Morocco', Human Rights Watch, 2000, *http://www.hrw.org/reports/2002/spain-morocco*
Neal Ascherson, 'Any port in a storm for determined migrants', *Guardian*, 18 May 2000
'Europe's front line', BBC Crossing Continents, 21 October 1999, *http://news.bbc.co.uk/1/hi/programmes/crossing_continents/europe/471682.stm*
'African Migrants Risk All on Passage to Spain', *New York Times*, 10 July 2001
Film:
Touch of Evil, dir. Orson Welles (1958)

Chapter 4

Raï and Islamic social space
Marc Schade-Poulsen, *Men and Popular Music in Algeria* (Austin: University of Texas Press, 1999)
Banning Eyre, 'Interview with Cheikha Remitti', *Afropop Worldwide, http://www.afropop.org*
S. Broughton et al. (eds.), *World Music: The Rough Guide* (London: Penguin, 1994)
B. Doudi and H. Miliani, *L'aventure du raï* (Paris: Seuil, 1996)
Luis Martinez, *The Algerian Civil War 1990–1998* (London: Hurst, 2000)

The ambivalence of the veil
Edward W. Said, *Orientalism: Western Representations of the Orient* (Harmondsworth: Penguin, 1985)
Charles Taylor, *Multiculturalism and 'The Politics of Recognition'* (Princeton: Princeton University Press, 1994)
Sahar Sobhi Abdel-Hakim, '(Inter)ruptive Communication: Elizabeth Cooper's Photo-writing of Egyptian Women', *Cairo*

Studies in English: Essays in Honour of Fatma Moussa (2001), 355–89
Sarah Graham-Brown, *Images of Women: The Portrayal of Women in Photography of the Middle East, 1860–1950* (London: Quartet, 1988)
Frantz Fanon, 'Algeria Unveiled', in *A Dying Colonialism*, tr. Haakon Chevalier (London: Writers and Readers Cooperative, 1980), pp. 13–45
Film:
Battle of Algiers, dir. Gillo Pontecorvo (1965)
David C. Gordon, *Women of Algeria. An Essay on Change* (Cambridge, Mass.: Harvard University Press, 1968)
Fadwa El Guindi, *Veil: Modesty, Privacy and Resistance* (Oxford: Berg, 1999)

Chapter 5

Gendering politics in India
M. K. Gandhi, *Satyagraha in South Africa*, tr. Valji Govindji Desai, revised edn. (Ahmedabad: Navajivan Publishing House, 1950)
M. K. Gandhi, *Hind Swaraj, and Other Writings*, ed. Anthony J. Parel (Cambridge: Cambridge University Press, 1997)
Kumari Jayawardena, *Feminism and Nationalism in the Third World* (London: Zed Books, 1986)
Arjun Appadurai, 'Disjuncture and Difference in the Global Cultural Economy', *Public Culture* (1990) 2, 2
Trinh T. Minh-ha, *Woman, Native, Other. Writing Postcoloniality and Feminism* (Bloomington, Indiana University Press, 1989)
Hind Wassef and Nadia Wassef (eds.), *Daughters of the Nile. Photographs of Egyptian Women's Movements, 1900–1960* (Cairo: The American University in Cairo Press, 2001)
You-me Park and Rajeswari Sunder Rajan, 'Postcolonial Feminism/ Postcolonialism and Feminism', in *A Companion to Postcolonial Studies*, ed. Sangeeta Ray and Henry Schwarz (Oxford: Blackwell, 2000), pp. 53–71

Feminism and ecology
Arundhati Roy, *The Algebra of Infinite Justice* (London: Flamingo, 2002)
Catherine Caufield, *Masters of Illusion: The World Bank and the Poverty of Nations* (London: Macmillan, 1997)
Nivedita Menon (ed.), *Gender and Politics in India* (New Delhi: Oxford University Press, 1999)
Vandana Shiva, *Staying Alive: Women, Ecology and Survival in India* (New Delhi: Kali for Women, 1988)
http://www.narmada.org
Beto Borges and Victor Menotti, 'WTO and the Destruction of the Brazilian Amazon', Information Service Latin America, *http://isla.igc.org/Features/Brazil/braz3.html*
The Greenbelt movement: *http://www.womenaid.org/press/info/development/greenbeltproject.html*
Kelly Scheufler, 'The Greenbelt Movement', *http://www.suite101.com/article.cfm/history_of_peace_movements/50662*

What makes postcolonial feminism 'postcolonial'?
Le soutien a Radia Nasraoui
http://www.acat.asso.fr/courrier/docs/tunisie_cour228.htm
Hamma Hammami – Chronology of Repression
http://members.chello.at/johannschoen/Hamma.Hammami/chronology.html
Tunisia: Release Hamma Hammami and Imprisoned Colleagues
http://www.hrw.org/press/2002/07/tunis071202.htm
Simone de Beauvoir and Gisèle Halimi, *Djamila Boupacha: The Story of the Torture of a Young Algerian Girl which Shocked Liberal French Opinion*, tr. Peter Green (London: André Deutsch, Weidenfeld, and Nicolson, 1962)
Gisèle Halimi, *Le lait de l'oranger* (Paris: Gallimard, 1988)
Gisèle Halimi, *La cause des femmes* (Paris: Gallimard, 1992)
Gisèle Halimi, *Avocate irrespectueuse* (Paris: Plon, 2002)
www.dalits.org
Phoolan Devi, *I, Phoolan Devi. The Autobiography of India's Bandit Queen* (London: Little, Brown & Co, 1996)

Human Rights Watch, *Caste Discrimination: A Global Concern* (2001)
http://www.hrw.org/reports/2001/globalcaste/
Robert Deliége, *The Untouchables of India* (Oxford: Berg, 1999)

Chapter 6

Che reads The Wretched of the Earth

William Gálvez, *Che in Africa. Che Guevara's Congo Diary*, tr. Mary Todd. (Melbourne: Ocean Press, 1999)
Paco Ignacio Taibo II, *Guevara, also Known as Che*, tr. Martin Roberts (New York: St Martins, Griffin, 1997)
John Anderson, *Che Guevara. A Revolutionary Life* (New York: Bantam Books, 1997)
Ernesto Che Guevara, *Che Guevara Reader: Writings on Guerrilla Strategy, Politics and Revolution*, ed. David Deutschmann (Melbourne: Ocean Press, 1997)
David Macey, *Frantz Fanon. A Life* (London: Granta, 2000)
Présence Africaine 40, 1962
Frantz Fanon, *Toward the African Revolution*, tr. Haakon Chevalier (New York: Monthly Review Press, 1967)

Globalization and starvation

Marshall McLuhan and Quentin Fiore, *War and Peace in the Global Village* (New York: Bantam Books, 1968)
www.mcdonalds.com
Robert J. C. Young, '"Dangerous and Wrong": Shell, Intervention, and the Politics of Transnational Companies', *Interventions: International Journal of Postcolonial Studies* 1: 3 (1999), 439–64
World Bank Reports and Data, *http://www.worldbank.org/*
'Nestle claims £3.7m from famine-hit Ethiopia', *Guardian*, 19 December 2002
Oxfam International, *Mugged. Poverty in your Coffee Cup* (Oxford: Oxfam Publications, 2002)
http://www.oxfamamerica.org/campaigncoffee/art3395.html

Amartya Sen, *Poverty and Famines: An Essay on Entitlement and Deprivation* (Oxford: Clarendon Press, 1981)
Project Underground, *http://www.moles.org/index.html*
Anti-capitalist movements, *http://www.infoshop.org/octo/*
'Unilever Funding', *Financial Times*, 16 October 2001
Fatima Vianna Mello, 'Making the World Bank More Accountable: Activism in South' in NACLA Report on the Americas (May/June 1996)
http://www.hartford-hwp.com/archives/42/047.html
Fairtrade: *www.fairtrade.org.uk*

Chapter 7

Translation – between cultures

Robin Blaser, *Image-Nations 1–12 and The Stadium of the Mirror* (London: Ferry Press, 1974)
Frantz Fanon, *The Wretched of the Earth*, tr. Constance Farrington (London: MacGibbon & Kee, 1965)
Brian Friel, *Translations* (London: Faber, 1981)
Vincent L. Rafael, *Contracting Colonialism: Translation and Christian Conversion in Tagalog Society under early Spanish Rule* (Ithaca: Cornell University Press, 1988)
Paul Carter, *The Road to Botany Bay: An Essay in Spatial History* (London: Faber, 1987)
Édouard Glissant, *Poetics of Relation*, tr. Betsy Wing (Ann Arbor: University of Michigan Press, 1997)

Empowering Fanon

Peter Geismar, *Fanon* (New York: Dial Press, 1971)
Frantz Fanon, *Toward the African Revolution*, tr. Haakon Chevalier (New York: Monthly Review Press, 1967)
Frantz Fanon, *Black Skin, White Masks*, tr. Charles Lam Markmann (London: Pluto, 1986)
Frantz Fanon, *The Wretched of the Earth*, tr. Constance Farrington (London: MacGibbon & Kee, 1965)

Further reading

Much information on global social movements is available on the web, but sites change too fast to be worth reproducing at length here. The best way to follow up contemporary developments for any particular issue or campaign discussed in the text is to use a search engine such as Google (*http://www.google.com*).

Introduction

Alejo Carpentier, *Music in Cuba*, ed. Timothy Brennan, tr. Alan West-Durán (Minneapolis: University of Minnesota Press, 2001)

Stephen Foehr, *Waking up in Cuba* (London: Sanctuary Publishing, 2001)

Leela Gandhi, *Postcolonial Theory: A Critical Introduction* (Edinburgh: Edinburgh University Press, 1998)

Augustín Laó-Montes and Arlene Dávila, *Mambo Montage. The Latinization of New York* (New York: Columbia University Press, 2001)

Achille Mbembe, *On the Postcolony* (Berkeley: University of California Press, 2001)

Octavio Paz, *The Labyrinth of Solitude*, tr. Lysander Kemp et al. (New York: Grove Press, 1985)

Robert J. C. Young, *Postcolonialism: An Historical Introduction* (Oxford: Blackwell, 2001)

Film:
Buena Vista Social Club, dir. Wim Wenders (1997)
http://www.pbs.org/buenavista/

Chapter 1

You find yourself a refugee
Avtar Brah, *Cartographies of Diaspora: Contesting Identities* (London: Routledge, 1996)
Iain Chambers, *Migrancy, Culture, Identity* (London: Routledge, 1993)
Arthur C. Helton, *The Price of Indifference: Refugees and Humanitarian Action in the New Century* (Oxford: Oxford University Press, 2002)
Office of the United Nations High Commissioner for Refugees (UNHCR), *The State of the World's Refugees, 2000: Fifty Years of Humanitarian Action* (Oxford: Oxford University Press, 2000)
Mike Parnwell, *Population Movements and the Third World* (London: Routledge, 1993)
Fiction:
Bapsi Sidhwa, *Ice-Candy-Man* (London: Heinemann, 1988)
Gabriel García Márquez, *Strange Pilgrims*, tr. Edith Grossman (London: Cape, 1993)
Film:
Dirty Pretty Things, dir. Stephen Frears (2002)
In This World, dir. Michael Winterbottom (2002)

Different kinds of knowledge
Roland Barthes, *Mythologies* (London: Cape, 1972)
Dipesh Chakrabarty, *Provincializing Europe. Postcolonial Thought and Historical Difference* (Princeton: Princeton University Press, 2000)
Bernard Cohn, *Colonialism and its Forms of Knowledge: The British in India* (Princeton: Princeton University Press, 1996)
Dharampal, *The Beautiful Tree* (Delhi: Biblia Impex, 1983)
Vinay Lal, *Empire of Knowledge. Culture and Plurality in the Global Economy* (London: Pluto Press, 2002)

Jean Langford, *Fluent Bodies: Ayurvedic Remedies for Postcolonial Imbalance* (Durham: Duke University Press, 2002)

Ashis Nandy, *Time Warps: Studies in the Politics of Silent or Evasive Pasts* (London: Hurst, 2001)

Edward W. Said, *Covering Islam: How the Media and the Experts Determine How We See the Rest of the World* (New York: Vintage Books, 1997)

Gayatri Chakravorty Spivak, *A Critique of Postcolonial Reason. Toward a History of the Vanishing Present* (Cambridge, Mass.: Harvard University Press, 1999)

Shiv Visvanathan, *A Carnival for Science: Essays on Science, Technology and Development* (Delhi: Oxford University Press, 1997)

Gauri Viswanathan, *Masks of Conquest: Literary Study and British Rule in India* (London: Faber, 1990)

Fiction:

Italo Calvino, *Invisible Cities*, tr. William Weaver (London: Secker and Warburg, 1974)

Gabriel García Márquez, *One Hundred Years of Solitude*, tr. Gregory Rabassa (London: Cape, 1970)

Richard Rive, *Buckingham Palace, District Six* (London: Heinemann, 1986)

Salman Rushdie, *East, West* (London: Cape, 1994)

The Third World goes tricontinental

Amilcar Cabral, *Return to the Source. Selected Speeches by Amilcar Cabral* (New York: Monthly Review Press with Africa Information Service, 1973)

Paul Cammack, David Pool, and William Tordoff, *Third World Politics: A Comparative Introduction*, 2nd edn. (Basingstoke: Macmillan, 1993)

Arif Dirlik, *The Postcolonial Aura. Third World Criticism in the Age of Global Capitalism* (Boulder, Co.: The Westview Press, 1997)

Alan Thomas et al. (eds.), *Third World Atlas*, 2nd edn. (Milton Keynes: Open University Press, 1994)

Immanuel Wallerstein, *The Modern World System*, 3 vols (New York: Academic Press, 1974–89)

Richard Wright, *The Color Curtain: A Report on the Bandung Conference*, with a foreword by Gunnar Myrdal, introduction by Amritjit Singh (Jackson: University of Mississippi Press, 1995)

Burning their books

S. Akhtar, *Be Careful with Mohammed! The Salman Rushdie Affair* (London: Bellow, 1989)

Albert Memmi, *The Coloniser and the Colonised*, with an introduction by Jean-Paul Sartre (Boston: Beacon Press, 1967)

Fiction:

Jamaica Kincaid, *A Small Place* (New York: Farrar, Straus and Giroux, 1988)

Poetry:

Aimé Césaire, *Notebook of a Return to My Native Land*, tr. Mireille Rosello with Anne Pritchard (Newcastle upon Tyne: Bloodaxe Books, 1995)

Chapter 2

African and Caribbean revolutionaries in Harlem, 1924

Elleke Boehmer, *Empire, the National, and the Postcolonial, 1890–1920: Resistance in Interaction* (Oxford: Oxford University Press, 2002)

Michel Fabre, *From Harlem to Paris: Black American Writers in France, 1840–1980* (Urbana: University of Illinois Press, 1991)

Paul Gilroy, *The Black Atlantic: Modernity and Double Consciousness* (London: Verso, 1993)

Ulf Hannerz, *Transnational Connections: Culture, People, Places* (London: Routledge, 1996)

C. L. Innes, *A History of Black and Asian Writing in Britain, 1700–2000* (Cambridge: Cambridge University Press, 2002)

C. L. R. James, *The C. L. R. James Reader*, ed. Anne Grimshaw (Oxford: Blackwell, 1992)

Winston James, *Holding Aloft the Banner of Ethiopia. Caribbean Radicalism in Early Twentieth-Century America* (London: Verso, 1998)

Rupert Lewis, *Marcus Garvey: Anti-colonial Champion* (Trenton, N.J.: Africa World Press, 1988)

Autobiography and fiction:

W. E. B. du Bois, *Dark Princess, a Romance* (Millwood, N.Y.: Kraus-Thomson, 1974)

James Weldon Johnson, *The Autobiography of an Ex-colored Man* (London: Penguin, 1990)

George Lamming, *In the Castle of My Skin* (London: Michael Joseph, 1953)

Nella Larsen, *Passing* (New York: Knopf, 1929)

Audre Lorde, *Zami: A New Spelling of My Name* (London: Sheba, 1984)

Claude McKay, *Back to Harlem* (New York: The X Press, 2000)

Bombing Iraq – since 1920

Ranajit Guha and Gayatri Chakravorty Spivak (eds.), *Selected Subaltern Studies* (New York: Oxford University Press, 1988)

Joseph A. Massad, *Colonial Effects. The Making of National Identity in Jordan* (New York: Columbia University Press, 2001)

Scott Ritter and William Rivers Pitt, *War on Iraq* (London: Profile Books, 2002)

Fiction:

J. M. Coetzee, *Waiting for the Barbarians* (London: Secker and Warburg, 1980)

Chapter 3

Landlessness

Sue Branford and Jan Rocha, *Cutting the Wire: The Story of the Landless Movement in Brazil* (London: Latin American Bureau, 2002)

Richard Gott, *Rural Guerrillas in Latin America* (Harmondsworth: Penguin, 1973)

Sol T. Plaatje, *Native Life in South Africa, Before and Since the European War and the Boer Rebellion*, ed. Brian Willan (Harlow: Longman, 1987)

Stree Shakti Sanghatana, *'We Were Making History': Women and the Telengana Uprising* (London: Zed Books, 1989)

Mao Tse-Tung, 'Report on an Investigation of the Peasant Movement in Hunan (1927)', in *Selected Works of Mao Tse-Tung*, vol. I (Peking: Foreign Languages Press, 1965), pp. 23–59

Eric Wolf, *Peasant Wars of the Twentieth Century* (London: Faber and Faber, 1971)

Photography:

Sebastião Salgado, *Terra: Struggle of the Landless* (London: Phaidon, 1997)

Film:

Morte e vida severina, dir. Zelito Viana, written by João Cabral de Melo Neto (1977)

Nomads

Mahasveta Devi, *Dust on the Road: The Activist Writings of Mahasweta Devi*, ed. Maitreya Ghatak (Calcutta: Seagull Books, 1997)

Survival International, *Disinherited: Indians in Brazil* (London: Survival International, 2000)

Fiction:

Alejo Carpentier, *The Lost Steps*, tr. Harriet de Onís (Harmondsworth: Penguin, 1968)

Humans, caught in a cave

Anne McClintock, *Imperial Leather: Race, Gender and Sexuality in the Colonial Contest* (New York: Routledge, 1995)

Fiction:

Ngũgĩ wa Thiong'o, *Weep Not Child* (London: Heinemann, 1964)

Unsettled states: nations and their borders

Joe Cleary, *Literature, Partition and the Nation-state: Culture and Conflict in Ireland, Israel and Palestine* (Cambridge: Cambridge University Press, 2002)

Philip Gourevitch, *We Wish to Inform You that Tomorrow We Will Be Killed With Our Families: Stories From Rwanda* (New York: Farrar, Straus, and Giroux, 1998)

Ghada Karmi, *In Search of Fatima: A Palestinian Memoir* (London: Verso, 2002)
Ian Lustick, *Unsettled States, Disputed Lands: Britain and Ireland, France and Algeria, Israel and the West Bank-Gaza* (Ithaca: Cornell University Press, 1993)
Mahmood Mamdani, *Citizen and Subject: Contemporary Africa and the Legacy of Late Colonialism* (London: James Currey, 1996)
Joe Sacco, *Palestine*, with an introduction by Edward W. Said (London: Cape, 2003)
Edward W. Said, *After the Last Sky*, with photographs by Jean Mohr (London: Faber and Faber, 1986)
Fiction:
Naruddin Farah, *Maps* (London: Pan Books, 1986)
Amitav Ghosh, *The Shadow Lines* (London: Bloomsbury, 1988)
Michael Ondaatje, *Anil's Ghost* (London: Bloomsbury, 2000)
Salman Rushdie, *Midnight's Children* (London: Cape, 1981)

The wall
Néstor Garcia Canclini, *Hybrid Cultures. Strategies for Entering and Leaving Modernity*, tr. Christopher L. Chiappari and Silvia L. López (Minneapolis: University of Minnesota Press, 1995)
Jeremy Harding, *The Uninvited: Refugees at the Rich Man's Gate* (London: Profile, 2000)
Fiction:
Doris Pilkington, *Rabbit Proof Fence* (London: Miramax, 2002)

Chapter 4

Raï and Islamic social space
Homi K. Bhabha, *The Location of Culture* (London: Routledge, 1994)
Françoise Vergès, *Monsters and Revolutionaries. Colonial Family Romance and Métissage* (Durham: Duke University Press, 1999)
Autobiography and fiction:
Assia Djebar, *Algerian White*, tr. David Kelley (New York: Seven Stories Press, 2001)

Assia Djebar, *So Vast the Prison*, tr. Betsy Wing (New York: Seven Stories Press, 1999)

The ambivalence of the veil

Malek Alloula, *The Colonial Harem*, tr. Myrna and Wlad Godzich (Manchester: Manchester University Press, 1987)

Marcos, *Shadows of Tender Fury: The Letters and Communiqués of Subcomandante Marcos and the Zapatista Army of National Liberation* (New York: Monthly Review Press, 1995)

Timothy Mitchell, *Colonising Egypt* (Cairo: The American University in Cairo Press, 1988)

Gayatri Chakravorty Spivak, 'Can the Subaltern Speak? Speculations on Widow Sacrifice', *Wedge* (1985) 7/8: 120–30; revised version in *A Critique of Postcolonial Reason*, 266–311

Fiction:

Naguib Mahfouz, *Palace Walk (Cairo Trilogy 1)*, tr. William M. Hutchins and Olive E. Kenny (New York: Doubleday, 1990)

Naguib Mahfouz, *Palace of Desire (Cairo Trilogy 2)*, tr. William M. Hutchins et al. (New York: Doubleday, 1991)

Naguib Mahfouz, *Sugar Street (Cairo Trilogy 3)*, tr. William M. Hutchins and Angele Botros Samaan (New York: Doubleday, 1993)

Chapter 5

Gendering politics in India

Lila Abu-Lughod, *Remaking Women. Feminism and Identity in the Middle East* (Princeton: Princeton University Press, 1998)

Tani E. Barlow, *Formations of Colonial Modernity in East Asia* (Durham: Duke University Press, 1997)

Miranda Davies (ed.), *Third World, Second Sex: Women's Struggles and National Liberation* (London: Zed Books, 1983)

Denise Kandiyoti (ed.), *Women, Islam and the State* (Basingstoke: Macmillan, 1991)

Ashis Nandy, *Intimate Enemy: Loss and Recovery of Self Under Colonialism* (Delhi: Oxford University Press, 1983)

Gail Omvedt, *Reinventing Revolution: New Social Movements and the Socialist Tradition in India* (Armonk, N.Y.: M.E. Sharpe, 1993)

Sita Ranchod-Nilsson and Mary Ann Tétreault (eds.), *Women, States, and Nationalism: At Home in the Nation?* (London: Routledge, 2000)

Sangeeta Ray, *En-gendering India: Woman and Nation in Colonial and Postcolonial Narratives* (Durham: Duke University Press, 2000)

Autobiography:

Sara Suleri, *Meatless Days* (London: Collins, 1990)

Film:

Kandahar, dir. Mohsen Makhmalbaf (2001)

Feminism and ecology

Rajni Bakshi, *Bapu Kuti: Journeys in Rediscovery of Gandhi* (New Delhi: Penguin Books India, 1998)

Mary Mellor, *Feminism and Ecology* (Cambridge: Polity Press, 1997)

Rosemary Radford Ruether (ed.), *Women Healing Earth: Third World Women on Ecology, Feminism, and Religion* (London: Orbis Books, 1996)

Haripriya Rangan, *Of Myths and Movements: Rewriting Chipko into Himalayan History* (London: Verso, 2000)

Vandana Shiva, in association with J. Bandyopadhyay et al., *Ecology and the Politics of Survival: Conflicts over Natural Resources in India* (New Delhi: Sage, 1991)

Thomas Weber, *Hugging the Trees: The Story of the Chipko Movement* (New Delhi: Viking, 1988)

Fiction:

Suniti Namjoshi, *The Blue Donkey Fables* (London: Women's Press, 1988)

What makes postcolonial feminism 'postcolonial'?

Leila Ahmed, *Women and Gender in Islam: Historical Roots of a Modern Debate* (New Haven: Yale University Press, 1992)

Robin Cohen and Shirin M. Rai, *Global Social Movements* (London: The Athlone Press, 2000)

Mrinalini Sinha, Donna Guy, and Angela Woollacott, *Feminisms and Internationalisms* (Oxford: Blackwell, 1999)
Gail Omvedt, *Dalit Visions: The Anti-caste Movement and the Construction of an Indian Identity* (Hyderabad: Orient Longman, 1995)
Chandra Talpade Mohanty, Ann Russo, and Lourdes Torres (eds.), *Third World Women and the Politics of Feminism* (Bloomington: Indiana University Press, 1991)
Rajeswari Sunder Rajan, *Real and Imagined Women. Gender, Culture, Postcolonialism* (London: Routledge, 1993)
Sheila Rowbotham and Swasti Mitter (eds.), *Dignity and Daily Bread: New Forms of Economic Organising among Poor Women in the Third World and the First* (London: Routledge, 1994)
Gayatri Chakravorty Spivak, *In Other Worlds: Essays in Cultural Politics* (New York: Methuen, 1987)
Gayatri Chakravorty Spivak, *The Post-Colonial Critic: Essays, Strategies, Dialogues*, ed. Sarah Harasym (New York: Routledge, 1990)
Autobiography and fiction:
Assia Djebar, *Women of Algiers in their Apartment*, tr. Marjolijn de Jager (Charlottesville: University of Virginia Press, 1993)
Rigoberta Menchú, *I, Rigoberta Menchú: An Indian Woman in Guatemala*, ed. Elisabeth Burgos-Debray, tr. Ann Wright (London: Verso, 1984)
Vasant Moon, *Growing up Untouchable in India: A Dalit Autobiography*, tr. Gail Omvedt (Oxford: Rowman and Littlefield, 2001)
Nawal el Sa'adawi, *Memoirs from the Women's Prison* (London: The Women's Press, 1986)
Film:
Bandit Queen, dir. Shekhar Kapoor (1994)

Chapter 6

Che reads The Wretched of the Earth
Ernesto Che Guevara, *The Motorcycle Diaries: A Journey Around South America*, tr. Ann Wright (London: Verso, 1995)

Ernesto Che Guevara, *Bolivian Diary*, introduction by Fidel Castro, tr. Carlos P. Hansen and Andrew Sinclair (London: Cape, 1968)
John Pilger, *The New Rulers of the World* (London: Verso, 2002)
Fiction:
Ama Ata Aidoo, *Our Sister Killjoy: Or Reflections from a Black-eyed Squint* (Harlow: Longman, 1977)

Globalization and starvation
Stanley Aronowitz and Heather Gautney, *Implicating Empire. Globalization and Resistance in the 21st Century* (New York: Basic Books, 2003)
Michael Hardt and Antonio Negri, *Empire* (Cambridge, Mass.: Harvard University Press, 2000)
Anthony D. King (ed.), *Culture, Globalization and the World System: Contemporary Conditions for the Representation of Identity* (Basingstoke: Macmillan, 1991)
Naomi Klein, *Fences and Windows: Dispatches from the Frontlines of the Globalization Debate* (London: Flamingo, 2002)
John Madeley, *Big Business, Poor Peoples. The Impact of Transnational Corporations on the World's Poor* (London: Zed Books, 1999)
P. Sainath, *Everybody Loves a Good Drought: Stories from India's Poorest Districts* (London: Review, 1998)
Ken Saro-Wiwa, *Genocide in Nigeria. The Ogoni Tragedy* (London, Lagos, and Port Harcourt: Saros International Publishers, 1992)
Kavaljit Singh, *The Globalisation of Finance: A Citizen's Guide* (London: Zed Books, 1999)
Autobiography and fiction:
Pico Iyer, *Video Night in Kathmandu: And Other Reports from the Not-so-far East* (London: Bloomsbury, 1988)
Salman Rushdie, *Fury: A Novel* (London: Cape, 2001)
Ken Saro-Wiwa, *A Month and a Day. A Detention Diary* (London: Penguin Books, 1995)
Film:
Pather Panchali, dir. Satyajit Ray (1955)

Chapter 7

Translation – between cultures

Susan Bassnett and Harish Trivedi, *Post-Colonial Translation: Theory and Practice* (London: Routledge, 1999)

Homi Bhabha, *The Location of Culture* (London: Routledge, 1994)

Timothy Brennan, *Salman Rushdie and the Third World: Myths of the Nation* (London: Macmillan, 1989)

Fernando Ortiz, *Cuban Counterpoint: Tobacco and Sugar*, tr. Harriet de Onís (Durham, N.C.: Duke University Press, 1995)

Fiction:

Leila Aboulela, *The Translator* (London: Polygon, 1999)

Jhumpa Lahiri, *Interpreter of Maladies: Stories* (London: Flamingo, 1999)

Empowering Fanon

Paulo Freire, *Pedagogy of the Oppressed*, tr. Myra Bergman Ramos (Harmondsworth: Penguin, 1972)

Fiction:

Keri Hulme, *The Bone People* (London: Spiral, 1985)

Tayeb Salih, *Season of Migration to the North*, tr. Denys Johnson-Davies (Oxford: Heinemann, 1969)

“牛津通识读本”已出书目

古典哲学的趣味
人生的意义
文学理论入门
大众经济学
历史之源
设计，无处不在
生活中的心理学
政治的历史与边界
哲学的思与惑
资本主义
美国总统制
海德格尔
我们时代的伦理学
卡夫卡是谁
考古学的过去与未来
天文学简史
社会学的意识
康德
尼采
亚里士多德的世界
西方艺术新论
全球化面面观
简明逻辑学
法哲学：价值与事实
政治哲学与幸福根基
选择理论
后殖民主义与世界格局
福柯
缤纷的语言学
达达和超现实主义
佛学概论
维特根斯坦与哲学
科学哲学
印度哲学祛魅
克尔凯郭尔
科学革命
广告
数学
叔本华
笛卡尔
基督教神学
犹太人与犹太教
现代日本
罗兰・巴特
马基雅维里
全球经济史
进化
性存在
量子理论
牛顿新传
国际移民
哈贝马斯
医学伦理
黑格尔
地球
记忆
法律
中国文学
托克维尔
休谟
分子
法国大革命
丝绸之路
民族主义
科幻作品
罗素
美国政党与选举
美国最高法院
纪录片
大萧条与罗斯福新政
领导力
无神论
罗马共和国
美国国会
民主
英格兰文学
现代主义
网络
自闭症
德里达
浪漫主义

批判理论
电影
俄罗斯文学
古典文学
大数据
洛克
幸福
免疫系统
银行学

德国文学
戏剧
腐败
医事法
癌症
植物
法语文学
微观经济学
湖泊

儿童心理学
时装
现代拉丁美洲文学
卢梭
隐私
电影音乐
抑郁症
传染病